상상이 현실이 되는 메타버스로 가는 첫걸음

가상현실의 이해

송은지 지음

지은이 송은지 sej@nsu.ac.kr

일본 나고야 국립대학교에서 박사 학위를 취득했습니다. 1996년부터 현재까지 남서울대학교 컴퓨터 소프트웨어학과 교수로 재직하고 있습니다. 2015년부터 가상증강현실 전공주임을 맡으면서 VR/AR 연구와 교육에 매진하고 있으며, 관련 논문 수십 편을 국내외에 발표했습니다. 2018년부터는 대통령 소속 국가지식재산위원회 위원으로도 활동하며 가상현실 또는 메타버스 IP 관련 정책을 심의 및 발의하는 역할을 하고 있고, 2019년부터는 충남 4차산업혁명위원회 위원으로 활동하고 있습니다. 최근에는 NIPA가 주관하고 과학기술정보통신부와 국민권익위원회가 지원하는 〈메타버스와 함께하는 슬기로운 국민생활〉 공모전의 자문과 심사위원을 맡는 등 가상현실과 메타버스에 관련된 여러 가지 사업 평가 및 자문 등의 활동을 하고 있습니다.

가상현실의 이해

초판발행 2022년 01월 03일

지은이 송은지 / **펴낸이** 전태호

펴낸곳 한빛아카데미(주) / **주소** 서울시 서대문구 연희로2길 62 한빛아카데미(주) 2층

전화 02-336-7112 / **팩스** 02-336-7199

등록 2013년 1월 14일 제2017-000063호 / **ISBN** 979-11-5664-578-8 93000

책임편집 유경희 / **기획** 이재욱 / **편집** 신꽃다미

디자인 표지 박정우 **내지** 박정화 / **전산편집** 박종희 / **제작** 박성우, 김정우

영업 김태진, 김성삼, 이정훈, 임현기, 이성훈, 김주성 / **마케팅** 길진철, 김호철, 주희

이 책에 대한 의견이나 오탈자 및 잘못된 내용에 대한 수정 정보는 아래 이메일로 알려주십시오.

잘못된 책은 구입하신 서점에서 교환해 드립니다. 책값은 뒤표지에 표시되어 있습니다.

홈페이지 www.hanbit.co.kr / 이메일 question@hanbit.co.kr

Published by HANBIT Academy, Inc. Printed in Korea

CHAPTER 08 가상현실 사용자 경험

CHAPTER 09 가상현실 부작용

CHAPTER 10 메타버스

CHAPTER 01

가상현실의 개념과 역사

SECTION

01

가상현실의 개념

1 가상현실

가상현실(VR)Virtual Reality은 4차 산업혁명 시대를 맞아 인공지능(AI)Artificial Intelligence, 빅데이터, 사물인터넷(IoT)Internet of Things, 드론, 자율주행 등과 함께 주목받기 시작했고, 게임뿐 아니라 국방, 교육, 훈련, 의료, 마케팅 등에도 효율적이라는 것이 알려지면서 초미의 관심 대상이 되었다. 특히, 코로나19 사태로 인해 언택트(비대면) 사회로 변화하고 5G(5세대 이동통신) 시대가 도래하면서 더욱 활성화될 것으로 예상된다. 가상현실은 어느 특정 분야에 한정되지 않고 다양한 분야와 융합해 시너지를 내는 특징이 있어 공학, 인문사회, 심리학, 의학, 예술 등 거의 모든 분야에 활용할 수 있다.

그림 1-1 4차 산업혁명 시대의 가상현실

'가상假想'이라는 단어는 '현실과 다른 거짓'이라는 의미로 여겨지기 쉽다. 그러나 가상현실의 '가상'이 의미하는 것은 '현실과 거의 같음'이다. 더 넓게 정의하면 '아직 현실에 있지 않은 것'이라고 할 수 있다. 즉, 가상현실은 '가상인데 현실처럼 체험할 수 있는 것'을 의미한다. 예를 들어 별자리 가상현실은 실제 우주는 아니지만 실제처럼 별자리를 볼 수 있고, 롤러코스터 가상현실은 놀이동산에 가지 않고도 실제 롤러코스터를 타는 것처럼 체험할 수 있다.

2 혼합현실과 증강현실

가상과 현실은 분리할 수 있을 것 같으면서도 정확하게 구분하기 어렵고 경계가 모호하다. 1994년 예일 대학교의 폴 밀그램Paul Miligram 교수는 현실, 증강현실, 가상현실의 개념을 설명하기 위해 [그림 1-2]와 같이 구분했다. 왼쪽 끝에는 현실Reality을, 오른쪽 끝에는 가상현실(VR)Virtual Reality을 두고, 그 사이에 있는 모든 것을 혼합현실(MR)Mixed Reality이라고 정의했다.

그림 1-2 현실과 가상현실 사이의 혼합현실 [01]

혼합현실은 무엇이 주가 되느냐에 따라서 증강현실(AR)Augmented Reality과 증강가상현실(AV)Augmented Virtuality로 나눌 수 있다. 증강현실은 실사 화면이 대부분인 상태에 가상의 그래픽을 더한 것이고, 증강가상현실은 가상 화면이 주를 이룬 상태에 현실 이미지를 부분적으로 적용한 것이다.

일반적으로 증강현실은 익숙한 용어지만 증강가상현실이라는 용어는 다소 낯설 것이다. 기상캐스터가 컴퓨터 그래픽(CG)Computer Graphic 처리된 지도 앞에서 하는 일기예보 방송이 증강가상현실을 활용한 예다. 우리가 익히 알고 있는 '포켓몬 고Pokemon Go'는 현실을 기반으로 가상의 캐릭터를 제공하는 AR 게임이다. 이처럼 현실과 가상이 섞인 증강현실과 증강가상현실을 모두 혼합현실이라고 부를 수 있다.

혼합현실을 증강현실의 발전된 형태로 설명하는 경우도 있는데, 밀그람의 정의에 따르면 혼합현실은 단지 현실과 가상이 혼합된 형태에 불과하다고 할 수 있다. 그러나 현재는 가상현실의 몰입감과 증강현실의 현실감이라는 장점을 결합해 사용자 경험을 극대화한 기술을 혼합현실이라고 한다. 게임을 예로 들면, AR 게임은 가상 캐릭터의 영상을 실제 영상에 단순히 더한 이미지일 뿐이지만, 혼합현실은 실제 영상에 보이는 사물의 깊이 및 형태를 측정해 3D 형태로 가상 이미지를 더해 보다 현실감 있게 가상 이미지를 볼 수 있게 한 것이다. 마이크로소프트에서는 투명 HMD Head Mounted Display 인 홀로렌즈를 출시하면서 홀로렌즈를 통해 보는 증강현실을 혼합현실 또는 홀로그램이라고 부르기 시작했다.

TIP HMD(Head Mounted Display) 머리에 착용하는 디스플레이 기기를 말한다. 주로 가상현실 또는 증강현실의 구현을 위한 디스플레이 기기로 사용하며, 3D 디스플레이 기술과 접목하기도 한다. 모바일로 지원되는 HMD는 다이브라고도 한다.

증강현실과 혼합현실을 가상현실과 비교하여 [그림 1-3]에 정리했으니 참고하기 바란다. 요즘 확장현실(XR) eXtended Reality 이라는 용어가 등장해 또 다른 형태의 발전된 영역으로 사용되는 경우가 있는데, 확장현실은 가상현실, 증강현실, 혼합현실, 홀로그램 등을 한 번에 통칭하는 용어로 이해하면 된다. 홀로그램에 대해서는 6장에서 자세히 설명하기로 한다.

가상현실(VR)

- VR은 100% 가상의 공간을 HMD 등의 디스플레이를 통해 눈앞에 구현하여 실감 나고 몰입도 높은 경험을 제공(AR에 비해 몰입도가 높음)
- 인지부조화에 따른 멀미·두통 등의 불편함이 있음

증강현실(AR)

- 눈앞의 현실에 실시간으로 이미지 및 정보를 더하여 보여줌으로써 현실과 상호작용이 가능하며 추가적으로 정보 전달에 효과적(VR에 비해 현실감이 높음)
- VR과 달리 현실의 배경이 추가되어 몰입도는 다소 떨어짐

혼합현실(MR)

- 현실의 배경을 부가적인 요소로 활용하고 현실과 가상의 정보를 융합하여 기존보다 진화된 모습의 가상세계 구현
- AR·VR은 여러 사람이 동시에 가상 세계를 보기 힘드나, MR은 여러 사람이 같은 가상의 상황을 체험 (예: 홀로그램)

그림 1-3 가상현실, 증강현실, 혼합현실의 구분 [02]

SECTION 02

가상현실과 증강현실

1 가상현실과 증강현실 비교

가상현실(VR)과 증강현실(AR)을 쉽게 구분하는 방법은 사용자의 눈으로 볼 때 100% 가상의 세계인지 아닌지 확인하는 것이다. 즉, 100% CG로 보여주는 것이 가상현실이고 현실 위에 CG를 덧씌우는 것이 증강현실이다.

증강현실은 가상현실과 달리 사용자의 시각이 현실에 있고 정보 제공을 위한 별도의 데이터가 준비되어 있어야 한다. 즉, 이동하는 나의 위치와 정보를 얻고자 하는 타깃에 맞춰서 검증된 정보나 그래픽을 화면의 정확한 위치에 표시해 주는 것이 목표라고 할 수 있다. 따라서 증강현실은 지도나 시설에 대한 데이터를 활용하는 경우가 많은데, 기업에서 직접 수집하려면 비용 부담이 크기 때문에 대부분 국가에서 제공하는 공공 데이터를 활용한다. 지금은 카카오에 인수되어 '카카오내비'라는 이름으로 변경된 '김기사' 내비게이션도 한국도로공사의 교통 정보를 이용해 만든 것이다.

이렇게 정보를 제공하는 형태가 있는가 하면 '포켓몬 고'와 같이 게임에 활용된 사례도 많이 있다. 이전에도 위치 기반 AR 게임이 있었으나 대부분 대중적인 인기를 얻지 못하여 AR 게임을 개발하고 있는 관련 업체 등에서는 킬러 콘텐츠인 '포켓몬 고'의 성공 요인을 여러 방면으로 조사 및 분석했다. 사실 '포켓몬 고'의 등장으로 증강현실에 대한 관심이 높아졌고 가상증강현실 분야에 시사하는 바가 크기 때문에 5장에서 더 자세히 살펴보도록 한다. [표 1-1]에 가상현실과 증강현실의 차이점을 요약해 놓았으니 참고하기 바란다.

표 1-1 가상현실과 증강현실의 차이점

구분	가상현실	증강현실
사용자 시야	완전히 가림	완전히 가리지 않음
그래픽 사용 방식	100% CG	현실 + CG
사용자 이동 정도	거의 이동하지 않음	이동하는 경우가 많음
사용 기술	시청각 기술	시청각, 위치 처리, 카메라 인식, 데이터 처리 기술

2 가상현실과 증강현실 기술 적용

가상현실과 증강현실 기술은 각각 추구하는 바가 다르다. 같은 콘텐츠라도 어떤 기술을 사용했느냐에 따라 결과물이 크게 달라진다. 여행 콘텐츠를 예로 들면, 그 지역에 직접 간 것처럼 생생한 체험을 할 수 있게 하는 데 중점을 두려면 가상현실 기술을 적용하고, 카메라에 비춰진 카페나 음식점 등 건물의 정보와 주요 관광지의 위치 정보를 전달하는 데 중점을 두려면 증강현실 기술을 적용한다.

가상현실과 증강현실 기술은 모두 게임, 교육, 의료, 훈련, 국방 등 다양한 분야에 활용되고 있으며, 관련 콘텐츠들이 개발되고 있다. 콘텐츠를 기획하는 입장이라면 특정 분야에 한정할 필요 없이 사용자에게 어떤 기술이 효과적일지 고민해 보아야 한다. 별도의 공간에서 진행되는 훈련 체험이 필요하다면 가상현실 기술을 적용하는 것이 좋을 것이다. 반면에 실제 현장을 돌아다니면서 장비를 살펴보는 경우에는 장비 표면에 붙은 마커나 장비 외관 등을 인식해서 관련 정보를 보여주는 증강현실 기술이 더 적합할 것이다.

결국 각 기술에 대해 이해하고 기획한 콘텐츠의 목표를 더 잘 살릴 수 있는 기술이 무엇인지 판단해 사용하는 것이 중요하다.

SECTION 03

가상현실 시스템의 발전

1 센소라마

4차 산업혁명 시대를 맞아 주목받기 시작했지만 사실 가상현실의 역사는 꽤 오래되었다.

가상현실의 아버지라고 불리는 모턴 하일리그Morton Heilig는 1926년 미국에서 태어나 코넬, 시카고, 제네바, 펜실베이니아 대학교에서 철학과 미술, 영화와 커뮤니케이션을 전공한 철학자이자 영화감독이다. 1957년 하일리그는 오늘날 VR 기기와 비슷한 첫 번째 기기인 '센소라마Sensorama' 시뮬레이터를 만들었다. 개인용 3D 입체 영화관이라고 할 수 있는 '센소라마'는 얼굴을 기계에 파묻은 채 시야를 꽉 채우는 영상을 보면서 바람과 향기, 촉각까지 체험할 수 있는 기계였다. 오늘날 4D 영화관과 유사한 시스템이라 할 수 있다.

실제로 '센소라마'의 메인 콘텐츠인 '뉴욕시 브루클린 지역을 오토바이로 달리는 체험'을 한 번이라도 해 본 사람은 모두 신기한 경험에 놀라워했다. 컬러 화면도 아니고 실제 바람이나 냄새와는 차이가 있는 간단한 자극 정도만 제공하는 기계였지만, 현실감 있는 사운드와 그럴듯한 느낌만으로도 가짜 현실을 진짜로 체험할 수 있었던 것이다.

단점은 제작비가 비싸다는 것이었다. [그림 1-4]에서 볼 수 있듯이 이 기계는 한 번에 한 사람만 즐길 수 있다. 하일리그는 몰입도 높은 경험을 주는 '미래의 영화관'을 만들고자 했지만 가격 문제를 해결하지 못해 상업성은 얻지 못했다.

1960년 하일리그는 최초의 HMD인 '텔레스피어 마스크Telesphere Mask'를 만들었다. 이 기기는 두 눈을 완전히 가린 몰입형 HMD로, 동작을 인식할 수는 없지만 최초로 특허를 받은 HMD라는 의미가 있다.

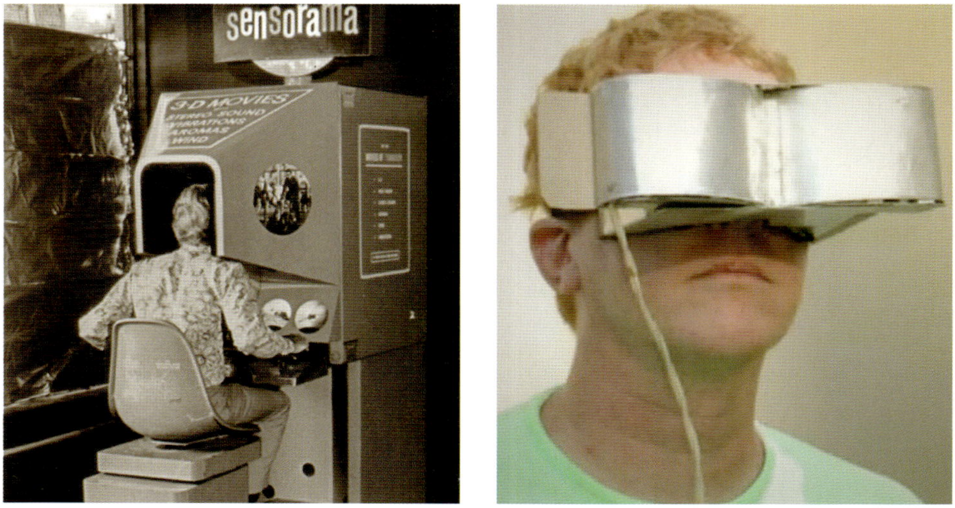

그림 1-4 '센소라마' 시뮬레이터와 '텔레스피어 마스크' [03] [04]

2 다모클래스의 검

가상현실에서 실제와 같은 체험을 하려면 인간과 컴퓨터의 상호작용이 중요하다. 대표적인 기기가 HMDHead Mounted Display이다. 1968년 하버드 대학교의 교수였던 이반 서덜랜드Ivan Sutherland는 제자인 밥 스프롤Bob Sproull과 함께 최초의 투시형 HMD를 만들었다. 그러나 이 기기는 너무 무거워서 머리에 직접 쓸 수 없었기 때문에 [그림 1-5]와 같이 천장에 기기를 설치한 후 기기와 연결된 디스플레이를 서서 바라보는 방식으로 제작되었다. 이러한 이유로 '다모클래스의 검'이라는 이름이 붙여졌다.

TIP '다모클래스의 검'이라는 이름은 그리스 신화에서 유래한 것이다. 일화에 따르면 시칠리아 왕 디오니시오스가 권력과 부를 부러워하는 다모클래스에게 권력의 위기를 알려주기 위해 그를 연회에 초청해 자리에 앉히고 머리 위에 칼을 매달아 두었다고 한다.

'다모클래스의 검'은 반투명 디스플레이를 사용해 현실의 배경 위에 그래픽을 덧붙인 형태로 보여주는 기기였다. 화면이 오늘날의 스마트 글래스와 유사하기 때문에 증강현실의 초기 구현 사례로 보기도 한다. 또한, 오늘날 VR 기기와 시스템이 유사하고, HMD, 헤드트래킹 등을 구현했다는 점에서 가상현실 시스템의 예시로도 인용되고 있다. 현재 미국 실리콘밸리에 있는 컴퓨터역사박물관에 전시되어 있다.

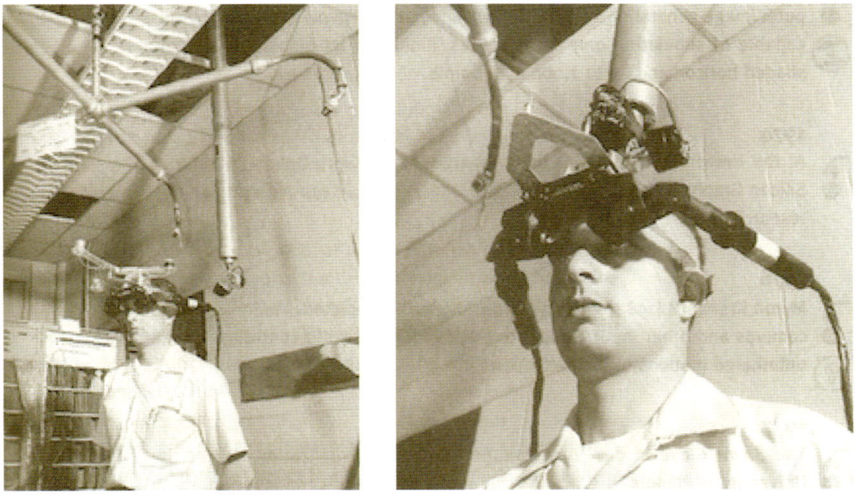

그림 1-5 최초의 HMD '다모클래스의 검' [05]

이렇게 최초의 HMD는 발명되었지만 제품 이름만 있고 가상현실이라는 용어는 없었다. 가상현실이라는 용어를 처음 사용하고 대중화시킨 인물은 현재 마이크로소프트 연구소에서 일하고 있는 컴퓨터과학자 재런 래니어Jaron Lanier다. 1985년, 재런 래니어는 VPL 연구소를 설립해 HMD와 VR 글러브를 직접 개발하고 판매했다. 그러나 그 당시 하드웨어 기술로는 만족할 만한 수준의 기기를 만드는 것이 어려웠다. 개발한 기기는 성능이 낮았고 가격은 1만 달러에 육박했다. 그의 사업은 결국 문을 닫을 수밖에 없었다. 비록 사업에는 실패했지만 수십 년 전에 VR 기기의 원형을 개발한 노력은 지금도 높게 평가받고 있다.

3 비디오플레이스

1970년 코네티컷 대학교의 교수였던 마이론 크루거Myron W. Krueger는 인간과 컴퓨터 간의 상호작용을 연구하는 '비디오플레이스Videoplace'라는 실험 공간을 제작했다. '비디오플레이스' 안에서는 손이 컴퓨터 스크린에 나타나고 손을 이용해 가상의 물체와 상호작용하는 것도 가능하다. 크루거는 이러한 환경을 인공현실이라고 표현했다. 1983년 『인공현실』이라는 책을 집필하기도 했는데, 오늘날의 가상현실과 그 의미가 매우 유사하다. 크루거는 컴퓨터 공학자였으나 가상증강현실을 이용한 컴퓨터 아티스트라고 불릴 정도로 CG를 예술로 승화시킨 인물이며, 가상현실 분야의 선구자 중 한 명으로 평가받는다.

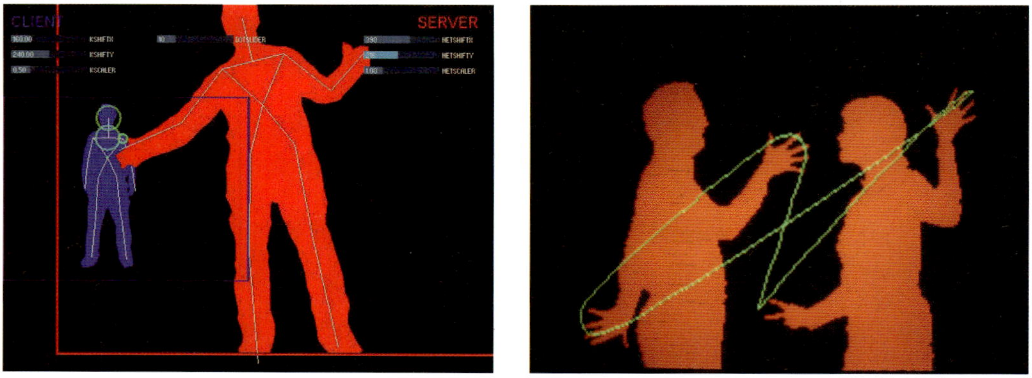

그림 1-6 **'비디오플레이스' 스크린 장면** [06][07]

4 바이브드

오늘날 우리가 쓰고 있는 가상현실의 정의에 가장 가까운 시스템은 1986년 미국항공우주국(NASA)에서 개발한 우주인 훈련용 HMD 시스템인 '바이브드(VIVED)Virtual Visual Environment Display'이다. 이 시스템은 [그림 1-7]과 같이 현실을 시야에서 완전히 가리는 몰입형 HMD로, 마이크, HMD, 글러브까지 연결되어 상호작용이 가능하다. 사용자가 움직이고 싶은 대로 움직일 수 있어 몰입감이 뛰어나고 움직임에 따라 영상이 변하는 등 현재 사용되는 가상현실의 모습과 유사하다.

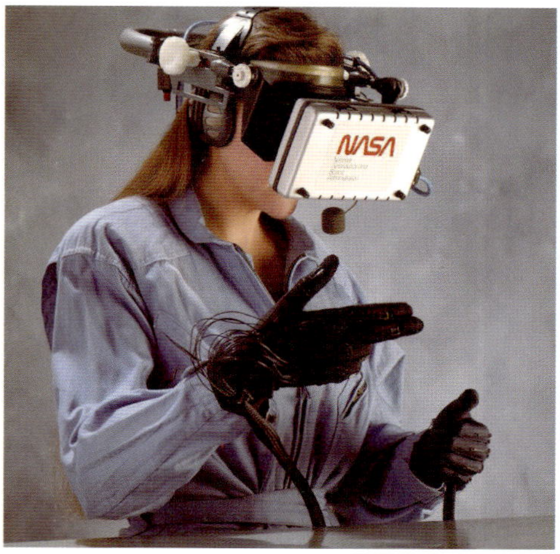

그림 1-7 **NASA의 '바이브드'** [08]

'바이브드'는 우주에 처음 방문하는 사람에게 가상의 경험을 미리 체험하게 해 성공적으로 임무를 완수할 수 있도록 도와 주는 가상훈련 시스템으로, 오늘날 많은 곳에서 활용되고 있다. 현실에서 수행하기 힘든 고위험 · 고비용 과업, 즉 우주나 심해 탐험, 의료시술, 항공기 운행, 전쟁 수행, 재난 대응 훈련 등에 활용된다.

가상현실의 출현 배경과 역사를 살펴보면 가상현실과 증강현실 기술이 혼용되어 왔음을 알 수 있다. 앞에서도 언급했듯이 가상현실은 증강현실과 다르게 100% CG로 만들어진 가상의 공간이라는 특징이 있다. 그러한 점을 제외하면 가상현실과 증강현실은 입출력 시스템, 디스플레이, 상호작용이 가능한 환경을 만드는 기술까지 유사한 점이 많다. 물론 앞에서 설명한 것처럼 각각의 기술이 추구하는 바가 다르기 때문에 콘텐츠를 기획할 때는 어느 기술이 효과적일지 판단하고 활용해야 한다.

이처럼 가상현실에 대한 연구는 반세기가 넘는 긴 세월 동안 성공과 실패를 겪으며 지금까지 이어져 왔다. 1950년대부터 시작했으니 어느새 70여 년이 되었다. 실제와 같은 가상의 세계를 구현하기 위해 오랫동안 노력한 결과 우리는 이제 상상이 현실이 되고 현실이 가상이 되는 세상에 살고 있다.

1장에서는 가상현실의 개념을 정리하고 출현 배경과 역사를 살펴보았다. 2장부터는 본격적으로 가상현실을 인지하는 과정, 활용 분야 등 구체적인 내용을 학습할 것이다. 또한, 개념정리를 통해 가상현실, 증강현실, 혼합현실이라는 용어를 각각 정의했으나 앞으로는 필요에 따라 가상현실 또는 가상증강현실로 통칭하여 사용하기로 한다.

연습 문제

01 가상현실과 증강현실이 무엇인지 차이점을 비교하여 설명하시오.

02 다음은 혼합현실의 본래의 뜻을 설명한 것이다. ( )를 채우시오.

> 혼합현실은 무엇이 주가 되느냐에 따라서 (   )과 (   )로 나눌 수 있다. (   )은 실사 화면이 대부분인 상태에 가상의 그래픽을 더한 것이고, (   )은 가상 화면이 주를 이룬 상태에 현실 이미지를 부분적으로 적용한 것이다.

03 XR(eXtended Reality)이란 무엇인지 설명하시오.

04 다음 문장에서 ( )를 채우시오.

> 가상현실의 아버지라고 불리는 (   )는 1926년 미국에서 태어나 코넬, 시카고, 제네바, 펜실베이니아 대학교에서 철학과 미술, 영화와 커뮤니케이션을 전공한 철학자이자 영화감독이다. 1957년 그는 오늘날 VR 기기와 비슷한 첫 번째 기기인 (   ) 시뮬레이터를 만들었다

05 비디오플레이스란 무엇인지 설명하시오.

06 다음 문장에서 ( )를 채우시오.

> 오늘날 우리가 쓰고 있는 가상현실의 정의에 가장 가까운 시스템은 1986년 미국항공우주국(NASA)에서 개발한 우주인 훈련용 HMD 시스템인 (   )이다.

07 최초로 특허를 받은 HMD의 이름을 쓰시오.

08 '다모클래스의 검'이라는 이름의 VR 기기에 대해 설명하시오.

09 가상현실이라는 용어를 처음 사용하고 대중화시킨 인물에 대해 아는 바를 쓰시오.

CHAPTER 02

인간의 오감을 실현하는 가상현실

SECTION 01

가상현실 인지체계

가상현실은 인간이 외부 환경을 어떤 과정으로 이해하는지 알아야 구현할 수 있기 때문에 가상현실의 원리를 이해한다는 것은 인간의 인지체계를 이해한다는 말과 같다.

1 가상현실 인지 과정

인간이 사물을 인지하는 과정을 자세히 살펴보면, 먼저 외부의 자극이 감각 기관에 전달되면 뇌의 활동을 통해 해석되어 보고, 듣고, 촉감과 존재감을 느끼게 된다. 인지 과정을 통해 외부 환경이 이해되면 인간은 생리적, 정서적 상황에 따른 행동을 하고, 행동에 의해 변화된 외부 자극을 다시 받아들이는 과정을 반복한다. 이때 중요한 것은 인간이 외부 자극을 받으면 방대한 데이터를 단순화시키는 전처리 과정을 거친다는 것이다. 즉, 일부 데이터가 삭제되고 조절되는 과정을 거치면서 방대한 데이터가 적절한 수준으로 단순해진다.

이 과정을 가장 잘 설명하는 것이 제임스와 우드스몰James and Woodsmall이 제시한 NLPNatural Language Process(자연어 처리) 소통 모델이다.

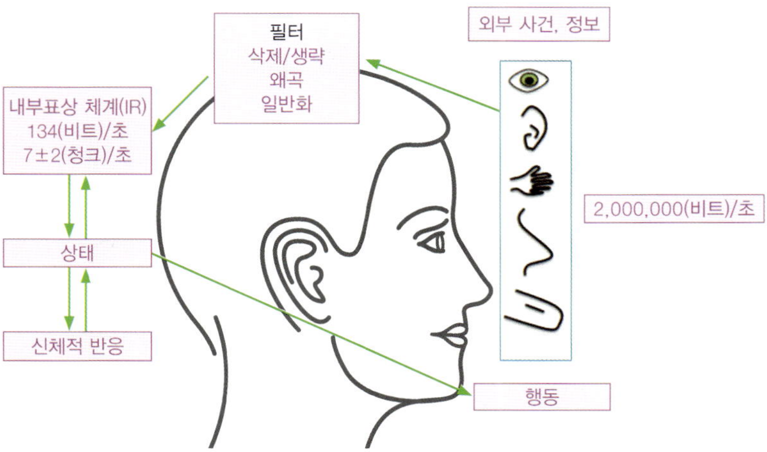

그림 2-1 NLP 소통 모델 [01]

[그림 2-1]에 표현된 것과 같이 인간은 1초마다 약 200만 비트bits의 정보를 입력받는다. 이 중에서 인간은 생략, 왜곡, 일반화라는 전처리 과정을 통해 약 134비트의 정보만 받아들여 해독한다.

인간이 정보를 받아들이는 과정을 이해하면 인간에게 필요한 정보가 무엇인지 알 수 있으며, NLP 소통 모델을 통한 정보 처리 기술을 잘 활용하면 보다 효과적인 VR 기기를 개발할 수 있다.

2 인간의 감각 기관

인간은 진화 과정에서 외부 환경으로부터 자신을 보호하기 위해 다양한 감각 기관과 이를 처리하는 체계를 발달시켜 왔다. 가상현실을 실제처럼 경험할 수 있는 콘텐츠를 개발하려면 먼저 정보를 받아들이는 인간의 감각 기관을 이해해야 한다.

인간의 감각 기관은 외부 환경으로부터 정보를 감지하는 역할을 한다. 감각 기관의 종류는 시각, 청각, 촉각, 후각, 미각, 즉 오감을 감지하는 눈, 귀, 피부, 코, 혀이다. 전달되는 정보를 처리하는 비중은 감각 기관별로 다르다. 시각은 외부 세계에서 받아들이는 감각 정보의 70% 이상을 차지하며 가상현실에서 가장 큰 역할을 한다. 그 다음으로 영향을 미치는 것은 청각이다. 시각과 청각, 그리고 그 외 감각 기관에 대해 차례로 살펴보자.

시각

인간이 가상현실을 실제처럼 체험하는 데 가장 중요한 기관은 시각이다. 시각에는 시지각, 입체시, 시야각이 있다.

가장 중요한 것은 시지각이다. 시지각은 눈으로 입력되는 모든 정보를 뇌에서 해석하는 능력을 말하며, 그 정보가 무엇인지 파악하는 뇌의 역할까지 포함한다. 입체시는 양안시차로 생기는 깊이감, 즉 두 눈이 떨어져 있기 때문에 입체적으로 3차원을 인식할 수 있는 능력을 말한다. 깊이감이 제공되어야 실감 나는 영상을 즐길 수 있으므로 입체시는 가상현실에서 시각적 현실감을 높이는 매우 중요한 요소다. 시야는 머리를 움직이지 않고 볼 수 있는 영역을 말하며, 그 범위를 시야각이라고 한다. 가상현실을 실제처럼 느끼도록 하려면 인간이 보는 시야와 같은 수준의 시야각을 제공해야 한다. 가상현실을 체험할 때 머리에 쓰는 HMD는 시야각을 넓게 확보해 실제 같은 환경을 보여 줌으로써 사용자가 쉽게 몰입감을 느낄 수 있게 한다.

일반적으로 시야각이 넓고 속도가 빠르면 몰입도는 커지지만 사이버 멀미의 가능성도 커진다. 반대로 시야각이 좁고 속도가 느리면 몰입도가 떨어지는 대신 사이버 멀미의 가능성은 낮아진다. 따라서 어느 정도의 시야각과 속도에 맞춰야 몰입감과 현실감을 적절한 수준으로 높일 수 있는지를 연구해야 한다.

그림 2-2 사이버 멀미

속도에서 가장 중요한 것은 사용자가 조작했을 때 가상현실 콘텐츠 안에서 얼마나 빠르게 반응할 수 있는지다. 현실세계의 움직임을 가상현실에 자연스럽게 제공하려면 사용자가 고개를 돌리거나 시선을 움직일 때 그에 맞춰 자연스럽게 영상이 이동해야 한다. 움직이기 시작한 시점부터 눈에 보이기까지의 응답 시간을 지연 속도라고 하는데, 지연 속도는 보통 20밀리초msec 이하일 때 자연스럽게 느껴진다. 이 움직임을 화면에 실제처럼 매끄럽게 표시하려면 초당 90장 이상의 이미지를 처리해야 한다. HMD가 이러한 성능을 구현하도록 개발하는 것이 중요하다.

그러나 고성능 HMD 개발은 쉬운 작업이 아니므로 HMD를 사용해 가상현실을 체험할 경우 대부분 지연 속도로 인한 사이버 멀미를 경험하게 된다. 최근에는 프리미엄급 HMD가 개발되어 지연 속도 문제를 상당 부분 개선했지만 사이버 멀미를 완전히 해결하려면 지속적인 연구가 필요하다.

청각

가상현실을 실제처럼 체험하기 위해 필요한 두 번째 감각 기관은 청각이다.

움직일 때마다 위치와 거리가 달라지는 데 따른 소리의 변화를 세밀하게 느낄 수 있다면 가상현실에 더욱 몰입할 수 있다. 즉, 머리가 돌아가는 위치에 따라 더 크게 또는 더 작게 들리도록 해야 하는데, 그러려면 사용자의 행동에 즉각적으로 반응해 소리를 전달하는 HMD가 필요하다. 앞서 설명한 지연 속도까지 정확하게 일치하는 음향 효과를 내려면 여러 가지 고려해야 할 사항이 있다. 이러한 기술을 3D 사운드, 3D 오디오 등으로 부르고 있다.

최근 관련 업체들은 음향 기술 개발을 위해 다각도로 노력하고 있다. 유튜브는 360도 동영상이나 VR 영상을 재생할 때 시청자가 바라보는 위치에 따라 소리가 달라지게 할 수 있는 사운드 관련 지원을 추가했다. 미국의 IT 기업 엔비디아는 'VR 웍스 오디오VR Works Audio'라는 3D 사운드 기술을 개발했다.

한편, 국제 표준화 단체인 MPEGMoving Picture Experts Group는 MPEG-H 3D 오디오를 위한 세부 표준에서 기존의 서라운드 방식에 높이 정보를 추가했다. 이 방식을 이용하면 좌우와 거리 정보만 표현할 수 있는 기존의 방식과 달리 위아래 소리까지 표현할 수 있다. 360도 사운드를 구현할 수 있으므로 보다 실제에 가깝게 가상현실 콘텐츠를 제공할 수 있게 된 것이다. 이 외에도 가상현실에 적합한 오디오 데이터 전송과 렌더링을 위한 규격 및 기술들이 개발되고 있어 앞으로 더욱 실감 나는 입체 사운드를 즐길 수 있을 것이다.

TIP **렌더링** 컴퓨터프로그램을 사용해 2차원에 보이는 물체를 3차원으로 보이게 하는 것으로, 모델 또는 이들을 모아놓은 장면인 씬 파일(Scene File)로부터 3D 영상을 만들어내는 과정을 말한다.

촉각

촉감은 가상현실에서의 몰입감을 높일 수 있는 요소다. 눈으로 보고 귀로 듣는 것에 더해서 가상의 물건을 만질 때 팔이나 손에 물리적인 힘을 주어 마치 직접 만지는 것처럼 느끼게 하면 몰입감이 한층 높아진다. 이에 대해 최근 많은 연구가 이루어지고 있으며 접근 방식도 다양하다.

촉감을 구현하기 위한 VR 기기로는 장갑형 제품인 마누스Manus의 '마누스 VR'과 덱스타 로보틱스Dexta Robotics의 '덱스모'가 대표적이다. VR 글러브에 대해서는 3장에서 자세히 다루기로 한다. 국내 국립아시아문화전당에서는 VR에 촉감을 더해서 직접 전시품을 만져볼 수 있는 가상현실 기반의 전시관을 테스트한 바 있다.

후각과 미각

촉각과 더불어 후각과 미각을 연결해 냄새나 맛을 인공적으로 합성하기 위한 실험도 진행되고 있다. 하지만 상용화까지는 시간이 다소 걸릴 것 같다. 광고 분야에서는 가상현실이 등장하기 전에도 후각을 활용한 적이 있다. 매장을 소비자에게 각인시킬 수 있도록 특정 향을 사용하는 경우 등이다. 예를 들어 피자헛에서는 피자 도우, 샐러드, 치즈 등의 향을 담은 '피자헛 향수'라는 특이한 마케팅 프로그램을 진행한 적이 있다.

미각 부분에서는 싱가포르 국립대학에서 연구 중인 디지털 맛 인터페이스Digital Taste Interface가 인공의 맛을 구현한 유명한 사례다. 복합적인 맛은 구현하기 어렵지만 단맛, 신맛, 짠맛, 쓴맛을 각각 표현할 수 있다고 한다.

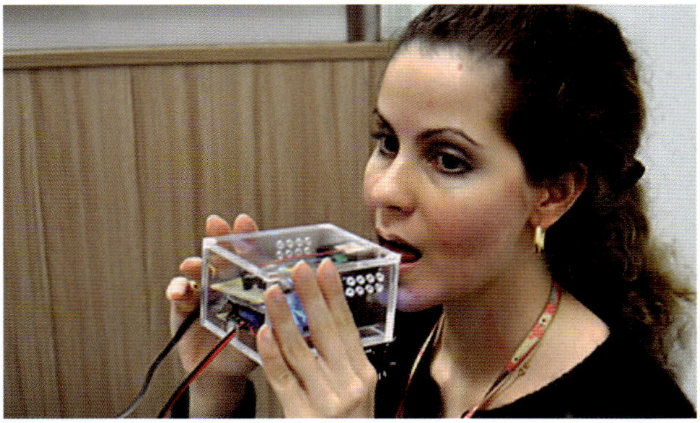

그림 2-3 디지털 맛 인터페이스 [02]

SECTION 02

오감을 실현하는 가상증강현실 기술

가상증강현실 기술은 컴퓨터를 이용해 구축한 가상증강현실 공간 내에 인간의 오감을 활용한 인터페이스를 통해 체감형 콘텐츠를 제작하고 가시화하고 상호작용하는 기술이다.

가상현실 기술은 컴퓨터로 만든 가상 환경 내에서 사용자의 오감 정보를 확장 및 공유함으로써 현실세계에서 경험하기 어려운 상황 등을 실감 나게 체험할 수 있도록 하는 기술을 말한다. 반면 증강현실 기술은 현실 공간과 사물에 증강된 콘텐츠를 합성해 사용자가 보다 많은 정보를 획득하고 체험할 수 있도록 하는 기술이다. 그러므로 가상현실은 몰입형 기기를 통해 현실세계와 단절된 콘텐츠를 체험하게 하는 반면 증강현실은 현실세계와 융합된 콘텐츠를 제시한다.

인간의 오감을 자극해 실제처럼 체험할 수 있도록 하는 가상증강현실을 구현하는 핵심 기술에 대해 구체적으로 살펴보자.

1 가상현실 핵심 기술

가상현실은 사용자가 가상의 공간을 실제처럼 체험하도록 하는 것이 목적이므로 몰입형 시각 정보를 이용해 체험공간을 가시화하고 인간의 오감과 관련된 입출력 정보를 기반으로 실시간으로 상호작용하도록 하는 기술이 중요하다. 핵심 기술로는 몰입 가시화 기술, 실감 상호작용 기술, 가상현실 환경 생성 및 시뮬레이션 기술을 들 수 있다.

몰입 가시화 기술

몰입 가시화 기술은 사용자에게 가상현실 몰입 환경을 제공하기 위한 기술로, HMD, 프로젝션 등 가시화 기기 기술과 영상 가시화 소프트웨어 기술을 포함한다.

■ HMD 기술

가상현실 콘텐츠를 체험하려면 머리에 HMD를 쓰는 것이 일반적이다. HMD의 기술적 바탕은

1장에서 살펴본 바와 같이 이반 서덜랜드가 구축했고, 현재는 사용자에게 시각적으로 완전히 몰입된 가상공간을 제공하기 위해 시야각(FOV)Field Of View을 확대하고 해상도를 높이는 방향으로 지속적인 연구가 이루어지고 있다. 2010년대 초반까지도 시야각의 수준은 40도 내외였으나 최근에는 100도 이상의 시야각을 제공하는 HMD가 상용화되고 있다. 대표적인 HMD로는 메타(구 페이스북)에서 인수한 오큘러스에서 출시한 '오큘러스 리프트'와 HTC에서 개발한 '바이브'를 들 수 있다. 또한, 소니는 콘솔 게임기인 PS4와 연결해 VR 게임을 할 수 있는 HMD인 '플레이스테이션 VRPlay Station VR, PS VR'을 출시했다.

삼성전자는 스마트폰과 같은 모바일 기기를 연결해 가상현실 서비스를 제공하는 '기어 VR'을 공개했다. '기어 VR'은 자체 위치 추적 센서를 내장해 머리의 회전에 따라 빠른 화면 전환을 지원하고 PC 기반 HMD의 단점을 극복한 모바일 플랫폼으로, 사용자가 자유롭게 움직일 수 있는 체험 환경을 제공한다.

■ **몰입형 프로젝션 디스플레이 기술**

몰입형 프로젝션 장치 기반 디스플레이 환경에서는 HMD를 사용하지 않고 여러 사람이 동시에 가상현실을 체험할 수 있다. 이것은 여러 대의 프로젝터를 이용해 방과 같은 큐브 형태의 디스플레이를 구성한 장치다. 장치 내부에 들어가면 각 면의 디스플레이 화면이 입체적으로 보이기 때문에 HMD를 착용하지 않고도 높은 몰입감을 느낄 수 있다. 마치 동굴에 들어간 것 같다고 해서 CAVE 장치라고도 한다. [그림 2-4]는 일리노이 대학교 EVLElectronic Visualization Laboratory 홈페이지에 제공된 CAVE 장면이다.

그림 2-4 일리노이 대학 EVL 홈페이지에 제공된 CAVE [03]

■ 영상 가시화 소프트웨어 기술

3차원으로 가시화하는 작업은 복잡하고 시간이 많이 소요되기 때문에 대부분 ITK, VTK와 같이 가시화 알고리즘이 구현된 오픈소스 라이브러리를 사용한다. 또한, 인터페이스의 구현에는 Win32 API, MFC, Java SWT와 같은 플랫폼 또는 라이브러리를 사용한다. 이런 경향으로 인해 일련의 알고리즘을 모두 이해하고 직접 구현하는 경우는 찾아보기 힘들다.

2021년 7월 한국전자통신연구원(ETRI)은 국내에서 처음으로 멀미 없는 입체 영상을 만드는 제작 소프트웨어를 개발했다. 사람이 시점과 초점을 바꿔가며 자연스럽게 주변 사물을 보는 것과 같은 입체 영상을 손쉽게 촬영하고 편집할 수 있는 '비정형 플렌옵틱 콘텐츠 획득, 생성, 저작 및 가시화 플랫폼 소프트웨어' 기술이다. 플렌옵틱 카메라로 입체 영상을 촬영한 뒤 고성능 컴퓨터에서 데이터를 처리하는 과정에서 동영상과 사진의 초점과 시점을 자유롭게 바꿀 수 있다. 이렇게 하면 입체 영상을 이용해 가상현실이나 증강현실 등 실감형 콘텐츠를 개발해도 사람의 눈처럼 초점을 조절할 수 있어 멀미나 어지러움을 줄일 수 있으며, 마이크나 촬영 장비에 가려 보이지 않던 인물이나 사물도 볼 수 있다. 비전문가도 가상현실, 증강현실, 홀로그램 등 실감형 콘텐츠를 쉽게 만들 수 있도록 소프트웨어로 제작함으로써 활용 폭을 넓혔다는 평가를 받고 있다. 가상현실과 증강현실, 홀로그램 등 차세대 콘텐츠 제작에 큰 도움이 될 전망이다.

실감 상호작용 기술

실감 상호작용 기술은 가상현실 공간을 사용자의 오감과 관련된 입출력 기기를 통해 실시간으로 제어하는 것이다.

■ 모션 기반 시뮬레이터 기술

모션 기반 시뮬레이터는 움직이는 탑승물 등의 장치에 진짜로 탑승한 것과 같은 느낌을 제공하는 기술이다. 자동차나 비행기를 조종하는 운전 시뮬레이터, 스키를 타고 내려오는 스포츠 시뮬레이터 등이 대표적이다. 탑승자의 모션에 따라 변화하는 탑승물의 위치, 속도, 고도 등에 대한 시각적 정보가 탑승자의 눈을 통해 뇌로 전달되는데, 영상의 출력 결과와 시뮬레이터의 움직임이 제대로 동기화되지 않으면 사이버 멀미를 일으킬 수도 있기 때문에 관련 기술이 반드시 필요하다.

■ 위치 추적 기술

가상증강현실에서 사용자의 위치 및 방향을 추적하는 기술은 사용자가 바라보는 위치와 방향에 맞추어 콘텐츠를 디스플레이하기 위해 반드시 필요하다. 예를 들어 사용자는 위를 보는데 가상공간에서는 정면의 콘텐츠를 보여준다면 시각적 감각에 오류가 발생할 것이다. 대표적인 HMD인 '바이브'와 '오큘러스 리프트'에는 사용자의 위치 추적을 위한 기술이 적용되어 있다. '바이브'는 실내 공간에 부착된 두 개의 베이스 스테이션에서 레이저를 쏘고 사용자가 착용한 HMD나 컨트롤러에 부착된 포토다이오드 센서가 레이저를 인식한 뒤 인식한 시간을 위치 추적 프로그램에 전달함으로써 위치를 계산한다. 한편 '오큘러스 리프트'는 HMD에 부착된 적외선 LED에서 빛을 내뿜고 이 빛을 적외선 카메라가 인식해 사용자의 위치를 계산한다.

HMD를 쓴 머리의 위치뿐만 아니라 사용자 관절의 정보를 획득하는 인체 모션 인식 기술은 가상환경을 체험하는 사용자의 상호작용 동작을 인식하고 가상현실 내의 캐릭터를 연동하기 위한 핵심 기술이다. 예를 들어 트레이너의 동작을 따라하며 운동할 경우, 체험자의 동작을 실시간으로 분석하고 코칭 기능을 제공하기 위해 인체 모션 인식 기술이 필요하다. 일반적으로 인체 모션 인식 기술에는 카메라를 통해 마커를 인식하는 방식, 센서를 부착해 인식하는 방식, 마커와 센서를 사용하지 않는 마커리스로 인식하는 방식이 있다.

■ 햅틱 기술

햅틱Haptic 기술은 가상현실 공간 내에서 가시화된 3D 객체와 가상으로 접촉하면 촉각 정보와 힘의 정보가 느껴지도록 상호작용하는 기술이다. 햅틱 기기는 물리적 힘을 가상의 사물에 전달하고, 힘이 전달된 물체는 가상공간 내에서 변형되기도 하면서 상호작용한다. 가상공간에서 시각 정보로 획득한 물체의 단단함, 무게감 등이 근육 감각을 자극해 감각 정보로 전달된다. 예를 들면 가상공간에 배치된 공을 실제처럼 쥐었다가 놓을 수 있는 체험이 가능한 것이다.

햅틱 기술은 정밀한 감각 정보가 필요한 수술이나 재활과 같은 의료 분야, 제작이나 훈련이 필요한 분야 등에 필요하다. 예를 들어 장갑 형태의 햅틱 기기는 압력과 손동작을 인지해 가상세계의 물체를 현실세계의 물체와 같은 감각으로 인지할 수 있도록 도와준다. 2019년 가상현실 전문업체 햅트엑스HaptX는 가상현실에서 물체를 느낄 수 있는 VR 햅틱 글러브인 '글러브 디벨롭먼트 키트Gloves Development Kit'를 출시했다. 이 기기는 미세 햅틱 기술을 사용해 촉감과 관련된 상호작용을 할 수 있게 한다. 즉, 사용자가 압력과 저항 등을 느끼면서 VR 시뮬레이션을 더욱 사실적으로 느낄 수 있게 하는 것이다.

그림 2-5 **VR 햅틱 글러브인 '글러브 디벨롭먼트 키트'** [04]

최근에는 햅틱 정보를 전달하기 위해 손에 착용하는 VR 글러브를 비롯해 신체와 밀착해 상호작용할 수 있도록 하는 모션슈트도 개발되고 있다. 스타트업인 VR 전문기업 모인은 가상현실용 초정밀 전신 모션슈트 시제품을 선보였다. 모인은 한국과학기술원KIST과 공동으로 [그림 2-6]과 같은 초정밀 엑스원X-1 모션슈트 개발 프로젝트를 진행하고 손 부위를 추적하는 기술에 성공한 데 이어 전신 모션슈트 상용화 단계에 진입했다고 발표했다.

그림 2-6 **엑스원 모션슈트** [05]

가상현실 환경 생성 및 시뮬레이션 기술

가상환경 시뮬레이션 기술은 3차원 복원 데이터 또는 가상환경에 다양한 특수 효과를 포함해 사실성을 높이는 기술이다. 특수 효과는 자연현상을 물리 수식 기반으로 계산해 불꽃, 연기, 눈, 비, 밤, 낮 등을 표현하는 것을 예로 들 수 있다. 가상의 물체에 운동성을 부여하는 물리 속성 제어 기술도 포함된다.

■ 가상현실 저작 기술

가상현실 환경을 생성하려면 기존의 온라인이나 모바일 게임 저작 방식과 같이 주로 게임엔진을 이용해 가상공간을 만들고 리소스를 배치한 후 원하는 내용으로 시나리오를 구성한다. 가상환경을 구성하기 위한 엔진(저작 도구)은 모바일이나 PC 등 구동하는 기기마다 가상현실 환경을 가시화하는 기능뿐 아니라 상호작용을 위한 하드웨어의 동작을 지원하는 기능을 갖추고 있다. 개발자는 이러한 저작 도구를 이용해 사용자가 가상현실을 실제처럼 체험할 수 있도록 모두 3차원 공간으로 만들어야 한다. 또한, VR 기기의 센서 정보를 통해 사용자가 보는 방향을 정확히 가시화하고, 걸어 다니면서 체험하는 경우에는 VR 기기를 착용하고 실제 공간에서 움직여야 하기 때문에 현실의 바닥이나 벽 등을 가상공간에도 동일하게 표현해야 한다.

■ 360도 파노라마 가상현실 환경 생성 기술

최근에는 360도 VR 동영상이 보편화되어 있는데, 이것은 360도로 촬영한 실사 파노라마 영상을 구글의 카드보드나 삼성의 '기어 VR'과 같은 휴대형 HMD를 사용해 감상하는 가상현실 콘텐츠다. 인간의 눈은 일반적으로 110도 내외의 시야각으로 사물을 인식하며, 눈동자를 이동해 좌우 최대 220도, 상하 90도까지 시야각을 확장시킬 수 있다. 인간의 시야각을 충족하는 가상현실 콘텐츠는 사용자의 몰입감을 높임으로써 가상현실을 실제처럼 인지하는 데 중요한 역할을 한다. 즉, 체험자에게 360도 VR 동영상 콘텐츠를 제공하면 촬영 당시의 공간 정보를 그대로 체험할 수 있어 마치 실제 공간 속의 주인공 같은 느낌을 받을 수 있다. 체험자가 HMD를 착용하고 머리를 회전하거나 몸을 이동하면 위치 및 방향과 연동된 VR 파노라마 콘텐츠가 체험자의 시점에 맞게 제공된다.

360도 파노라마 영상 제작 기술에는 여러 대의 카메라로 촬영한 영상 소스를 하나의 영상으로 연결하는 스티칭 기술이 필요하다. 스티칭 기술은 각각의 카메라로 촬영한 영상 소스를 정해진 시야각과 화면 크기 기준으로 초점 거리와 왜곡률을 보정하고 이어서 붙이는 기술이다. 과거에는 이 과정을 개발자 스스로 해결하거나 스티칭 전문업체에 맡겨 처리했으나 최근에는 촬영과 동시에 자동으로 스티칭이 이루어지는 기술이 개발되어 있다.

고해상도 이미지를 취득하기 위해서는 일반적으로 여러 대의 카메라를 정해진 각도에 고정해 촬영한 뒤 후반 작업을 통해 스티칭 기술을 적용하는 방법과 굴절률이 높은 렌즈를 앞뒤로 고정해 360도 동영상을 하나의 카메라에서 취득하는 방법이 사용된다.

360도 VR 동영상 콘텐츠의 단점은 상호작용이 어렵다는 것인데, 최근에는 이 점을 보완해 360도 파노라마 동영상과 CG를 복합적으로 사용하는 제작 기술이 발전하고 있다.

2 증강현실 핵심 기술

증강현실에는 실제와 가상의 이미지를 합성하고 3차원 실제 공간에 정합하며 실시간 인터렉션이 가능하도록 하는 기술이 중요하다. 따라서 센싱 및 트래킹 기술, 영상 합성 기술, 실시간 증강현실 상호작용 기술을 핵심 기술로 꼽을 수 있다.

센싱 및 트래킹 기술

증강현실은 사용자에게 정확한 AR 영상을 합성해 보여 주기 위해 이미지 영상에서 특징점을 추출하고 추출된 특징점을 레퍼런스 DB 데이터와 비교해 카메라의 위치를 트래킹하는 방식의 기술을 이용한다. 증강현실의 위치를 추적하려면 레퍼런스 DB 데이터가 필요한데, 일반적으로 많이 사용하는 것은 마커 데이터다.

증강현실 연구 초창기에는 마커 패턴을 이용해 코너점을 추출하고 마커 위에 가상의 물체를 합성하는 방식을 주로 이용했으나 최근에는 마커 이미지를 사용하지 않는 현실 객체 인식 기반 증강현실 기술을 이용하기 시작했다.

현실 객체 인식 기반 증강현실을 위해서는 현실 객체에 대한 레퍼런스 DB 데이터가 필요하다. 현실 객체에 대한 레퍼런스 DB 데이터에도 마커 방식과 마찬가지로 이미지 데이터에서 추출한 특징점에 대한 3차원 위칫값이 들어있다. 현실 객체 영상에서 추출된 특징점의 3차원 위칫값은 추출된 특징점을 일정 시간 추적한 후 초기 추적 영상과 마지막 추적 영상에서 공통으로 취득한 특징점을 이용해 계산한다.

TIP **레퍼런스 DB 데이터** 일반적으로 물체가 어떤 것인지 판단하기 위해 실제 해당 물체의 데이터를 저장해 놓고 알고자 하는 물체의 데이터와 비교해 판단한다. 예를 들어 사람 얼굴을 판단하려면 실제 사람에 대한 많은 데이터를 저장해 놓고 비교하는데, 이때 실제 사람 얼굴에 대한 데이터를 레퍼런스 DB 데이터라고 한다.

요약하면 카메라를 통해 추출한 현실세계의 특징점을 이용해 카메라의 위치를 계산하고, 그 위치를 기반으로 가상의 물체를 정합하면 현실세계의 원하는 위치에 결합된 증강현실 콘텐츠를 볼 수 있다.

영상 합성 기술

증강현실에서 영상을 합성하려면 실제 환경의 이미지에 가상의 물체를 합성하는 기술과 실제 환경과 가상의 물체를 합성한 결과를 사용자에게 제공하는 VR 기기에 대한 기술이 필요하다. 먼저 증강현실 가시화를 위한 VR 기기에 대해 살펴본다.

2015년 마이크로소프트에서 출시한 홀로렌즈는 증강현실을 위한 플랫폼으로, 눈앞에 나타나는 현실세계 위에 홀로그램 같은 영상을 배치하고 제스처와 음성 인식, 게임패드를 이용한 인터페이스 환경을 지원하는 투명 HMD이다. 컴퓨터 기능이 모두 들어가 있어서 좀 무겁다는 단점이 있으나 데스크탑 없이도 PC의 기능을 수행하는 매우 우수한 AR 기기다. 외부 환경을 보면서 동시에 눈앞의 렌즈에 투시된 가상 이미지를 겹쳐서 증강해 볼 수 있다.

또 다른 증강현실 가시화 방법은 프로젝터를 이용한 영상 프로젝션 방식으로, 개인용 디스플레이 없이 여러 사람이 함께 증강현실 콘텐츠를 즐길 수 있다. 프로젝션 기반의 증강현실은 실제 물체의 표면이나 벽에 빛을 투사해 이미지를 보여 주는 방식이다. 투사면의 색상이나 모양에 따라 투사된 영상의 색깔이나 모양에 왜곡이 발생할 수 있으므로 이를 완화하기 위한 보정 방법이 필요하다.

실시간 증강현실 상호작용 기술

증강현실은 실제 현실 환경에 가상의 객체가 정합되어 표현되기 때문에 모든 공간을 가상현실처럼 구현할 필요는 없다. 예를 들어 대표적인 AR 게임인 '포켓몬 고'의 경우 스마트폰과 같이 작은 디스플레이 위에 포켓몬이라는 가상의 객체가 표현되기 때문에 포켓몬이 나타날 화면의 위치와 움직임 등에 대해서만 정의하면 된다.

그러나 증강현실 환경에서 현실세계와 상호작용을 해야 한다면 가상현실과 달리 많은 처리가 필요하다. 포켓몬이 현실세계의 건물 뒤에 숨어야 한다면 건물 모델링 데이터와 사용자에서 건물까지의 거리 정보 등이 필요하다. AR 개발 툴은 카메라를 통해 입력되는 영상 분석을 통해 포켓몬이 건물에 가려져야 하는 영역 등을 정의하고 정확하게 증강현실의 정합을 수행할 수 있어야 한다. 또한, 정합된 증강현실 객체와 상호작용하는 경우에는 사용자가 어떤 기기를 사용하는가에 따라서도 달라질 수 있다. 예를 들어 스마트폰을 사용할 경우 주로 터치를 한다든지 자이로센서와 같은 센서를 연동해 상호작용을 할 수 있고, 홀로렌즈와 같은 HMD를 사용할 경우에는 손동작이나 전신동작을 통해 상호작용하면서 AR 객체를 컨트롤할 수 있다.

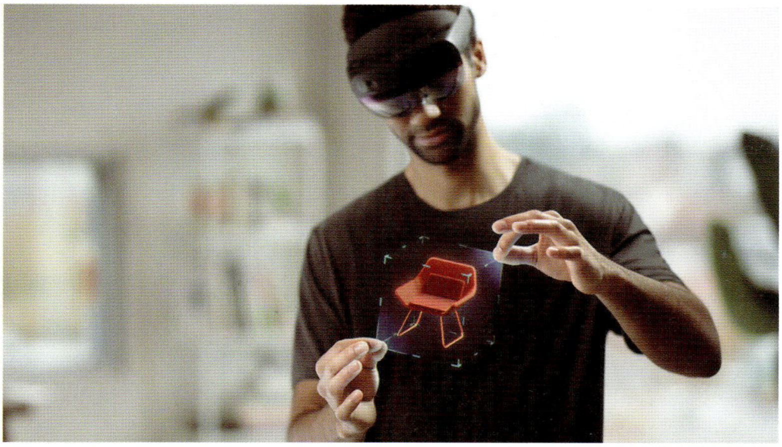

그림 2-7 마이크로소프트에서 개발한 홀로렌즈 [06]

지금까지 인간의 인지 과정과 시각, 청각을 비롯한 오감에 대해 살펴보고 오감을 실현하는 가상 증강현실 기술에 대해 설명했다. 가상현실을 진짜처럼 체험하려면 결국 몰입이 중요한 요소인데, 감각적 몰입은 가상현실인지 증강현실인지에 따라 차이가 있다. 가상현실은 현실세계를 벗어나 100% 가상세계에 몰입하는 것이고, 증강현실은 현실세계에서 가상의 대상에 몰입하는 것이다. 가상현실이나 증강현실의 몰입을 위해서는 상호작용이 중요하며, 입출력 기기가 다양하고 풍부할수록 상호작용 효과가 커진다.

예를 들면, 마우스를 사용하거나 손으로 터치해서 정보를 입력하면 그에 반응해 결과를 출력하거나, 사용자가 몸을 움직이면 게임 캐릭터가 똑같이 따라 움직이는 반응을 보이는 것 등을 말한다. 사용자의 움직임을 감지하는 기기로는 VR 게임 회사인 버툭스Virtuix가 만든 '옴니Omni'와 사이버리스Cyberith가 만든 '버추얼라이저Virtualizer'가 있다. 머리에 HMD를 착용하고 러닝머신처럼 생긴 기기 위에서 뛰면 가상현실 콘텐츠 속의 캐릭터가 똑같이 뛰는 반응을 보이기 때문에 가상의 세계에 더욱 몰입하게 된다. 이렇게 시각과 청각을 비롯한 오감을 자극하면서 몸을 움직이려면 가상현실 입출력 기기를 다양하게 활용할 수 있어야 한다. 기기에 대해서는 3장에서 자세히 다루도록 한다.

연습문제

01 인간이 외부 자극을 받으면 방대한 데이터를 단순화하는 전처리 과정을 거친다. 즉, 일부 데이터가 삭제되고 조절되는 과정을 거치면서 방대한 데이터가 적절한 수준으로 단순해진다. 이 과정을 가장 잘 설명하는 모델은 무엇인가?

02 다음 ( )에 알맞은 용어를 쓰시오.

> (　　　　　)은 눈으로 입력되는 모든 정보를 뇌에서 해석하는 능력을 말하며, 그 정보가 무엇인지 파악하는 뇌의 역할까지 포함한다. (　　　　　)는 양안시차로 생기는 깊이감, 즉 두 눈이 떨어져 있기 때문에 입체적으로 3차원을 인식할 수 있는 능력을 말한다. (　　　　)는 머리를 움직이지 않고 볼 수 있는 영역을 말한다.

03 가상현실 공간 내에서 가시화된 3D 객체와 가상으로 접촉하면 촉각 정보와 힘의 정보가 느껴지도록 상호작용하는 기술은?

04 다음 ( )에 알맞은 용어를 쓰시오.

> 움직이기 시작한 시점부터 눈에 보이기까지의 응답 시간을 (　　　　　)라고 하는데, (　　　　　)는 보통 20밀리초 이하일 때 자연스럽게 느껴진다.

05 시야각과 속도에 따라 몰입도가 어떻게 달라지며 사이버 멀미에는 어떤 영향을 미치는지 설명하시오.

06 가상현실에 있어 시각과 청각 이외에 촉각을 느낄 수 있도록 하는 기기에 대해 아는 바를 서술하시오.

07 증강현실의 핵심 기술을 나열하시오.

CHAPTER 03

가상현실 생태계

SECTION 01

가상현실 생태계의 이해

1 모바일 생태계

4차 산업혁명 시대를 맞이하여 2016년부터 본격적으로 주목받기 시작한 가상현실 분야의 미래에 대해 대부분은 긍정적으로 바라보지만 일부 비관적인 전망도 있다. 그 이유 중 하나는 과거 영화 《아바타》의 성공에 힘입어 3D TV가 엄청난 인기를 끌다가 곧 사라졌던 경험 때문이다. 3D TV가 실패한 대표적인 원인으로는 《아바타》 이후 이렇다 할 킬러 콘텐츠가 부족했던 것과 안경을 써야 하는 불편함, 3D TV 판매에만 포커스를 맞추었던 점 등을 들 수 있다.

TIP **킬러 콘텐츠** 각종 미디어를 통해 대중에게 광범위하게 보급되어 폭발적인 인기를 끄는 콘텐츠를 일컫는다. 살인자를 뜻하는 킬러(Killer)와 콘텐츠(Contents)의 합성어로, 죽여주는(죽여줄 정도로 좋은) 콘텐츠라는 뜻이다. 주로 한국에서 사용하는 용어이며, 일본에서도 게임 등 일부 분야에 사용하고 있다.

그림 3-1 3D TV

2007년 아이폰이 세상에 등장한 이후 우리의 삶에는 많은 변화가 있었다. 모두가 체험하여 알고 있듯이 스마트폰은 단순히 새로운 형태의 전화기가 아니라 손안에서 무엇이든 할 수 있는 세상을 만든 혁신적 기기이다. 스마트폰이 대중화된 이후 모바일 생태계가 만들어졌다. 이를 스마트폰 혁명이라고 한다.

모바일 생태계가 만들어지는 데 중요한 역할을 한 것은 구글 플레이로 대표되는 앱 마켓이다. 2008년 10월 23일 안드로이드 마켓이라는 이름의 앱 배포 서비스로 시작한 구글 플레이는 게임, 사진, 음악, 도서, 동영상 등 거의 모든 콘텐츠 영역을 다루는 판매 및 배포 장소로 자리매김했다.

모바일 앱 마켓은 애플 또는 구글과의 협력 여부와 관계없이 개발자가 자유롭게 앱을 업로드하고 이용자가 다운로드할 수 있다는 특징이 있다. 구글 플레이는 개발 환경이 열려 있었고 인앱 결제 여부도 자유롭게 선택할 수 있었기에 더 많은 콘텐츠 창작자가 모여 조금씩 성장할 수 있었고 이를 바탕으로 다양한 모바일 생태계가 구축되었다.

그림 3-2 모바일 생태계

생물이 다른 생물을 비롯한 주변 환경과 영향을 주고받으며 생태계를 형성하듯이 새로운 기술이 탄생하면 그 기술을 중심으로 여러 집단이 상생하는 생태계가 탄생한다. 마찬가지로 가상현실도 생태계가 필요하며, 이를 통해 가상현실의 미래를 가늠할 수 있을 것이다.

가상현실의 밝은 미래를 위해서는 3D TV의 실패 사례와 스마트폰의 성공 사례를 교훈으로 삼아 가상현실 생태계가 제대로 형성되도록 노력해야 할 것이다.

2 가상현실 생태계

현재 글로벌 기업 중심으로 가상현실 생태계를 만들기 위한 노력이 진행되고 있지만, 공유하고 협력하는 생태계를 만드는 것보다 각자의 생태계를 빨리 구성해 시장을 선점하려는 시도들을 하는 경향이 있다. 또한, 다음의 몇 가지 문제점을 살펴보면 좀 더 선순환적인 가상현실 생태계를 구성하기 위한 노력이 필요하다는 것을 알 수 있다.

콘텐츠는 여러 개별 플랫폼에 분산되어 있고, 플랫폼별로 콘텐츠 및 단말 연동 범위에 제한이 있어 상호호환이 충분하지 않은 편이다. 가상현실 콘텐츠를 원활히 제공하는 데 필요한 요소인 네트워크는 대용량을 제대로 감당할 수 있는 속도를 내지 못하고 있다. 최근 5G의 출현으로 이전보다는 가상현실 콘텐츠를 원활하게 제공할 수 있는 환경이 되었지만 더 빠른 네트워크가 필요하다.

기기에도 문제점이 있다. 장시간 동안 몰입감을 느끼면서 편하게 사용하기에는 HMD가 무겁고 불편하며, 지연 속도로 인한 사이버 멀미감도 해결해야 할 문제다. 그러나 이러한 여러 문제점은 관련 기업과 연구소에서 이미 지속적인 연구를 통해 점점 발전된 기기를 개발하고 있어서 점차 해소될 것으로 보인다. 우리나라 정부에서도 가상현실 관련 산업의 생태계를 조성하기 위해 [그림 3-3]과 같은 구성을 목표로 〈K-ICT 디지털 콘텐츠 플래그십 프로젝트〉를 추진한 바 있다.

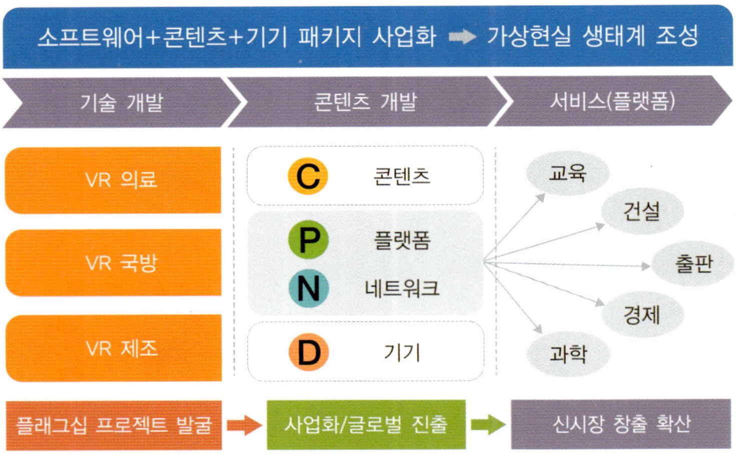

그림 3-3 정부가 추진하고 있는 가상현실 생태계 조성을 위한 구성 [01]

2017년에 진행한 이 프로젝트에서는 가상현실 기술과 콘텐츠 분야에 대한 수요 조사와 과제 기획 절차를 거쳐 신시장 창출이 가능하고 초기 시장을 선도할 수 있는 분야로 의료, 국방, 제조의 세 분야를 확정해 지원했다.

의료 분야는 그동안 해부, 수술, 시술 등의 교육에 있어서 생체 확보의 어려움, 환자를 대상으로 하는 직접적 교육 훈련의 어려움 등을 고려해 가상 기반의 의학 교육 실습이 가능한 환경을 제공하는 것이 목적이다. 국방 분야는 고도의 숙련도가 필요한 군 정비 인력의 능력을 제고하고 위험도가 높은 군 장비의 효율적 정비와 수리를 위한 가상정비환경을 구축하는 것이 목적이다. 제조 분야는 생산 공장, 플랜트 등의 산업현장, 자동차, 보일러, 수도 등 생활환경에서 빈번하게 발생하는 각종 고장, 정비 등을 상시적으로 가상환경을 통해 훈련토록 함으로써 안전하고 효과적인 정비 및 관리가 가능한 환경을 제공하는 것이 목적이다.

이 프로젝트는 가상현실 기술을 중심으로 R&D, 콘텐츠 개발 등을 통합, 연계 지원하는 방식으로 2년간 약 280억 원을 투자했으며, 성과가 우수한 업체에는 추가로 2년을 더 지원했다. 민관이 공동으로 의료, 국방, 제조 분야의 신시장을 창출하기 위한 노력이다. 이외에도 정부에서는 4차 산업혁명 시대를 맞아 인공지능, 빅데이터를 비롯해 가상증강현실과 관련한 분야의 여러 사업을 지속적으로 지원함으로써 가상현실 생태계 조성을 위한 노력을 하고 있다.

SECTION 02

가상현실 생태계의 구성

가상현실 생태계는 크게 콘텐츠Contents, 플랫폼Platform, 네트워크Network, 기기Device로 구성되어 있다. 하나씩 구체적으로 살펴보자.

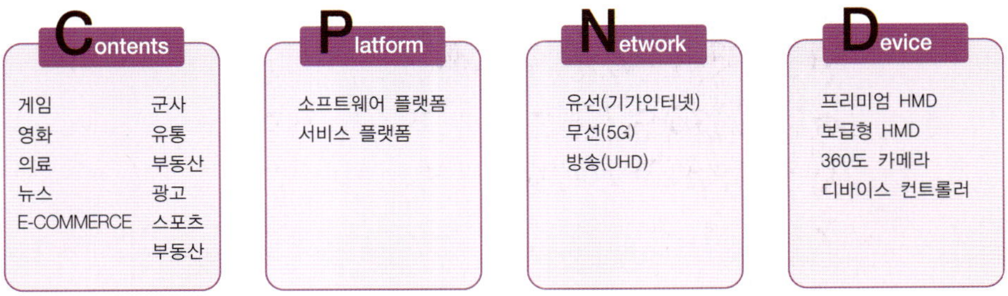

그림 3-4 가상현실 생태계 C-P-N-D의 주요 요소 [02]

1 콘텐츠

생태계 요소 중에서 가장 중요한 것은 콘텐츠다. 가상현실의 생태계는 결국 콘텐츠라는 주인공을 잘 사용하기 위해 필요하다고 할 수 있다. 그러나 현재는 양적으로나 질적으로 좋은 콘텐츠가 부족한 상태다.

가상현실 콘텐츠를 제작할 때 가장 중요하게 고려해야 하는 속성은 몰입감과 상호작용, 그리고 상상력이다. 가상현실은 현실세계에서 내가 명령하고 움직이는 것에 따라 가상세계에 연결된 주인공이 움직이고, 그 결과를 보고 들으면서 몰입해 상호작용하며 진짜처럼 체험하는 것이다. 상상력은 가상의 세계에서 주인공이 콘텐츠 속의 시나리오를 경험하고 재미를 느끼고 의미를 부여하는 스토리텔링을 위해 필요하다. 그러면 어떤 종류의 콘텐츠가 대중적으로 인기를 얻을 수 있을까? 가상현실에서 가장 각광을 받는 분야는 게임, 테마파크와 같은 엔터테인먼트 분야다. 그중에서도 가장 주목을 받는 것은 가상현실을 기반으로 한 테마파크다.

그 외에 의료나 군사와 같이 고비용 · 고위험 분야에서 실험과 훈련을 가상현실로 대체하는 분야에도 활용되고 있다. 가상현실을 이용하면 비용을 절감할 수 있을 뿐 아니라 위험 부담을 최소화할 수 있다. 또한, 교육에 효과적이라는 것이 증명되면서 교육 분야 콘텐츠의 수요도 증가하고 있다.

가상현실 콘텐츠는 만드는 방법에 따라 CG 기반 영상 콘텐츠와 실사 기반 영상 콘텐츠로 분류할 수 있다. 게임이나 테마파크와 같은 콘텐츠는 CG를 기반으로 개발한다. 게임 내에 가상공간을 만들고 다양한 상호작용 기술을 통해 사용자 위치를 정하고 그 위치에 맞는 영상과 명령들을 처리해 가상현실 콘텐츠를 만든다.

실사 기반 영상의 가상현실 콘텐츠는 앞에서도 설명했듯이 여러 대의 카메라로 360도 동영상을 찍은 뒤, 각 영상을 이어 붙이는 스티칭 작업을 거쳐 보정한 후 360도 포맷의 동영상을 만드는 것이다. 실사 기반의 360도 동영상은 CG 기반 영상에 비해 3D 모델링 과정이 없어 비용이 저렴하고 360도 카메라만 있으면 되기 때문에 일반인도 쉽게 접근할 수 있다. 또한, 페이스북이나 유튜브 등의 SNS에 업로드할 수 있고 화면을 터치해 회전하면서 감상할 수도 있다. HMD를 사용해 VR 모드로 보면 더욱 몰입감 있는 영상을 감상할 수 있다. 단점이 있다면 일반적으로 가상현실의 중요 요소인 상호작용에 취약한 문제가 있어 화면을 터치해서 반응하는 등의 내용을 담을 수 없다는 것이다. 따라서 사용자가 가상세계 내의 객체와 상호작용할 수 있으려면 실사 기반 영상도 상호작용이 가능하도록 제작해야 한다. 이를 위해서는 개발 과정에서 CG의 도움을 받아야 한다.

최근에는 실사 기반 영상과 CG 기반 영상을 결합한 혼합현실 형태의 콘텐츠가 등장했다. 미국의 스타트업 넥스트 VR은 이러한 기술을 이용해 VR 생중계 서비스를 제공했다. 스테레오 카메라를 통해 얻은 정보로 화면을 구성하는 3차원 정보를 파악해 가상현실 화면을 구성하고 화면 내 특정 부분은 영상으로 대체할 수 있도록 한 것이다. 마이크로소프트는 이미 홀로렌즈를 통해 공간 정보를 실시간으로 확보한 뒤 그 위에 정보를 표시하는 혼합현실 형태의 서비스를 제공하고 있다.

'포켓몬 고'의 예에서 알 수 있듯이 대중적인 인기를 얻는 킬러 콘텐츠의 핵심은 스토리텔링이다. 기술은 이전에는 하지 못했던 방식으로 스토리를 구현할 수 있게 해 주지만 그것만으로 사용자가 만족하는 것은 아니다. 새로운 기술에 어떤 콘텐츠를 담았는지가 중요하다. 가상현실이든 360도 동영상이든 혼합현실이든 킬러 콘텐츠의 탄생은 기술보다는 스토리텔링을 어떻게 펼쳐가느냐에 의해 결정될 것이다.

TIP **스토리텔링** 스토리(Story)와 텔링(Telling)의 합성어로, 말 그대로 '이야기하다'라는 의미를 지닌다. 상대방에게 알리고자 하는 바를 단어, 이미지, 소리 등을 통해 재미있고 생생한 이야기로 설득력 있게 전달하는 행위이다.

2 플랫폼

스마트폰 혁명 시대를 이끈 가장 큰 동력은 구글 플레이, 앱 스토어와 같은 유통 플랫폼의 등장이다. 플랫폼 선점은 시장 주도권을 확보할 수 있는 열쇠라고 할 수 있다. 가상증강현실의 활성화를 위해서도 이러한 플랫폼이 필요하다.

증강현실 콘텐츠는 사용자가 주로 스마트폰 앱을 통해 이용하기 때문에 구글 플레이나 앱 스토어에서 구매할 수 있지만, 360도 VR 동영상이나 그래픽 기반의 일반 가상현실 콘텐츠는 어디에서 찾을 수 있고 또 어디에 올려야 하는지 생각해 볼 일이다.

가상현실 플랫폼은 두 종류로 분류할 수 있다. 가상현실 콘텐츠 개발을 지원하는 소프트웨어 플랫폼과 이를 유통하는 서비스 플랫폼이다. 소프트웨어 플랫폼으로는 메타의 오큘러스와 구글의 데이드림이 대표적이며, 서비스 플랫폼으로는 가상현실 콘텐츠에서 가장 많이 개발되고 있는 게임을 주로 유통하는 스팀Steam이 대표적이다. 스팀은 컴퓨터 기반 몰입형 HMD인 '오큘러스 리프트'와 'HTC 바이브'를 모두 지원하고 있어 플랫폼으로서 확실한 자리매김을 하고 있다.

HMD 제조회사들도 각각의 플랫폼을 만들어 콘텐츠를 유통하고 있다. 메타의 오큘러스는 오큘러스 쉐어, 소니는 플레이스테이션, 삼성전자는 Samsung VR(구 밀크 VR)을 통해 콘텐츠를 유통하고 있다. 국내의 VR 영상 전문 서비스 플랫폼으로는 자몽 VR이 대표적이며, 주로 성인용 영상과 아동용 영상을 제공하고 있다.

대표적인 360도 동영상 서비스 플랫폼은 역시 유튜브와 페이스북이다. 특히, 유튜브는 360도 동영상을 실시간으로 전송할 수 있는 360 라이브 스트림 비디오 기능을 선보이고 있다. 우리나라 통신사들도 적극적으로 360도 동영상에 관심을 보이고 있다. KT는 올레tv 모바일, LG 유플러스는 LTE 비디오 포털, SKT는 웨이브라는 플랫폼을 통해 가상현실 콘텐츠를 제공하고 있다.

VR HMD 제조와 플랫폼을 같이 제공하는 가상현실 사업자 중에서 가장 주목을 받고 있는 기업은 메타, HTC/벨브, 구글, 소니, 삼성 등이다. 사업자별로 제공하고 있는 플랫폼을 살펴보면 다음과 같다.

- **메타(구 페이스북)의 오큘러스**

  세계 최대 사회관계망서비스SNS 기업인 페이스북은 VR 전문 업체인 오큘러스를 23억 달러(약 2조 5천억 원)에 인수하면서 가상현실 산업을 선도적으로 끌고 가는 사업자로 거듭났다.

CEO 마크 주커버그는 가상현실이 차세대 소셜 플랫폼이 될 것이라고 역설하면서 가상현실 생태계를 조성할 자체 플랫폼을 확보하는 데 노력하고 있다. 2021년 10월에는 아예 회사명을 '메타'로 변경하고 메타버스 구축을 최우선 과제로 삼았다. 최근 메타버스가 사회적 이슈로 떠오르는 현상을 보면 이러한 예상이 어느 정도 적중하고 있다고 볼 수 있다.

메타는 가장 대중적으로 사용하는 HMD인 PC 기반 '오큘러스 리프트'를 공급하고 있다. 최근에 출시한 데스크톱 없이 VR을 즐길 수 있는 '오큘러스 퀘스트'도 대중적으로 인기를 끌고 있다. 또한, 페이스북과 오큘러스 스토어 서비스 플랫폼을 통해 가상현실 콘텐츠를 유통 확산하고 있다. 실사 기반 360도 동영상의 유통 활성화를 위해 '서라운드 360'이라는 360도 카메라를 출시했고 네트워크 대역폭에서 VR 영상의 화질이 떨어지는 문제를 해결하기 위해 다이내믹 스트리밍 기술을 개발했다. 이것은 현재 바라보는 시점 영상을 고화질로 보내고 주변 시점 영상은 저화질로 보냄으로써 용량을 절감하는 기술이다.

메타는 가상현실 생태계 조성을 위해 모바일 VR, 소셜 VR, 증강현실 기술 등을 지속적으로 개발하고 있어 가상현실 플랫폼 조성에 가장 앞서있는 사업자라고 할 수 있다. 앞으로 빠른 시일 내에 컴퓨터나 스마트폰보다 자연스럽게 VR 기기를 착용하고 사용하는 시대가 열릴 것이다. 가상현실이 차세대 컴퓨팅 플랫폼으로 부상하고 있다.

■ 벨브의 스팀 VR과 HTC의 바이브

게임 분야에서 가장 유명한 가상현실 플랫폼은 밸브의 스팀 VR과 HTC의 바이브다. 1996년 설립한 미국의 게임 서비스 회사인 밸브는 온라인 게임 서비스 유통 플랫폼인 스팀을 통해 수만 개의 VR 게임을 제공하고 있다. 최근 스팀을 통해 선보인 '하프라이프'는 출시 두 달 만에 1억 2천만 달러(약 1,400억 원)의 매출을 올리며 대성공을 이루었다.

국내외 VR 게임방에서 즐기고 있는 VR 게임 콘텐츠도 거의 모두 스팀에서 제공받아 사용하고 있다. 가상현실 시장 선점을 위해 벨브는 대만의 스마트폰 제조사인 HTC와 제휴를 맺고 HMD인 '바이브'를 개발해 2016년 4월 출시했다. '바이브'는 적외선 센서를 이용한 360도 트래킹을 지원하는 포지셔널 트래킹 기술을 제공해 가상의 세계를 걸어 다닐 수 있는 기술인 룸 스케일을 지원한다. 현재 '바이브'는 '오큘러스 리프트'와 함께 전 세계에서 대중적으로 가장 많이 사용하는 HMD이다.

■ 구글

구글은 360도 동영상을 제공하는 플랫폼 중 가장 인기가 있는 유튜브를 운영하고 있다. 유튜브는 기존 일반 영상물의 해상도를 8K까지 올릴 수 있도록 지원하며 품질을 고도화하고 있다. 또한, 360도 동영상에 대해서는 자동 변환, 공유뿐 아니라 실시간 생방송 기능까지 지원하고 있으며, 무료로 서비스와 유통 플랫폼을 제공해 생태계를 만들고 이를 통해 확보한 고객층을 기반으로 광고 수익을 올리는 사업 모델을 가지고 있다.

2014년에는 스마트폰을 이용해 가상현실을 즐길 수 있도록 비전문가도 쉽게 구입할 수 있는 카드보드를 출시해 2016년 1분기까지 약 500만 대 이상을 판매했다. 그 당시 구글 플레이의 가상현실용 앱 다운로드 수는 약 2,500만 건으로 성공적인 판매 건수를 기록해 가상현실 생태계 확산에 기여했다.

2016년 5월에는 가상현실 프로젝트인 데이드림을 출시했다. 데이드림은 구글의 차세대 모바일 OS인 안드로이드 N을 기반으로 작동하는 고품질 모바일 가상현실 플랫폼으로, 자연 현상을 20밀리초msec 미만으로 보장하여 모바일에서도 PC 기반 가상현실과 같은 수준의 경험을 할 수 있다. 처음에는 구글이 자체 개발한 픽셀 폰만 지원했으나 고사양 스마트폰에서도 동작할 수 있도록 하고 구글의 검증을 통해 '데이드림 레디'라는 인증을 받은 스마트폰에서는 데이드림을 사용할 수 있도록 했다.

구글의 전략은 저렴한 카드보드를 통해 대중에게 VR을 알리고 VR 확산에 기여하면서 본격적으로 구글의 고화질 모바일 가상현실 생태계를 만들어 가상현실 분야의 주도권을 확보하겠다는 것이었다. 그러나 사용자의 편의성과 호환성을 고려한 가상현실 표준화의 벽에 부딪혀 2019년 10월 가상현실 분야의 사업 철수를 선언하면서 데이드림 지원도 중단되었다.

구글이 다방면으로 노력했음에도 불구하고 가상현실 분야의 사업을 접은 원인이 무엇인지 가상현실 업체들은 고민해봐야 할 문제다. 사업자마다 플랫폼 선점을 위해 자사의 제품만 사용할 수 있게 하고 호환성이나 사용자의 편의성을 간과한 것이 그 원인 중 하나다.

■ 삼성

삼성전자에서 가상현실 분야에 출시한 제품으로 가장 많이 알려진 것은 '기어 VR'이다. 2017년 라스베가스에서 열린 세계적인 소비자 가전 전시회 CESConsumer Electronic Show에서 삼성은 500만 대의 '기어 VR'을 출하했다고 발표했다. 이것은 카드보드나 '폭풍마경'과 같은 중국산

저가형 HMD들이 일반인들에게 인기를 끌고 있음에도 불구하고 높은 판매기록을 달성한 것이었다.

삼성 '기어 VR'에서 작동하는 콘텐츠는 자체 스토어가 아니라 주로 오큘러스 스토어에서 이용한다. 삼성이 자체적으로 운영하는 서비스로 많이 알려졌던 밀크 VR은 이제 Samsumg VR이라는 이름으로 변경해 앱이나 웹 사이트를 통해 360도 동영상 콘텐츠를 검색하고 업로드, 다운로드, 재생할 수 있도록 되어 있다.

삼성은 2016년부터 '기어 VR'을 여러 분야에 활용하고자 노력해 왔다. 2016년 3월 미국의 테마파크 식스플래그Six Flags와 협업해 VR 롤러코스터를 출시한 것이 대표적이다. 영국의 테마파크인 알톤 타워Alton Tower도 갤럭티카Galactica에 '기어 VR'을 적용한 바 있다.

■ **소니의 플레이스테이션 VR**

VR 게임에는 PC 기반 게임과 콘솔 기반 게임이 있다. 대표적인 콘솔 기반 게임은 'PS VR'이다. 소니는 2016년 12월 전 세계에 약 5천만 대의 'PS 4'를 판매했고, 초기 타이틀인 VR 게임 27편과 함께 출시된 'PS VR'은 국내의 경우 출시일 오전에 3천 대가 바로 매진되는 등 매우 큰 인기를 얻었다. 국내외 수많은 게임 개발사가 'PS VR'용 게임을 개발 중이다.

3 네트워크

최근 360도 카메라 보급이 증가하면서 이를 이용해 일상생활이나 관광지의 멋진 자연풍경, 스포츠, 레저 활동과 같은 영상을 360도 카메라로 찍은 VR 영상이 자주 소개되고 있다. 그래픽 기반 VR보다 간단하게 VR 영상을 만들 수 있어 일반인도 쉽게 접근할 수 있다. 그런데 막상 체험해 보면 화질이 좋지 않아 실망하는 경우가 종종 있다. 화질이 좋지 않아 보이는 이유는 속도에 맞춰 동영상의 해상도가 낮아지기 때문이다.

예를 들어 4K(4096×2160) 원본 영상을 25~30Mbps 정도로 전송하면 제대로 된 화질로 볼 수 있으나 실제로는 최저 속도를 고려해 2K(1920×1080)로 낮춰서 전송된다. 구 형태의 2K 영상 중 사용자가 보는 부분을 전체의 4분의 1 정도로 보면 실제 체감하는 해상도는 0.5K 수준이 되는 것이다. 통신 속도가 충분히 높아지면 4K로 제작된 원본을 그대로 제공할 것이고, 사용자는 1K 이상의 해상도로 체험할 수 있게 된다.

일반적으로 가상현실에서 기대하는 화질은 2K 정도이기 때문에 화질을 보장하려면 콘텐츠 원본의 해상도는 8K 정도가 되어야 하고 이를 위해 훨씬 큰 저장 공간과 영상처리 용량을 지닌 GPU와 통신 속도가 필요하다. 통신 속도는 50~90Mbps이어야 하고 광대역 유선 인터넷이나 와이파이에서 사용이 가능해야 하며 모바일에서 이를 수용할 만한 통신 인프라가 갖춰져야 한다.

이러한 상황들이 5G 시대가 열리면 그 혜택을 가장 많이 받는 분야가 가상현실이라고 말하는 이유다. 가상현실의 가장 큰 약점으로 꼽히는 것이 해상도인데, 5G는 이 부분을 어느 정도 해소할 수 있다. 물론 디스플레이의 해상도와 고해상도 이미지를 처리할 수 있는 컴퓨터의 성능도 필요하지만 가장 중요한 것은 일정 시간에 몇 기가바이트GB씩의 데이터를 안정적으로 주고받을 수 있는 통신 성능이다.

응답 속도 또한 중요하다. 가상현실의 가장 큰 특징은 상호작용인데, 반응 속도가 지연되면 멀미감과 어색함을 느끼게 되어 실제처럼 체험하기 어렵다. 실시간으로 느껴질 만큼 응답 속도가 빨라야 실제처럼 체험할 수 있다. 가상현실 분야에서 5G 시대에 기대하는 것이 바로 이 부분이다.

한편 5G 기술과 합쳐지면서 크게 영향을 끼칠 영역은 가상현실보다는 증강현실 분야라고 할 수 있다. 증강현실은 현재 위치의 현실 상황에 가상의 물체를 입히는 기술이다. 증강현실 콘텐츠라고 하면 대부분 한때 크게 유행한 게임인 '포켓몬 고'를 생각할 것이다. '포켓몬 고'가 성공한 후에 이를 흉내 낸 다양한 게임이 등장했고 스마트폰이나 PC 환경에서 증강현실 콘텐츠를 비교적 쉽게 구현할 수 있는 개발 환경이 만들어지면서 증강현실은 산업의 중요한 분야로 자리를 잡아가고 있다.

게임으로 인기를 얻어 유명해지기는 했지만 증강현실은 일반 산업 분야에서 그동안 활발하게 연구를 해 온 분야이기도 하다. 현재 공장 자동화, 건축, 인테리어, 제조 분야 훈련 등에 이미 상용화가 이뤄지고 있다. 증강현실은 실제 공간을 직접 활용하기 때문에 네트워크 환경의 관리와 통제가 어렵다. 증강현실도 가상현실과 마찬가지로 데이터의 양이 중요하고 현실 공간과 가상의 콘텐츠가 지연 없이 실시간으로 자연스럽게 연결되어야 한다.

예를 들면 영국 런던에서 열리는 축구 경기를 증강현실로 담아서 우리나라 상암 월드컵 경기장인 현실세계에 그대로 가져다 놓고 실제 경기처럼 즐길 수 있다. 좋아하는 아이돌 가수가 내 앞에 나타날 수도 있다. 공간과 시간의 제약을 없애는 것이 가상현실의 궁극적인 목적이며, 5G 또는 앞으로 나올 6G는 그 목적을 이루는 데 필수적인 조건이다.

4 기기

가상현실을 제대로 경험하기 위해서는 입출력 기기가 매우 중요하다. 특히, 현실과 차단해 100% 그래픽 기반 가상현실을 체험하려면 머리에 쓰는 VR 기기인 HMD가 필요하다. HMD에는 PC/게임기 기반 기기와 모바일 기반 기기가 있다. 최근 메타의 오큘러스에서는 PC 없이 독립적으로 가상현실 콘텐츠를 체험할 수 있는 기기를 개발했다.

PC/게임기 기반 기기

가상현실을 체험할 때는 몰입이 중요하기 때문에 눈을 완전히 가리는 기기인 HMD를 착용한다. 대표적인 HMD로는 메타의 '오큘러스 리프트'와 HTC의 '바이브' 그리고 소니의 'PS VR'이 있다. 기기에 따라 해상도, 시야각, 컨트롤러가 다르다. 주요사항은 [표 3-1]에 정리했다.

해상도의 경우 '오큘러스 리프트'와 '바이브'는 2160×1200으로, 두 개의 디스플레이가 양 눈에 각각 1080×1080의 해상도를 제공한다. 소니의 'PS VR'은 1920×1080으로, 양 눈에 각각 960×1080의 해상도를 제공한다.

표 3-1 HMD 기기별 주요사항

HMD	제조사	해상도	시야각	게임 컨트롤러	모션 컨트롤러
오큘러스 리프트	메타	2160×1200	110도	기본	별매
바이브	HTC	2160×1200	110도	없음	기본
PS VR	소니	1920×1080	100도	기본	별매

일반적으로 기기의 해상도가 높을수록 선명한 화면을 기대할 수 있다. 디스플레이를 구성하는 픽셀의 배치 형태, 콘텐츠의 그래픽 수준에 따라서도 차이가 날 수 있다.

세 기종 모두 가상의 공간에서 동작을 인식해서 게임을 즐길 수 있도록 하는 모션 컨트롤러를 제공한다. '바이브'는 게임 컨트롤러가 없고 모션 컨트롤러 전용으로 사용하도록 설계되었다. 모션 컨트롤러는 내 동작을 인식하고 가상의 물체를 건드리면서 상호작용할 수 있게 해 주어 가상현실에 필요한 기기로 적합하다. '오큘러스 리프트'와 'PS VR'은 기본 패키지에 포함되어 있지 않아 추가로 구입해야 한다.

모바일 기반의 HMD

모바일 기반의 HMD 기기로는 앞에서도 여러 번 언급한 삼성의 '기어 VR'이 유명하고, 저렴한 가격으로 인기를 모으고 있는 중국의 '폭풍마경' 시리즈도 널리 알려져 있다. 구글에서는 종이 재질로 된 카드보드를 제공하는데, 다수의 업체에서 비슷한 재질의 기기를 만들어 판매하고 있다. 1만 원 대 이하로 매우 저렴해 손쉽게 접근할 수 있다.

(a) 삼성의 '기어 VR'

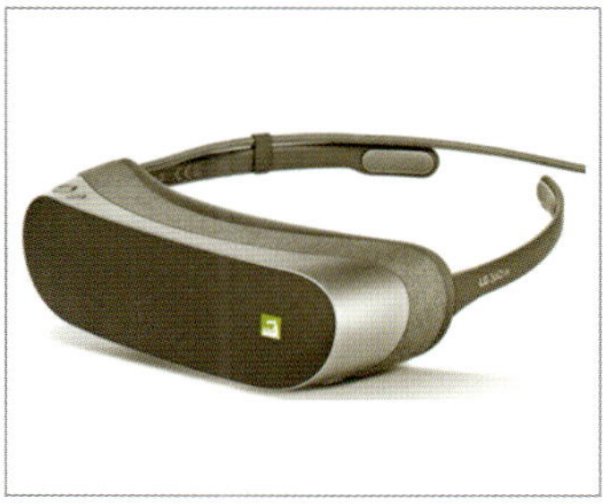

(b) LG의 'LG360VR'

(c) 중국의 '폭풍마경'

(d) 구글 카드보드

그림 3-5 모바일 기반 HMD [03][04][05][06]

모바일 기반 기기는 사용자가 가지고 있는 스마트폰의 디스플레이를 사용하기 때문에 스마트폰 성능이 가상현실 체험에 중요한 영향을 끼친다. 스마트폰 디스플레이의 가로와 세로에 픽셀이 얼마나 촘촘하게 있는지에 따라 화면의 선명함이 달라지기 때문이다. PC 기반 기기에 비해 선이 필요 없고 설치가 어렵지 않다는 장점이 있지만, 일반적으로 그래픽 성능이 PC 기반의 VR 기기보다 떨어지고 간혹 발열이 심한 제품도 있다. 또한, 게임 전용 컨트롤러가 없으므로 블루투스 기반의 게임 패드 등을 구입해야 하는 불편함이 있다. 따라서 스마트폰은 보통 게임 용도보다는 360도 동영상을 시청하는 용도로 적합하다.

독립형 VR HMD

최근에는 무선 독립형 HMD가 개발되어 인기를 끌고 있다. '오큘러스 리프트', '바이브', '기어 VR' 등이 컴퓨터나 스마트폰이 있어야 사용할 수 있는 것과 달리, 이제 HMD만으로 가상증강현실 콘텐츠를 체험할 수 있게 된 것이다. 여기에 5G가 등장하면서 독립형 VR HMD만 있으면 스마트폰이나 컴퓨터 없이도 스트리밍을 통해 언제든지 빠르게 가상증강현실 콘텐츠를 즐길 수 있게 되었다.

가상현실 기술 관련 업체들은 독립형 VR HMD를 앞다투어 내놓고 있다. 메타(당시 페이스북)에서 2018년 5월에 출시한 '오큘러스 고Oculus Go'가 대표적이다. 이 기기는 자체적으로 제공되는 2560×1440 해상도의 LCD 디스플레이와 최대 2시간 30분 동안 사용 가능한 내장 배터리를 통해 선 없이 즐길 수 있는 자유를 준다.

2019년 5월에는 '오큘러스 퀘스트'를 출시해 독립형 HMD의 계보를 이었다. '오큘러스 퀘스트'는 '오큘러스 고'보다 고사양의 콘텐츠를 경험할 수 있는 기기다. 360도 공간 회전에 전후좌우 이동도 가능하다. 2020년에는 가격은 낮추고 화질과 성능을 높인 차세대 VR HMD인 '오큘러스 퀘스트 2'를 선보였다. 전작보다 50% 더 높은 해상도에 부드러운 90Hz 화면 재생을 지원해 성능을 개선했으며, 가격은 299달러로 100달러 낮췄다.

TIP '오큘러스 퀘스트 2'의 해상도는 1832×1920으로, 전작의 1,440×1,600에 비해 높아졌고 화면도 OLED에서 고속으로 전환되는 LCD로 바뀌었다.

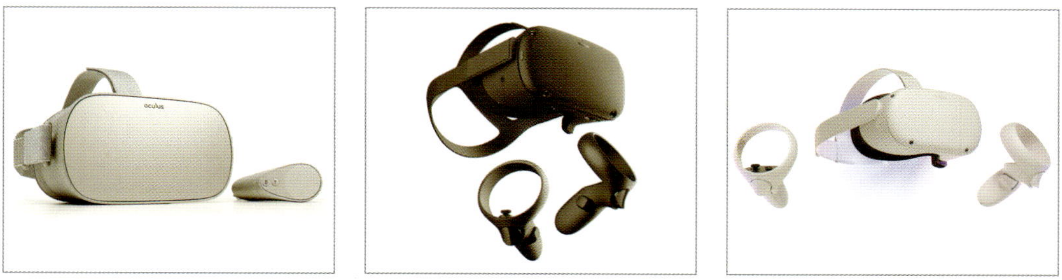

(a) '오큘러스 고' (b) '오큘러스 퀘스트' (c) '오큘러스 퀘스트 2'

그림 3-6 메타에서 출시한 독립형 VR HMD 시리즈 [07][08][09]

중국 VR HMD 플랫폼 기업 피코PICO는 스마트폰 없이 HMD만으로 가상현실 콘텐츠를 이용할 수 있는 독립형 HMD인 '고블린' 시리즈를 출시해 중국 시장에서 큰 인기를 끌고 있다.

360도 동영상 카메라

유튜브에 최근 360도 VR 동영상이 많이 업로드되고 있다. 360도 VR 동영상은 예전에는 전문가의 영역이었으나 지금은 비전문가도 촬영할 수 있는 카메라들이 등장하고 있다. FHD급(1920×1080) 해상도로 360도 동영상 촬영이 가능한 '리코세타RICOH THETAS'가 유명하며, LG에서도 2K급 영상 촬영이 가능한 'LG260캡'을 내놓은 바 있다. 삼성에서는 4K급(3840×1920) 영상 촬영이 가능한 '기어 360'을 오래전에 출시했다. 이렇게 제조사에 따라 촬영 영상의 해상도와 편집 기능 등에 차이가 있으므로 잘 비교하고 구입해야 한다.

360도 동영상의 해상도에 있어 간과해서는 안 되는 것이 있는데, 4K 360도 동영상은 4K급의 2D 영상과 품질이 같지 않다는 것이다. 전후좌우와 위아래를 모두 커버해야 하는 360도 동영상은 4K로 찍었다 해도 일반적인 4K 영상의 화질에 훨씬 못 미친다. 전문가들은 좀 더 나은 화질을 얻기 위해 다른 방식을 사용한다. 미국의 카메라 · 캠코더(액션캠) · 드론 브랜드인 고프로Go Pro를 이용하는 방법이 대표적이다. 6대의 고프로 카메라를 리그Rig라는 특수한 모양의 거치대에 얹어 촬영하는 것이다. 필요에 따라 10~20대의 고프로 카메라를 사용하기도 한다. '옴니'는 고프로 카메라에 맞춰 제작한 전문가용 360도 동영상 기기로, 고프로 카메라를 알루미늄으로 제작된 구형 리그의 여섯 면에 장착해 촬영한다.

(a) 삼성의 '기어 360'

(b) 리코의 '리코세타S'

(c) 고프로 카메라로 만든 '옴니'

그림 3-7 360도 동영상 카메라 [10][11][12]

그 밖의 기기

가상현실은 가상의 세계에서 실제처럼 체험할 수 있어야 하므로 인간의 오감을 느낄 수 있도록 하는 기기가 중요하다. 지금까지는 주로 시각을 위한 기기를 설명했다. 이제 다른 감각을 자극해 실제처럼 체험할 수 있도록 지원하는 기기를 소개한다.

■ **손동작 인식 VR 기기**

PC에서 손동작을 인식하는 기기인 '립모션Leap Motion'이 VR 기기에 대한 지원을 추가해 사용되고 있다. 가상공간에서 내 손을 보고 인식하면서 물체를 잡거나 던질 수 있으면 몰입도가 높아진다. 그러므로 콘텐츠를 개발할 때 손동작 인식을 활용할 수 있는 시나리오를 기획하는 경우가 많다. 예를 들면 VR 다트, VR 피아노 등의 콘텐츠 개발에 활용할 수 있다.

손을 인식하는 또 다른 기기는 VR 글러브다. 가장 대중적으로 사용되는 VR 글러브에는 마누스의 장갑형 글러브인 '마누스 VR'과 덱스타 로보틱스의 외골격형 글러브인 '덱스모'가 있다.

장갑형 글러브는 보편적 형태의 장갑에 손가락의 움직임을 감지하는 센서를 부착해 사용자의 손가락 움직임을 VR에서 표현하며, 가상의 물체에 접촉하는 등의 이벤트가 발생하면 진동으로 피드백을 전달한다. 외골격형 글러브는 장갑형 글러브의 기능을 동일하게 제공하며 추가로 장착된 외골격을 이용해 가상의 물체에 접촉할 때 포스 피드백을 구현해 실제로 만지는 느낌을 전달한다. 또한, 물체에 막혀 손가락이 움직이지 않는 듯한 느낌을 전달하기 위해 VR의 손가락과 물체의 충돌 깊이를 계산하고 그 값을 이용해 외골격이 바깥으로 당겨져 손가락의 움직임을 제한하는 방식을 사용한다.

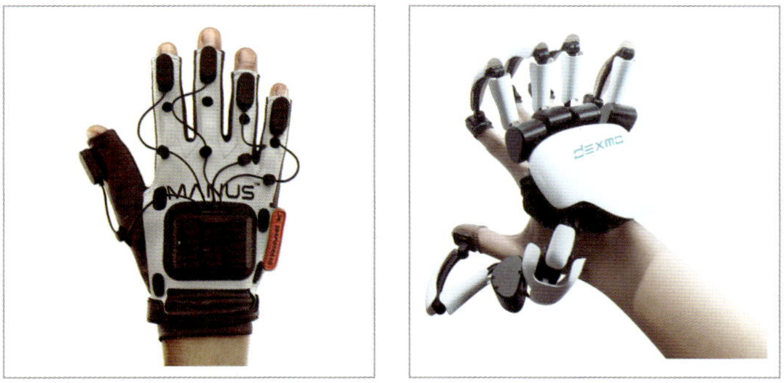

(a) 마누스의 '마누스 VR' (b) 덱스타 로보틱스의 '덱스모'

그림 3-8 손동작 인식 VR 기기 [13][14]

기존 VR 글러브는 손의 움직임을 인식해 VR에서 표현하기 위한 기기였으나 '덱스모', '센스 글러브Sense Glove' 등 최근 개발되는 외골격형 VR 글러브는 가상의 물체를 실제로 만지는 느낌, 포스 피드백을 주는 방향으로 발전하고 있다.

■ **보행 시뮬레이터**

걷거나 뛰는 발동작을 인식하는 보행 시뮬레이터는 러닝머신처럼 기기 위에서 발을 구르거나 미끄러지듯이 밟아서 이동하는 방식으로 작동한다. 예를 들어 가상현실로 재난대피 훈련을 실시할 경우, 사용자가 이동하여 대피하는 환경을 구현할 때 이 기기를 사용하도록 콘텐츠를 구성하면 된다.

트레드밀Treadmill을 이용하면 HMD를 쓰고 가상의 등산 코스 경치를 즐기면서 러닝머신 위를 걷거나 뛰는 운동을 할 수도 있다. 대표적인 보행 시뮬레이터로는 '옴니 트레드밀'과 '버추얼라이저' 등이 있다.

'옴니 트레드밀'은 [그림 3-9]와 같이 게이머가 게임을 플레이하며 걷고 뛰는 것을 포착해 게임에 반영하는 기기여서 더욱 현실감 있는 게임 플레이가 가능할 것으로 보인다. '옴니 트레드밀'은 시각적인 부분을 담당하는 HMD는 지원하지 않으므로 별도로 '오큘러스'와 같은 게이밍 HMD를 따로 준비해야 한다. '오큘러스'의 시각적인 부분과 '옴니 트레드밀'의 촉각적인 부분이 합쳐진다면 눈이 따라가는 곳을 보고 발이 움직이는 대로 가고 손이 움직이는대로 조준할 수 있는 몰입감 높은 가상현실 콘텐츠를 체험할 수 있다.

독일에 본사를 둔 사이버리스의 '버추얼라이저'는 게임 속에서 직접 걷고 뛸 수 있게 함으로써 몰입감을 강화시키는 기기로, 마치 유아용 보행기와 러닝머신을 연상하게 하는 형태로 되어 있다.

(a) 버툭스의 '옴니 트레드밀'

(b) 사이버리스의 '버추얼라이저'

그림 3-9 보행 시뮬레이터 [15][16]

■ VR 어트랙션

탑승 시뮬레이터인 VR 어트랙션은 자동차, 로봇, 놀이기구, 우주선 탑승 등의 경험을 제공하는 기기로서, 기존의 놀이기구에 HMD를 추가한 형태다. 롤러코스터와 같은 놀이기구, 운전, 우주탐험 등의 시나리오가 진행되는 동안 탑승자가 타고 있는 기구가 시나리오 기획에 따라 흔들리면서 4D 체험을 하게 된다.

국내에는 기구 같은 것에 탑승해 자동차나 롤러코스터 등을 체험하는 형태의 가상현실 콘텐츠가 있고 굴삭기와 같은 위험한 탑승기구 자격증을 취득하기 위한 가상훈련 기기도 있다. 일본의 게임 회사인 반다이남코는 높은 곳에서 외나무다리 건너기, 열차운전 체험 등 기발한 아이디어의 'VR존: 프로젝트아이캔'이라는 체험 기기를 선보이고 있다.

2019년 국내 업체인 비엔웍스브이알은 와이어에 매달려 걷고, 뛰고, 날 수 있는 역동적인 슈팅을 즐길 수 있는 신개념 VR 어트랙션을 개발했다. [그림 3-10]의 'VR 플라잉'은 레일을 따라 움직이는 자주차에 설치된 와이어에 매달려 걷고, 뛰고, 날아가는 모션과 역동적인 슈팅 액션을 동시에 즐길 수 있는 신개념 VR 어트랙션이다. 새로운 형태의 하드웨어 플랫폼과 고해상도 4K 가상현실 콘텐츠를 접목해 2년간 자체 개발해 만들었다. 가상현실 콘텐츠 속에서 펼쳐지는 공간 이동은 어트랙션의 움직임과 실시간으로 일치한다.

그림 3-10 'VR 플라잉' 어트랙션 [17]

현재 VR 테마파크에서 운영되는 대부분의 VR 어트랙션은 VR HMD를 착용하고 제자리에서 모션이 구현되는 시뮬레이터에서 라이딩 영상을 체험하는 방식이지만, 'VR 플라잉'은 실제 레일을 따라 4미터, 수평 이동은 가상현실 콘텐츠 내에서 50미터를 이동한 것 같은 느낌을 준다. 추가로 바람, 열 효과, 충격, 충돌, 진동 등 4D 환경 효과 장치를 연동해 가상현실 콘텐츠에 더욱 몰입할 수 있게 만들었다.

■ 공간 이동형 시뮬레이터

가로세로 5미터 이상의 넓은 공간에서 걸어 다니며 가상현실을 체험하는 형태의 VR 기기도 있다. 앞에서 소개한 보행 시뮬레이터가 고정된 기기 위에서 걷거나 뛰게 되어 있는 것과 달리 넓은 공간에서 실제로 걸어 다닐 수 있게 되어 있다. 이를 위해 모션 캡처 기기인 옵티 트랙OptiTrack 등을 기본으로 사용하는데, 이 기기로 사용자의 움직임과 위치를 인식한 뒤 상황에 맞는 화면을 보여준다. 그리고 넓은 공간에서의 자유로운 이동을 위해 PC를 백팩 형태로 착용하는 것이 특징이다. 그러나 이러한 형태의 콘텐츠 개발은 기기 가격도 만만치 않고 난이도가 높아 비전문가가 시도하기는 매우 어렵다.

그림 3-11 공간 이동형 시뮬레이터 [18]

우리나라에서는 주로 가상으로 군사훈련을 하는 경우에 사용한다. 미국에서는 보이드Void에서 제작한 '고스트 버스터즈' 콘텐츠가 유명하다. 호주에서는 친구들과 함께 좀비와 싸우는 내용의 '제로 레이턴시Zero Latency' 게임방이 문을 열었다. '제로 레이턴시'는 VR HMD와 백팩 PC, 그리고 총 모양의 콘트롤러를 착용한 채 자유롭게 공간을 누비며 8인까지 멀티플레이가 가능한 VR 게임으로, 남녀노소 누구나 재미있게 즐길 수 있다. '제로 레이턴시'는 라스베가스, 도쿄, 싱가포르, 마드리드 등에서 인기를 얻었으며 우리나라에서도 2018년 부산에 오픈해 인기몰이를 한 바 있다.

그림 3-12 VR 게임 '제로 레이턴시' [19]

연습 문제

01 한때 유행했던 3D TV가 대중화에 실패한 이유를 설명하시오.

02 가상현실 생태계를 구성하는 요소를 쓰고 간단히 설명하시오.

03 가장 대표적인 360도 VR 동영상 플랫폼에 대해 설명하시오.

04 가상현실에서 네트워크가 중요한 이유는 무엇인지 설명하시오.

05 독립형 VR HMD에 대해 설명하고 시중에 나와 있는 제품을 아는 대로 쓰시오.

06 VR 게임을 유통하는 대표적인 서비스 플랫폼에 대해 설명하시오.

07 HMD 제조회사에서도 각각의 플랫폼을 만들어 콘텐츠를 유통하고 있다. 대표적인 기업은 어디인지 쓰시오.

08 대표적인 PC 기반 HMD와 모바일 기반 HMD를 아는 대로 쓰시오.

09 대표적인 VR 글러브를 아는 대로 쓰고 간단히 설명하시오.

10 걷거나 뛰는 발을 인식하는 기기인 트레드밀에 대해 아는 대로 쓰시오.

CHAPTER 04

가상현실 시장 및 활용 분야

SECTION 01

가상현실 시장

1 가상현실 시장 규모

가상현실 시장은 유망할까? 여러 조사기관에서 가상현실 시장을 분석한 결과를 보면 근소한 차이는 있지만 가상현실이 미래의 중요한 산업이며 성장 잠재력이 높은 시장이라는 데는 이견이 없다. 가상현실 분야는 앞으로 콘텐츠뿐 아니라 하드웨어 시장도 급성장할 것으로 기대하고 있다.

글로벌 시장 규모

세계적인 금융 전문 기업인 골드만삭스에서는 [그림 4-1]과 같이 2025년 시장 규모를 약 800억 달러(약 96조 원)로 예상했다. 다른 여러 전문 기업에서도 가상현실 시장의 성장을 예측하고 있다.

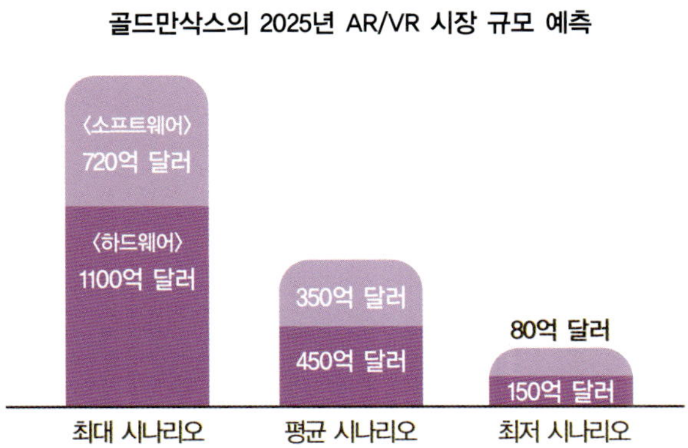

그림 4-1 가상현실 시장 규모 [01]

전 세계적으로 유명한 글로벌 리서치 회사인 마켓츠 앤 마켓츠Markets and Markets에서는 가상현실 시장이 2020년 61억 2,700만 달러에서 연평균 성장률 27.9% 증가해 2025년에는 209억 3,100만 달러에 이를 것으로 전망했다.

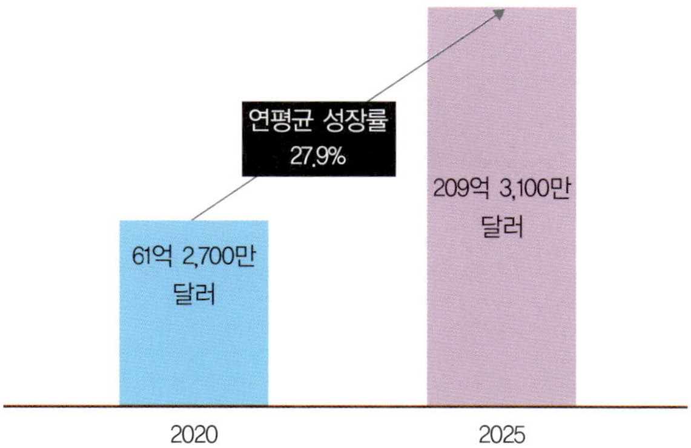

그림 4-2 글로벌 가상현실 시장 규모 및 전망 [02]

국내외 지역별 시장 규모

전 세계 가상현실 시장을 지역별로 살펴보면, 2019년을 기준으로 북아메리카 지역이 35.0%로 가장 높은 점유율을 보였다.

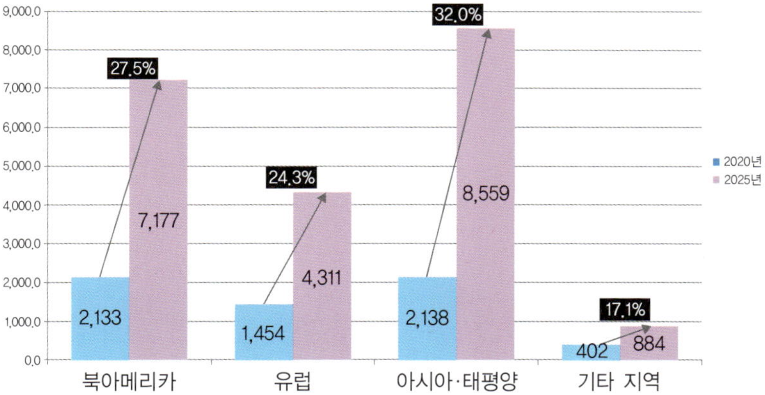

그림 4-3 가상현실 시장의 국내외 지역별 시장 규모 및 전망(단위: 백만 달러) [03]

북아메리카 지역의 가상현실 시장 규모는 2020년 21억 3,300만 달러에서 연평균 27.5% 성장해 2025년에 71억 7,700만 달러에 이를 것으로 전망되고, 유럽 지역은 2020년 14억 5,400만 달러에서 연평균 24.3% 성장해 2025년에는 43억 1,100만 달러에 이를 것으로 전망된다. 아시아-태평양 지역은 2020년 21억 3,800만 달러에서 연평균 32.0% 성장해 2025년에는 85억 5,900만 달러에 이를 것으로 전망되고, 기타 지역은 2020년 4억 200만 달러에서 연평균 17.1% 성장해 2025년에는 8억 8,400만 달러에 이를 것으로 전망된다.

우리나라의 가상현실 시장은 2020년 3억 2,000만 달러에서 연평균 29.6% 성장해 2025년에는 11억 7,300만 달러에 이를 것으로 전망된다. 다른 지역에 비해 성장 속도가 매우 빠를 것으로 예측된 것이다.

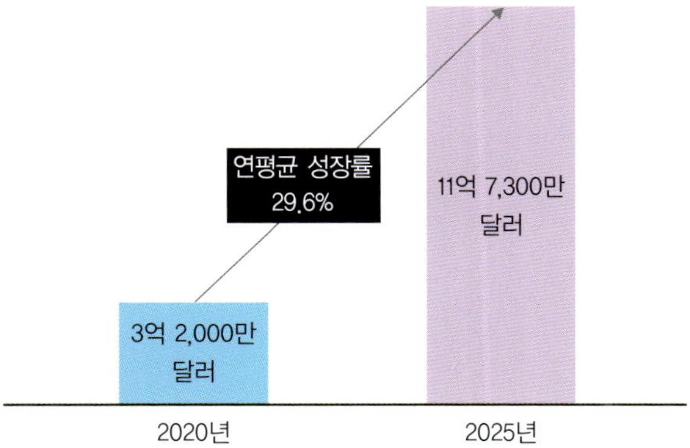

그림 4-4 국내 가상현실 시장 규모 및 전망 [04]

소프트웨어 및 하드웨어 시장 규모

가상현실 시장 규모를 소프트웨어 및 하드웨어로 구분해 조사하면 다음과 같다.

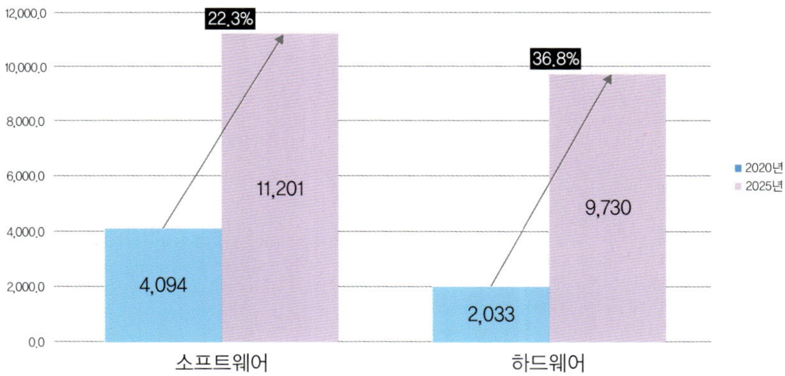

그림 4-5 가상현실 시장의 제공 형태별 규모 및 전망(단위: 백만 달러) [05]

[그림 4-5]와 같이 가상현실과 관련된 소프트웨어 시장 규모는 2020년 40억 9,400만 달러에서 연평균 22.3% 성장해 2025년에는 112억 100만 달러에 이를 것으로 전망된다. 반면 하드웨어 시장 규모는 2020년 20억 3,300만 달러에서 연평균 36.8% 성장해 2025년에는 97억 3,000만 달러에 이를 것으로 전망된다. 즉 하드웨어 시장이 소프트웨어 시장보다 훨씬 빠르게 성장할 것으로 예상되고 있다.

하드웨어 중에서도 VR 기기 유형에 따라 HMD, 프로젝터 및 디스플레이 월, 제스처 추적 기기로 분류해서 조사한 결과는 다음과 같다.

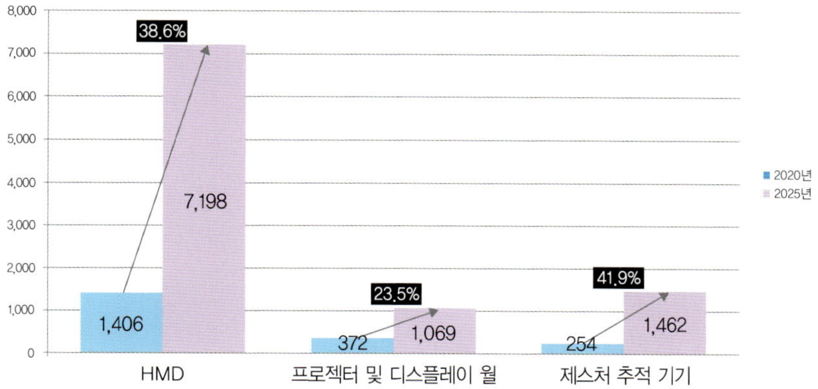

그림 4-6 가상현실 시장의 기기 유형별 규모 및 전망 [06]

[그림 4-6]과 같이 HMD 시장 규모는 2020년 14억 600만 달러에서 연평균 38.6% 성장해 2025년에는 71억 9,800만 달러에 이를 것으로 전망된다. 프로젝터 및 디스플레이 월 시장은 2020년 3억 7,200만 달러에서 연평균 23.5% 성장해 2025년에는 10억 6,900만 달러에 이를 것으로 전망된다. 제스처 추적 기기 시장은 2020년 2억 5,400만 달러에서 연평균 41.9% 성장해 2025년에는 14억 6,200만 달러에 이를 것으로 전망된다.

HMD 시장이 매우 빠르게 가장 많이 성장할 것으로 예측되고 있는데, 그 이유는 HMD가 가상현실에서 가장 많이 사용되는 기기이기 때문일 것이다.

2 비대면 시대 가상현실 시장

가상현실 시장이 향후 계속 성장할 것으로 예상되는 가운데 코로나19 여파로 비대면 시대가 되어 가상현실 기술이 재조명되면서 미국의 HMD 시장이 특히 크게 성장할 것으로 기대되고 있다.

세계적인 글로벌 시장 조사기관인 IDC^International Data Corporation^는 HMD 시장이 2020년에 6.7% 감소한 후 2021년에 46.2%의 성장률을 보일 것으로 전망했다. 또한, 코로나19로 인해 공급망이 중단되면서 2020년 상반기 몇 달 동안 시장이 둔화되고 성장에 난조를 겪었지만 VR 스타트업 부문에 대한 투자가 가파르게 상승하고 있고 소비자 및 기업의 수요가 증가하면서 HMD의 출하량이 2020년부터 2024년까지 연평균 48%의 성장률로 빠르게 증가할 것으로 예측했다.

이와 관련해 IDC에서는 게임 분야가 여전히 가상현실 기술의 가장 큰 수요처이지만 가상 콘서트, 가상 운동과 같은 다른 사용 사례도 반향을 일으키기 시작했으며, 많은 기업이 협업, 훈련, 설계 및 제조사용 사례를 통해 가상현실 기술의 사용을 지속적으로 늘리고 있다고 분석했다.

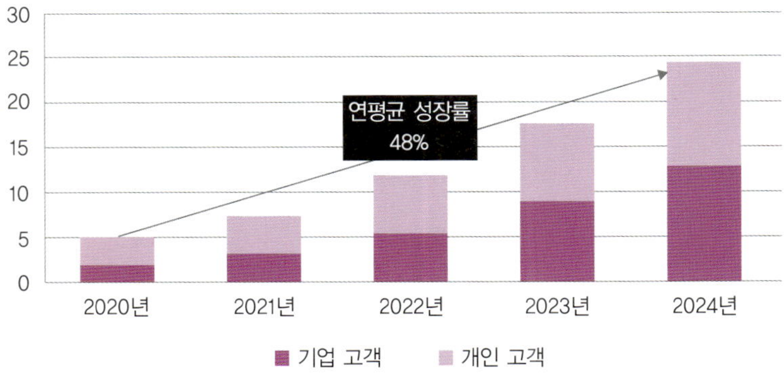

그림 4-7 전 세계 부분별 HMD 출하량 예측(단위: 백만 대) [07]

HMD 제조 부분에서 시장 점유율 Top 5에 해당하는 기업의 현황은 다음과 같다.

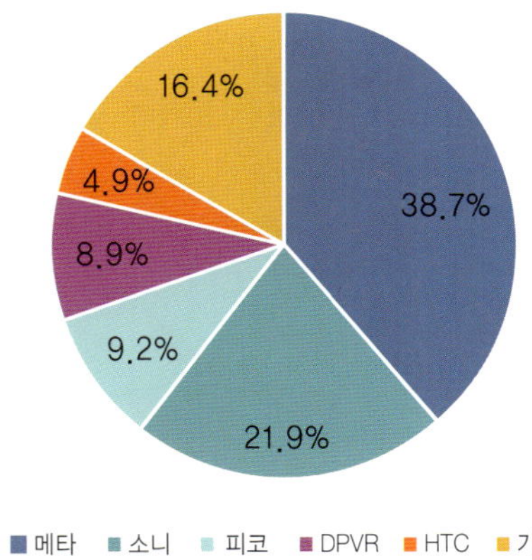

그림 4-8 기업별 VR HMD 시장 점유율(2020년 2분기) [08]

기기별 시장 점유율의 변화 추이를 보면, 메타의 '오큘러스 퀘스트'와 같은 독립형 VR HMD의 소비자 수요가 증가하고 있다. 그동안 데스크톱형 VR HMD가 전체 시장의 약 절반을 차지했었으나, 독립형 VR HMD가 출현해 강세를 보이면서 데스크톱형 VR HMD는 그 입지가 점점 줄고 있다.

리서치 전문기업인 가트너는 2017년 하이프 사이클Hype Cycle 보고서에서 가상현실 기술이 [그림 4-9]와 같이 계몽 단계Slope of Enlightment에 접어들었다고 발표했고 5~10년 안에 가상현실과 증강현실이 일상화될 것이라고 예측했다.

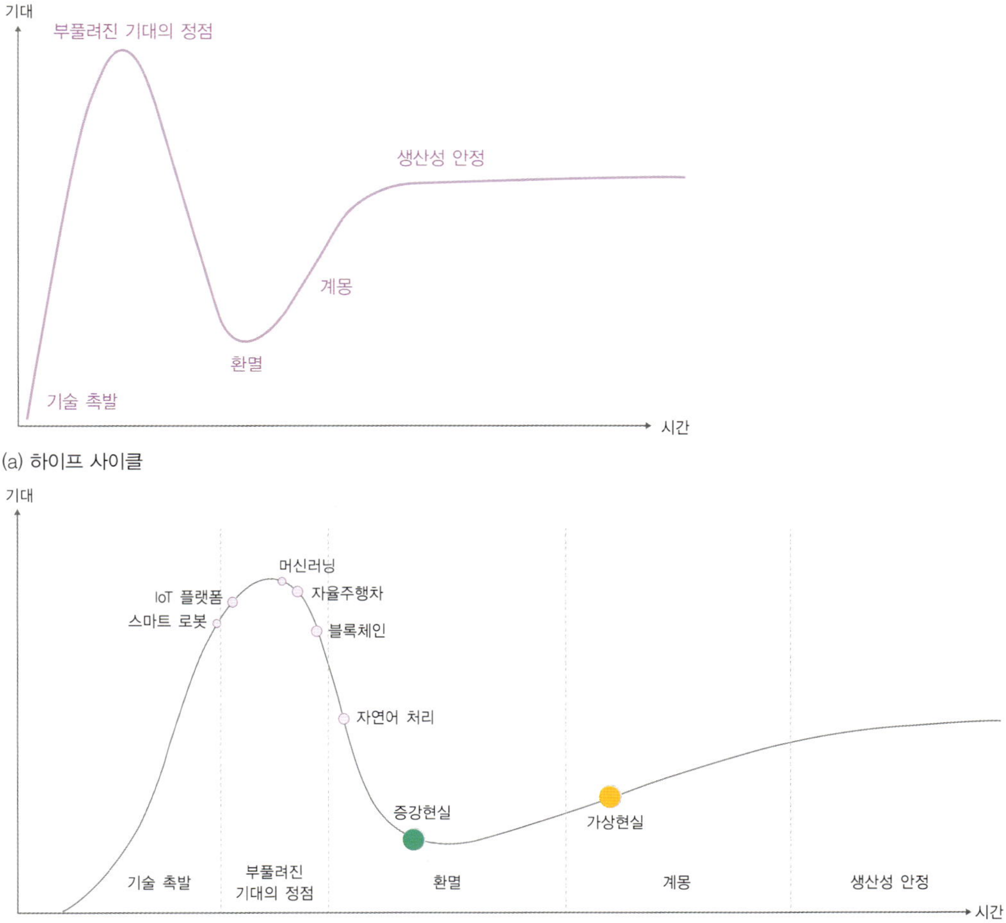

(b) 가상증강현실의 하이프 사이클

그림 4-9 하이프 사이클 [09]

약 5년이 지난 지금 가상현실은 우리 일상에 어디까지 들어왔을까? 가상현실 기술은 그동안 값비싼 기기, 콘텐츠 부족 등 높은 장벽으로 인해 예견된 것만큼 빠른 시일 내에 대중화되기에는 무리가 있다는 평을 들어왔다. 그러나 코로나19의 확산으로 인해 재조명받으면서 계몽 단계를 거쳐 이제 생산성 안정 단계에 진입하고 있는 것으로 보인다.

여기서 잠깐 **하이프 사이클**

하이프 사이클은 기술의 성숙도를 표현하기 위한 시각적 도구로, 신기술 마케팅에 널리 사용된다. 미국의 정보 기술 연구 및 자문 회사인 가트너에서 개발했다. 하이프 사이클은 다음과 같이 5단계로 이루어지며, 이는 기술의 성장주기에 대응된다.

1. 기술 촉발 단계(Technology Trigger)

잠재적 기술이 관심을 받기 시작하는 시기로, 초기 단계의 개념적 모델과 미디어의 관심이 대중의 관심을 불러일으킨다. 상용화된 제품이 없고 상업적 가치도 아직 증명되지 않은 상태다.

2. 부풀려진 기대의 정점 단계(Peak of Inflated Expectations)

초기의 대중성이 일부의 성공적 사례와 다수의 실패 사례를 양산한다. 일부 기업이 실제 사업에 착수하지만, 대부분의 기업은 관망한다.

3. 환멸 단계(Trough of Disillusionment)

납득할 만한 결과물로 이어지지 않은 사례가 많아지면서 관심이 시들해진다. 소비자가 제품의 향상에 만족스러워한 경우에만 투자가 지속된다.

4. 계몽 단계(Slope of Enlightenment)

기술의 수익 모델을 보여 주는 좋은 사례가 많아져 더 잘 이해되기 시작하고 2~3세대 제품들이 출시된다. 많은 기업이 사업에 투자하기 시작하고, 보수적인 기업은 아직 유보적인 입장을 취한다.

5. 생산성 안정 단계(Plateau of Productivity)

기술이 시장의 주류로 자리 잡기 시작한다. 사업자의 생존 가능성 평가 기준이 명확해지고 시장에서 성과를 거두기 시작한다.

3 가상현실 유망 분야

비대면 시대를 맞아 가상현실이 대안으로 떠오르고 있는 가운데 시장에서 가장 유망한 분야는 어디인지 살펴보자. 먼저 가상현실 기술에 기반한 커뮤니케이션 및 협업이 새로운 업무 방식으로 크게 주목받고 있다. 개인 중심의 서비스와 달리 다수의 원격 사용자가 공간, 정보, 감각을 공유하고 실시간으로 커뮤니케이션하면서 협업하는 새로운 방식이 출현한 것이다.

의사결정과 문제해결이 원활하게 이루어지려면 일대일 상호작용에 기초한 커뮤니케이션과 협업이 반드시 필요하지만 코로나19로 인해 구성원들 간의 접근성이 낮아지면서 어려움을 겪고 있다. 이를 해결할 대안으로 가상현실 기술을 활용하면 풍부한 표현력과 현장감이 전달되어 참여자들이 서로 다른 공간에 있어도 동일한 장소에 함께 존재한다는 심리를 가질 수 있다. 또한, 참여자들이 실제로 대면하는 것에 준하는 효과를 보이면서 협업 목표를 공유할 수 있다. 이러한 효과 덕분에 코로나19 이후로 가상현실 기술을 활용한 소통 및 협업 플랫폼에 대한 수요가 폭증하면서 가상현실 플랫폼들이 전례 없는 주목을 받고 있다.

그림 4-10 홀로렌즈를 이용해 비대면으로 실무적인 원격교육 활용 [10]

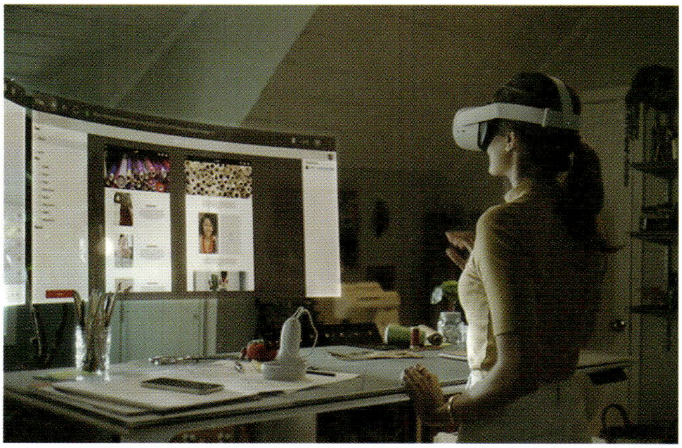

그림 4-11 오큘러스 퀘스트를 활용한 비대면 가상공간 사무실 구축 [11]

다음으로 인기를 끌고 있는 분야는 엔터테인먼트 시장이다. 특히 게임 콘텐츠 분야는 가상현실 기술의 주요 타깃으로, 가장 많은 콘텐츠가 개발·서비스되고 있다. 게임 분야의 활용 사례는 뒤에서 자세히 다룰 것이다.

가상현실 기술은 몇 년 전부터 인공지능과 함께 4차 산업혁명의 대표 기술로 꾸준히 화두가 되었으나 기술 완성도와 접근성 등의 문제로 대중화가 부진했다. 하지만 사회적 거리두기가 뉴노멀이 되고 비대면 산업에 대한 수요가 급증하면서 시공간의 물리적 한계를 극복할 수 있는 가상현실 기술에 대한 관심이 재고되고 있다.

현재 가상현실 기술의 필수 조건이라고 볼 수 있는 3D 모델링, VR 제작 툴, GPU 등 가상공간 구축에 필요한 기술적 여건이 향상된 것도 가상현실 산업의 잠재력과 활성화를 기대하게 하는 부분이다. 비대면 시대를 맞아 가상현실 기술에 기반한 소통 및 협업 분야에 대한 수요가 증가하고 있지만 부동산 중개·마케팅, 건축, 엔지니어링, 엔터테인먼트, 의료, 교육, 훈련 영역 등 다양한 분야에서 새로운 형태의 비즈니스 모델도 속속 등장하고 있으므로 관련 기술의 발전과 함께 활용 범위도 더욱 넓어질 것이다.

SECTION 02

가상현실 활용 분야

가상현실은 특히 강한 몰입도가 요구되는 게임이나 영화 등의 엔터테인먼트 영상에 많이 활용되고 있다. 또한 교육에 효과적이라는 것이 증명되면서 교육이나 훈련, 의료 분야, 마케팅 등에도 활용되고 있다. 그 외에도 SNS, 헬스케어 등 다양한 분야에 활용되고 있으며 앞으로 더 많은 분야로 확대될 것으로 예상된다.

표 4-1 가상증강현실 활용 분야 및 내용

분야	활용 내용
게임	• 1인칭 시점 게임에서 HMD 단말과 동작 인식 기술을 활용해 몰입감 향상 • FPS 게임, 어드벤처 게임, 공포 게임 등에서 게임의 공간적 효과 증대
영화	• HMD를 이용한 가상 극장 효과 • 가상현실로 구현해 영화 속 장면을 직접 체험해 보는 경험 제공 • 사용자의 참여에 따라 스토리가 변화하는 익터랙티브 시네마 구현
교육	• 세계 각지의 학생이 가상교실에 모여 진행하는 수업 • 역사 문화 탐방을 위해 가상현실로 구현된 역사 속 공간 체험 • 물리, 과학적 지식을 습득하기 위한 물리법칙 체험 가상현실 공간
전시	• 세계 각지의 유명 미술관, 박물관을 가상으로 재현 • 실제로 존재하지 않는 디지털 미술관, 박물관 구축 • 전시 작품과 자유롭게 상호작용하는 신개념 인터랙티브 미술관 재현
SNS	• 세컨드 라이프와 같은 가상공간을 바탕으로 한 SNS에 HMD와 동작 인식 센서에 기반한 실감형 가상현실 기술 접목
헬스케어	• 의사의 원격 진료 및 상담 • 고소공포증을 치료하기 위해 가상현실 속 높은 장소를 단계적으로 체험
기업 업무	• 건축 설계 시 필요한 시뮬레이션 • 가상현실 환경에서의 원격 회의

가상현실을 체험하려면 일반적으로 머리에 쓰고 눈을 가리는 형태인 HMD가 필요하다. HMD는 시야를 완전히 가린 상태에서 콘텐츠를 보여주기 때문에 게임, 영화 장르 등에 적합하다. '오큘러스 리프트'나 '바이브'와 같은 HMD는 출시 당시 너무 비싸서 일반인이 접근하기 어려웠으나 현재는 많이 저렴해졌다. 그러나 VR 기기는 대부분 해외에서 구입해야 하는 불편함이 있다.

가상증강현실을 적용해 교육적, 경제적 효과를 기대할 수 있는 대표적인 분야로 게임, 테마파크, 스포츠, 의료, 교육, 산업, 국방을 꼽을 수 있다. 가상증강현실 기술이 활용되고 있는 분야에 대해 각각 구체적으로 알아보자.

1 게임

지금까지의 게임 시장은 온라인 게임과 모바일 게임이 대부분이었으나 최근에는 몰입감이 뛰어난 가상AR 게임이 주목받고 있다. 실제로 가상현실 관련 산업에서 가장 큰 비중을 차지하고 있는 분야가 게임이다.

게임에 가상현실 기술을 적용하면 실감 나는 가상공간에서 보다 몰입감 있게 상호작용하며 즐길 수 있다. 또한 증강현실 기술을 적용하면 현실세계에 가상의 영상을 덧붙여 풍부함을 더한다. 이처럼 가상증강현실 기술은 게임을 하는 사람에게 새로운 경험을 제공하면서 차세대 게임 기술로 부각되고 있다.

VR 게임

1990년대에 닌텐도, 세가SEGA 등의 게임 회사에서 VR 게임을 출시한 사례가 있으나 당시에는 기기와 콘텐츠 제작 기술에 한계가 있어 대중화되지 못했다. 세월이 흘러 콘텐츠 제작 기술이 발전하고 새로운 기기가 등장하면서 대중화하기 시작했다. 특히 HMD가 보급되어 직접 게임 속에 뛰어든 것 같은 경험을 할 수 있게 되면서 빠르게 성장하고 있다.

초창기인 2015년대에는 VR 기기의 구입이 쉽지 않아 '기어 VR'이나 구글 카드보드를 기반으로 한 모바일 중심 게임을 많이 즐겼다. 개발업체 입장에서도 판매 수익에 대한 우려가 있어 비용이 많이 드는 PC 기반 가상현실 전용 게임보다는 일반 모바일 게임을 만들고 카드보드용 VR 모드를 추가하는 형태로 접근하는 경우가 많았다.

그러나 모바일 기기는 PC 대비 성능이 떨어져 그래픽 성능에 제약이 있었고 때로는 발열로 인해 게임을 즐기기에 불편한 점이 많았다. 2016년 초부터 PC 기반의 HMD 기기들이 개발되고 2016년 10월에는 'PS VR'이 발매되면서 관련 플랫폼을 기반으로 한 게임도 활발하게 제작되기 시작했다. 게임 종류로는 공포 VR 게임, 슈팅 VR 게임, 리듬 VR 게임 등이 있다.

■ 공포 VR 게임

공포 VR 게임의 시나리오를 예를 들어 살펴보자. 게이머가 HMD를 쓰면 음산한 VR 영상과 함께 괴물이 어디선가 튀어나올 것 같은 긴장감이 흐른다. 갑자기 좀비가 훅 나타나면 너무 놀라 쓰고 있던 HMD를 벗어던질 수도 있다. 이윽고 사방에서 좀비가 튀어나오면 총을 쏘면서 실제 좀비를 처치하는 몰입감을 느낄 수 있다.

■ 슈팅 VR 게임

슈팅 VR 게임의 예를 들면, 외계 행성을 배경으로 외계인과 전투를 벌이는 장면이 나오고 다양한 무기를 골라 실감 나게 사용할 수 있다. 종합격투기를 하듯 몸을 이용해서 외계인과 싸울 수도 있고, 비행기를 타고 적군의 비행기에 미사일을 쏴서 격침시킬 수도 있다.

■ 리듬 VR 게임

리듬 VR 게임의 한 가지 예로는 가상의 드럼스틱으로 배경음악에 맞춰 연주하는 게임이 있다. HMD를 착용하면 먼저 댄스음악, 발라드, 록, 클래식 등 다양한 장르의 음악을 고를 수 있다. 선택한 음악의 리듬에 맞춰서 나타나는 물체를 드럼스틱으로 맞추는 게임으로, 흥겹게 음악을 즐기면서 점수를 획득할 수 있어 매우 인기가 있다.

VR 게임 사례

비디오 게임 시장에서 세계적으로 선두를 달리고 있는 일본의 게임회사 캡콤Capcom은 VR 게임인 '바이오하자드 7: 레지던트 이블Resident Evil'을 출시했다. '바이오하자드 7'은 그동안 액션 중심의 시리즈를 공포 체험으로 변경해 내놓은 공포 VR 게임이다. '바이오하자드' 시리즈를 즐겨하던 마니아들의 우려가 있었으나 가상현실에서만 체험할 수 있는 몰입감과 실재감으로 VR 게임 시장에서 큰 성공을 거두었다. 단, PS4를 기반으로 하는 PS VR 대상 독점이어서 VR 기기 구입 시 콘텐츠가 구동되는 기기인지 잘 살펴봐야 한다.

슈퍼매시브게임스Supermassive Games는 기존의 '언틸 던Until Dawn'이라는 인기 호러 게임을 기반으로 '언틸 던: 러시 오브 블러드Rush of Blood'라는 공포 VR 슈팅 게임을 출시해 성공했다. 플레이어가 롤러코스터를 타고 움직이는 형식으로 진행되는데, 공포물의 특성상 속도감이 더해질수록 흥분 상태가 유발되어 더 집중해서 몰입하게 된다.

(a) '바이오하자드7: 레지던트 이블'　(b) '언틸 던: 러시 오브 블러드'

그림 4-12 공포 VR 게임 [12][13]

국내업체의 VR 게임으로는 동작 인식 기술을 기반으로 기기를 개발하는 유즈브레인넷Uzbrainnet의 가상 전술 훈련 시뮬레이터인 'TTSTactics Training Simulator'와 '총 컨트롤러'가 있다.

'TTS'는 1인칭 슈팅 게임(FPS)First-Person Shooter으로, PC 기반 VR 게임이다. '총 컨트롤러'는 총을 발사하는 트리거와 조작키를 이용해 실제 전투를 하는 듯한 경험을 할 수 있어 한층 더 몰입감을 느낄 수 있다.

그림 4-13 유즈 브레인넷의 '총 컨트롤러' [14]

'뮤직 인사이드Music Inside'는 국내 VR 스타트업인 리얼리티 리플렉션에서 출시한 리듬 VR 게임으로, '바이브' 버전과 '오큘러스' 버전에서 구동한다. 배경 그래픽이 마치 음악 속에 빠진 것 같은 몰입감을 선사하며, 리듬에 맞춰 10개의 노트 패드를 타격하면서 온몸으로 음악을 즐길 수 있다. 기기를 가리지 않는 멀티 플레이어 기능이 있어 친구와 실력을 겨루어 볼 수 있고, 노트 자동 생성 알고리즘으로 어떤 곡이든 플레이할 수 있다.

그림 4-14 리얼리티 리플렉션의 '뮤직 인사이드' [15]

혼자 즐길 수도 있지만 여럿이 가상공간에서 실시간 채팅을 하면서 함께 플레이하는 재미도 제법 있어서 멀티플레이가 가능한 콘텐츠도 늘고 있다. VR 기기의 가격이 초창기에 비해 많이 저렴해져서 예전보다는 구입하기 수월해지긴 했지만 VR 게임방과 같은 시설을 이용하면 따로 기기를 구입하지 않고도 다양한 VR 게임을 즐길 수 있다. VR 게임방은 대표적인 HMD인 '오큘러스 리프트'와 '바이브'를 기본으로 운영하고 있으며, 시뮬레이터 기반의 VR 어트랙션을 설치해 롤러코스터나 레이싱 등도 즐길 수 있다.

우리나라 최초의 VR 게임방은 쓰리디팩토리가 대구에 260여 평 규모로 제작한 'Camp VR'이다. 쓰리디팩토리가 2017년 2월 국내에 최초로 보급한 VRiS[VR interactive Space](VR 상호작용 공간 기반) 게임은 백팩 컴퓨터와 연결된 VR HMD를 착용해 즐기는 방식이다. 기존의 1인용 VR 게임 진행 방식과는 달리 게임방 천장에 부착된 초정밀 센싱 카메라가 플레이어의 위치를 추적하는 상호작용 공간 기반 방식으로, 공간 이동이 자유롭고 박진감 넘치는 멀티플레이를 즐길 수 있다.

그림 4-15 국내 최초의 VR 게임방 'Camp VR' [16]

그러나 VR 게임방과 같은 시설을 운영하려면 몇 가지 해결해야 할 정책이 있다. 콘텐츠와 관련해서 게임물 등급관리위원회 심의 문제가 있고, VR 게임방에 대한 시설물 전용 규정이 마련되어 있지 않아 이에 대한 정책 마련이 필요하다.

2020년 8월 과기부에서 국무총리 주제로 비대면 시대 유망 신산업 VR · AR 규제 완화 정책을 발표하는 등 정부에서도 관심을 갖고 4차 산업혁명 시대의 현실을 반영한 정책을 마련하고 있어 앞으로 게임을 비롯한 가상증강현실 콘텐츠 개발이 한층 활성화될 것으로 기대된다.

AR 게임

AR 게임도 초창기에는 VR 게임처럼 기술과 기기의 한계로 대중화되지 못했다. 그러나 이후에 GPS, 카메라, 가속도 센서 등이 지원되는 스마트폰이 보급되면서 다양한 상호작용이 가능해졌다. 이로 인해 보드 게임이나 카드 게임을 활용하는 단순한 게임에서 벗어나 현실 공간을 활용하는 AR 게임들이 나오면서 신선한 흥미를 주고 있다. 특히, 닌텐도에서 출시한 '포켓몬 고'의 폭발적인 인기는 증강현실이 게임 산업 분야에 확실히 자리매김하는 계기가 되었다.

AR 게임 사례

AR 게임은 크게 위치 기반 서비스 게임과 마커 기반 서비스 게임으로 나눌 수 있다. 위치 기반 서비스는 스마트폰의 GPS 장치를 이용해 현재 사용자의 위치를 기기가 인식할 수 있도록 하는 방식으로, '포켓몬 고'가 대표적이다. 마커 기반 서비스는 이미지나 일정한 패턴의 무늬를 스마트폰이 카메라로 인식하면 가상의 캐릭터가 나타나는 방식이다.

■ 위치 기반 AR 게임 사례

'포켓몬 고'는 GPS와 구글 맵을 기반으로 포켓몬을 수집하고 육성할 수 있게 설계되어 있다. 최근 국내에서 출시되는 위치 기반 AR 게임은 사용자 간에 상호작용을 할 수 있는 콘텐츠로 발전하고 있다. 1.4 인터랙티브의 '터닝메카드 GO'는 '포켓몬 고'처럼 TV 애니메이션에 등장하는 캐릭터를 사용한 게임으로, 캐릭터를 키워서 사용자끼리 대전할 수 있다. 엠게임Mgame의 '캐치몬'은 증강현실과 위치 기반 서비스를 접목해 현실 속 다양한 지역에서 몬스터를 수집 · 육성하는 AR 게임이다. 게임 내 지도에 소환 수 정보뿐 아니라 근처에서 함께 즐기는 이용자 정보도 나타나 이용자 간 근거리 전투를 벌이거나 협동해 보스 몬스터를 잡을 수 있다.

그림 4-16 1.4 인터랙티브의 '터닝메카드 GO' [17]

그림 4-17 엠게임의 '캐치몬' [18]

한빛소프트의 '역사 탐험대 AR'은 기존의 위치 기반 AR 게임에 교육적인 요소를 추가한 게임이다. 역사적인 인물이 캐릭터로 등장해 역사와 관련된 관광지 콘텐츠를 안내한다. 관광 명소에 가면 그 지역과 관련된 역사 속 인물의 캐릭터를 만날 수 있다. 이순신, 정약용, 나폴레옹, 이성계, 명성황후, 박제상, 잔다르크, 알렉산더 대왕과 같은 역사적 영웅을 봉인에서 풀어주면 해당 영웅을 수집할 수 있고, 전투 등을 통해 성장시킬 수도 있다. 플레이어 주변에서도 영웅을 만날 수 있지만, 광화문에 스페셜 이순신이 나타나는 등 지역 명소에 가면 더욱 강력한 영웅을 수집할 수 있다. 이를 활용해 가족, 연인, 친구들과 여행을 즐기며 게임을 할 수 있다.

그림 4-18 한빛소프트의 '역사 탐험대 AR' [19]

위치 기반 AR 게임은 증강현실 기술 자체를 활용하는 것을 넘어 사용자끼리 상호작용할 수 있는 콘텐츠로 개발할 수 있다. 게다가 게임에 교육적인 요소나 지역 체험 활성화 등 사용자에게 긍정적인 영향을 미치는 부분도 고려할 수 있다.

■ **마커 기반 AR 게임 사례**

마커 기반 AR 게임은 가상의 캐릭터를 띄우기 위해 일반적으로 실제 캐릭터 카드를 이용한다. 캐릭터 카드를 스마트폰으로 인식하면 화면에 가상의 캐릭터가 증강하여 나타난다. AR 스톰ARstorm의 '배틀카드 히어로'는 카드를 인식한 후 등장하는 가상의 캐릭터로 팀을 편성해 다른 사용자와 대전하거나 몬스터와 전투를 벌일 수 있다.

엠코코아mCoCoa의 '이그라스 대전' 역시 카드를 인식해 가상의 캐릭터가 나타나면 캐릭터끼리 전투하며 진행하는 게임이다. XO 소프트의 '태권히어로즈'는 등장하는 가상 캐릭터들이 태권도 기본 품새부터 응용 동작까지 생생하게 취하기 때문에 태권도를 배우는 교육적 효과가 있다. XO 소프트에서 개발한 'XAR'은 증강현실 앱을 통해 마커리스Makerless 형태로 실물 이미지를 구현한다.

TIP **마커리스** 보통은 마크를 인식하면 증강현실이 구동되는데, 실물 이미지를 인식해 구동하는 증강현실을 의미한다.

그림 4-19 AR 스톰의 '배틀카드 히어로' [20]

그림 4-20 엠코코아의 '이그라스 대전' [21]

그림 4-21 XO 소프트의 '태권히어로즈' [22]

2 테마파크

엔터테인먼트에서 가상현실을 적용하는 대표적인 분야는 테마파크다. 테마파크는 가상현실 기술이 발전하면서 다양한 형태로 진화하고 있다.

월트 디즈니도 가상현실을 다양한 방법으로 테마파크에 적용하고 있다. 가상 체험을 가능하게 하는 디지털 테마파크 비즈니스는 아날로그 방식의 체험을 제공하는 테마파크 비즈니스에 위협이 될 것처럼 보이지만, 실제 테마파크 기업들은 가상현실을 적용하는 것을 반기는 분위기다. 주변 환경 전체를 가상현실 기술로 가상화하려면 소프트웨어와 하드웨어를 고급 사양으로 모두 갖추어야 하기 때문에 VR 테마파크는 현실 테마파크의 보완재적인 성격을 띤다.

예를 들어 VR 롤러코스터의 경우 롤러코스터의 속도는 그대로 살리면서 시각적으로 우주와 같은 영상을 보여준다면 신비하고 짜릿한 쾌감을 더할 수 있을 것이다. 또한, 테마파크의 놀이기구를 새로운 것으로 교체하려면 엄청난 비용이 들지만 가상현실을 활용하면 기존의 놀이기구에 적은 비용만 추가하고도 새로운 경험을 제공할 수 있다.

최근에는 HMD가 개인이 구입할 수 있는 가격으로 보급되면서 집이나 사무실 등 소규모 공간에서도 가상현실 체험이 가능해졌다. VR 테마파크는 물리적으로 이동할 필요가 없다는 점이 가장 큰 특징이다. 가상현실 세계에서는 우리가 있는 공간이 놀이동산이 될 수 있다. 기존의 롤러코스터가 물리적인 법칙 안에서 인간의 신체를 제약해 스릴과 공포를 선사했다면, VR 롤러코스터는 시간과 공간의 제약을 넘어 같은 체험을 할 수 있도록 해 준다.

테마파크에서의 가상현실 기술은 세 가지 유형으로 발전하고 있다. 첫 번째는 VR 롤러코스터와 같이 기존의 어트랙션에 가상현실 기술을 결합한 아웃도어형 테마파크이고, 두 번째는 실내 테마파크와 가상현실 기술의 결합인 공간 이동형 형태다. 세 번째는 놀이기구형 모션 플랫폼으로, 놀이기구와 가상현실 기술을 결합한 형태다.

아웃도어형

VR 롤러코스터는 탑승객이 HMD를 쓰고 놀이기구를 탄 채로 VR 영상을 보며 즐기는 것이다. 세계 최대 테마파크인 미국의 식스플래그Six Flags는 일찍이 삼성전자와 기술 제휴를 맺고 '기어 VR'을 사용해 가상현실을 즐길 수 있는 기술을 롤러코스터에 도입했다.

영국 알톤 타워리조트의 '우주탐험'은 '기어 VR'을 착용하고 가상으로 롤러코스터를 타는 체험을 하는 것으로, 은하계를 다니며 여러 행성을 구경하는 콘셉트이다.

그림 4-22 식스플래그의 VR 롤러코스터 [23]

이처럼 롤러코스터, 자이로드롭 등 실외에 설치되어 있는 기존의 아웃도어형 어트랙션 장치에 가상현실 기술을 접목한 새로운 형태의 테마파크가 생기고 있다. 이러한 장치를 구성하려면 롤러코스터를 추적하기 위한 센서를 기차에 설치하고 기차의 위치 정보를 콘텐츠 서버에 전송해 가상현실 내에 복원한 레일의 위치와 일치하는지 지속적으로 정보를 교류해야 한다. 아웃도어형 테마파크는 물리적 체험만 가능했던 어트랙션 장치에서 콘텐츠를 체험할 수 있게 하면서 체험자가 주인공이 된 것 같은 경험을 제공한다.

TIP 어트랙션(Attraction) 테마파크의 테마를 구체적으로 경험하게 하는 체험 시설을 총칭한다.

공간 이동형

공간 이동형 VR 테마파크는 실내 테마파크에 가상현실 기술을 적용한 것이다. 2015년 8월 호주 멜버른에 오픈한 제로 레이턴시Zero Latency와 같이 놀이기구에 탑승하지 않고 넓은 공간에서 VR 게임을 즐길 수 있는 VR 테마파크를 말한다. 제로 레이턴시에서는 다수의 이용자가 함께 참여해 좀비를 잡는 롤플레잉 게임을 하면서 또 다른 재미를 느낄 수 있다. 미국 뉴욕과 솔트레이크에 오픈한 더 보이드The Void도 유사한 형태다. 솔트레이크의 더 보이드에는 약 334제곱미터 크기의 방이 7개 있으며 최대 10명씩 입장할 수 있다. 전쟁터에서의 전투, 로봇과 외계인의 싸움 등 다양한 게임을 30분 정도 즐길 수 있다. HMD뿐만 아니라 장갑과 재킷까지 착용하고 주위와 상호작용을 할 수 있으며, 적의 공격에 의한 충격도 감지할 수 있다.

공간 이동형 VR 테마파크는 미로 같은 공간을 이동하면서 주어진 임무를 수행하는 시나리오에도 적합하다. 벽에 부착되어 있는 구조물은 가상현실에서도 같은 위치와 같은 움직임으로 동작한다. 예를 들어 벽에 있는 스위치를 누르면 가상현실에서도 같은 위치에 있는 스위치가 작동한다. 걸어서 공간을 이동하며 체험하는데, 주로 무너진 동굴의 틈새나 우주선의 통로, 건물의 복도 등 폐쇄적인 공간을 콘텐츠로 제작한다.

그림 4-23 더 보이드의 공간 이동형 VR 게임 [24]

놀이기구형

세 번째 유형은 놀이기구와 가상현실 기술을 결합한 형태다. 대규모 테마파크에 설치되어 있는 야외 어트랙션 체험을 장소와 환경의 제약 없이 실내 소규모 공간에 설치해 체험할 수 있게 한 것을 말한다. 여기에는 게임이나 영화의 4DX 체험관 같은 엔터테인먼트 분야에서 활용되고 있는 모션 플랫폼 장치가 필요하다. 이 장치에 HMD 및 동작 인식 장치 기술을 추가로 접목해 상호작용이 가능한 새로운 가상현실 체험이 가능하도록 한 것이다.

프랑스의 게임 개발사인 유비소프트는 가상현실에서 눈썰매를 탈 수 있는 'VR 라이드'라는 콘텐츠와 이 콘텐츠를 즐길 수 있는 의자를 개발했다. 의자에 앉아 HMD를 쓰고 게임을 시작하면 '레비즈Rabbids'라는 토끼 캐릭터가 눈썰매를 준비하고, 애니메이션 형태의 공간이 나온다. 1인칭 시점으로 영상이 제작되어 몰입감, 현장감, 현실감이 뛰어나다.

유비소프트는 'VR 라이드'가 특색 있는 새로운 놀이기구라는 것을 홍보해 테마파크 사업자에게도 판매하고 있다. 앞으로 '오큘러스 리프트' 같은 HMD가 보편화되고 'VR 라이드' 같은 VR 놀이기구를 집 안에 설치할 수 있게 되면 테마파크에 방문할 필요 없이 집에서 즐길 수 있다. 비대면 시대가 지속된다면 VR 테마파크를 즐기려는 수요층이 증가해 더욱 주목받게 될 것이다.

그림 4-24 유비소프트의 'VR 라이드' [25]

국내에서는 롯데월드 어드벤처가 가상증강현실 기술을 활용한 최첨단 테마파크로 거듭나고 있다. 2016년 국내 최초로 탑승형 VR 놀이기구인 '후렌치레볼루션 VR'과 '자이로드롭 VR'을 선보였으며, 30주년인 2019년에는 세계 최초로 100인승 VR 시뮬레이터인 'XR 어드벤처: 어크로스 다크XR Adventure: ACROSS DARK'로 놀라움을 선사했다. 또한 300억 원을 투자해 만든 '플라이 벤처'는 HMD의 사용 없이 특별한 형태의 가상현실 체험 서비스를 제공한다. 이 시뮬레이터에는 최대 72명이 동시에 탑승할 수 있는데, 높이가 12미터, 폭이 20미터인 대형 곡면 스크린을 앞에서 바라보면 마치 하늘을 나는 것 같은 느낌을 받을 수 있다. 진동뿐 아니라 바람, 냄새 등 4D 특수 효과까지 제공되어 더욱 실제와 같은 체험을 할 수 있다.

그림 4-25 롯데 어드벤처의 '플라이 벤처' [26]

3 스포츠

스포츠 영역에서 사물인터넷이 실제 운동의 결과를 수치적으로 분석해서 알려주는 역할을 한다면 가상현실은 가상에서 실제와 같은 플레이를 경험하게 한다고 할 수 있다.

가상플레이 구현 방식 중 하나는 특정한 방의 모든 면을 가상현실로 구현해서 플레이하는 것이다. 다른 하나는 HMD와 트레드밀을 결합해 몰입형 가상 스포츠를 구현하는 것인데, 주로 가상의 환경을 즐기면서 걷거나 뛰면서 운동을 한다.

우리나라에서 VR 스포츠 중 가장 대중적인 인기를 끌고 있는 것은 스크린 골프다. 실제 골프를 하려면 아주 넓은 공간이 필요하고 골프장에 가는 데 소모되는 시간과 비용이 만만치 않다. 스크린 골프는 필드에 나가는 데 필요한 비용과 시간의 문제를 해결해 주면서 대중화에 성공했다. 특히, 코로나 19 사태로 외부 활동이 힘들어지면서 스크린 골프를 즐기는 사람이 증가했다. 미국과 한국의 프로골퍼들이 각자 자국에서 스크린 골프를 하며 시합하는 것을 TV로 중계한 적도 있고, 저자 역시 즐겁게 시청한 경험이 있다.

이렇게 VR 스포츠는 '보는' 즐거움과 더불어 실제 '하는' 즐거움을 증가시키는 방향으로도 발전하고 있다. 두 영역에 대해 구체적으로 알아보자.

스포츠 중계

VR 스포츠는 체험하는 것 외에 보는 즐거움을 배가시키는 VR 중계 서비스 분야에도 활용되고 있다. VR 기기와 스트리밍 기술을 활용해 스포츠 중계를 실시간으로 생생하게 전달할 수 있다. 여러 대의 카메라로 촬영한 영상을 VR 영상으로 생성해 사용자에게 전송하는 것이다. 시청자는 VR 기기를 착용하고 다양한 위치에서 촬영된 VR 영상을 원하는 각도로 생생하게 시청할 수 있다. 대표적인 VR 스포츠 중계 서비스로는 '넥스트 VR'과 KT의 'GIGA VR'이 있다.

'넥스트 VR'은 삼성이나 구글의 VR 기기와 '넥스트 VR' 앱을 연동해 스포츠 중계 서비스를 지원하고 NBA와 협력해 하이라이트 영상을 제공한다. KT는 'GIGA VR' 서비스로 국내 야구 생중계를 실시한 바 있다. 1루, 3루 포수석에 각각 5대의 VR 카메라를 설치하고 촬영된 영상을 실시간으로 VR 영상으로 변환해 시청자에게 전송한다. VR 카메라 5대를 원형으로 배치해 모든 방향을 촬영하고 촬영된 4K 영상들을 스티칭 기술로 이어붙여 360도 VR 동영상을 생성해 제공하는 것이다.

예를 들어 스페인 경기장에서의 축구 경기가 가상현실 화면으로 생중계된다면 내가 보고 싶은 선수가 뛰는 모습을 가까이 볼 수 있고 허공을 가르고 지나가는 공의 소리까지 들을 수 있어 현장에서 보는 것보다 실감 나게 즐길 수 있다.

그림 4-26 야구 VR 생중계를 시청하는 당시 KT 황창규 회장 [27]

스포츠 체험

넓은 공간이 필요하거나 자연과 기후 조건이 맞지 않으면 할 수 없는 종목과 같이 공간적 제약이 있는 스포츠의 경우 가상현실 기술을 이용해 간접적으로 체험할 수 있다. 게다가 스포츠 종목별로 운동한 기록을 실시간으로 측정해 운동 효과를 시각적으로 확인할 수 있는 장점도 있다.

특히 자전거 분야는 가상증강현실 기술을 가장 많이 적용하고 있다. 실내형 자전거의 경우 가상현실 기술을 도입해 체험자의 몰입도를 한층 높여 재미를 더할 수 있다. 기존에는 그냥 페달만 밟으며 지루함을 달래기 위해 음악을 듣거나 TV를 시청했지만 이제는 가상현실에서 멋진 풍경을 보거나 다른 사용자와 경쟁도 하면서 운동하는 재미를 느낄 수 있다.

노르웨이 기업인 액티브테인먼트Activetainment에서 개발한 '이보브B1EboveB1'은 가상현실과 상호작용하는 실내형 자전거 시뮬레이터로, 체험자에게 산악자전거를 타는 느낌을 제공한다. 기어나 브레이크와 같은 자전거의 기본 기능은 물론 체험자의 움직임과 가상현실의 지형에 따라 시뮬레이터의 기울기가 변하고 페달의 저항감도 달라져 실제와 같은 체험이 가능하다. 또한 온라인상에서 다른 사용자와 경쟁할 수도 있어 더욱 몰입할 수 있다.

그림 4-27 액티브테인먼트의 '이보브B1' [28]

실제 자전거를 타고 VR 기기만 착용해 현실감을 높이는 서비스도 있다. MIT 출신이 설립한 벤처 기업인 코핀Kopin에서 개발한 '솔로스 스마트 사이클링 글라스'는 자전거를 타면서 스마트 글라스와 앱으로 라이더의 주행 능력을 측정한다. 실제 페달을 밟는 힘은 물론 페달을 밟는 횟수와 심박수, 주행 속도와 평균 속도, 거리와 경과 시간 등의 정보를 한눈에 볼 수 있다. 이런 정보는 사용자가 아래쪽으로 시선을 향하지 않고 볼 수 있도록 시야 위쪽에 배치해 매개 변수를 확인하는 동시에 앞쪽 상황까지 함께 파악할 수 있도록 했다.

그림 4-28 코핀에서 개발한 '솔로스 스마트 사이클링 글라스' [29]

VR 자전거가 일상 스포츠의 경험을 확대했다면 눈 오는 겨울에만 할 수 있는 스키나 스노우보드를 한여름에도 체험할 수 있는 VR 스키나 VR 스노우보드와 같은 가상현실 서비스도 관심을 받고 있다. 스카이테크스포츠SkyTechSport에서는 실내에서 스키와 스노우보드를 체험할 수 있는 '알파인'과 '다운힐 프로' 시뮬레이터를 출시했다.

2020년 바이오헬스코어에서도 VR 스키 시뮬레이터 '사운드바디'를 출시했다. 체험자가 몸을 좌우로 움직이면서 2분 동안 가파른 경사면을 빠르게 질주하며 VR 스키를 즐길 수 있으며, HMD를 사용해 주위 경관도 만끽할 수 있다. 물리학 및 역학 이론을 기반으로 만들어진 스키 시뮬레이터는 특수 장비를 이용해 정보를 종합적으로 분석하고 컨트롤한다. 또한 가상공간에서 스키 코스, 눈의 상태, 장애물 상태 등을 선택해 다양한 상황에서 체험할 수 있도록 해 몰입감을 더한다.

그림 4-29 VR 스키를 즐기는 모습 [30]

스크린 스포츠도 가상현실 기술을 도입한 대표적인 분야다. 이미 스크린 골프, 스크린 야구, 스크린 축구 등이 인기를 끌고 있다. 스크린 골프의 대표 주자는 '골프 존'을 개발한 뉴딘 그룹이다. 이 업체는 골프를 비롯해 야구, 테니스 등도 가상현실로 개발해 VR 스포츠 시장을 선도하고 있다. 최근에는 '골프 존'의 시뮬레이터를 한 단계 업그레이드한 '2021년형 투비전 플러스'를 출시하는 등 지속적으로 보다 실감 나는 VR 스포츠 콘텐츠를 개발하는 데 심혈을 기울이고 있다.

또한, 영상 속의 투수가 공을 던지면 이용자가 실제 방망이를 들고 스윙하는 방식의 가상현실 야구 '스트라이크 존'도 개발했다. 여기서는 타자가 공을 받아치는 자세와 스윙 궤적을 센서와 카메라가 파악하는 것이 중요한데, 이것이 정교하지 않으면 모바일 야구 게임 앱과 다르지 않게 느껴질 것이므로 센서와 카메라의 품질이 중요하다.

미국의 글로벌 가상현실 기업인 EON Reality는 HMD를 쓰고 스마트폰과 연동해 실행하는 가상 야구 서비스를 제공하고 있다. 한국의 '스트라이크 존'과 같이 실제 타자 게임을 하는 사람이 서 있어도 스크린에는 타자가 보이지 않고 야구공이 튀어나오지 않으며 천장을 제외한 5면이 가상현실로 되어 있어 1인칭 시점의 몰입감이 높다.

VR 스포츠는 골프나 야구뿐만 아니라 농구, 축구, 사격, 양궁 등에도 적용할 수 있다. 롯데백화점 부산 본점은 2018년 5월에 스포츠 테마파크인 '레전드 히어로즈'를 열고 야구, 축구, 양궁, 컬링, 볼링 등 12종의 스크린 스포츠를 즐길 수 있도록 했다.

그림 4-30 롯대백화점 '레전드 히어로즈'의 스크린 야구 장면 [31]

뉴노멀 시대를 앞두고 자신만의 공간에서 자유로운 스포츠를 즐기는 소비자가 늘고 있어 앞으로 스포츠 분야에서도 가상현실 기술을 적용하는 사례가 점점 증가할 것으로 예상된다.

4 의료

의료산업 분야에서도 가상증강현실 기술을 인공지능 기술, 빅데이터 분석 기술 등과 함께 적용함으로써 진단, 수술, 처방 및 치료 등의 자동화가 빠르게 추진되고 있다. 유전체 등과 같은 의료 빅데이터 수집과 분석 기술이 가상증강현실 기술을 이용한 시각화·실감화로 이어지고 이를 통해 정밀화된 맞춤 의료 서비스가 구현되고 있다.

의료 교육

2016년 4월 외과의사인 샤피 아흐메드Shafi Ahmed는 영국 런던의 로열 병원에서 가상현실 기술을 이용해 대장암 수술을 생방송으로 중계했다. 세계 최초로 진행된 가상현실 수술 중계는 의과 학생들과 간호학과 학생들의 교육 차원에서 시도한 것이었다. 학생들은 수술 장면을 실시간 입체 화면으로 자세히 보면서 학습할 수 있었고, 수술 경험이 부족한 의사나 인턴도 경험이 풍부한 선배 의사의 노하우를 실제처럼 보는 기회를 가질 수 있었다. 또한, 360도 촬영이 가능한 VR 카메라로 수술을 촬영해 집도의 중심으로 이루어지는 수술 단계를 보여주고 스태프들이 실시간으로 어떤 역할을 하는지 확인할 수 있도록 되어 있다.

이처럼 VR 카메라로 수술 장면을 보여주면 간호학과 학생은 간호사를, 의과 학생은 의사를 선택해 필요한 부분을 집중적으로 볼 수 있다. 위험하고 어려운 수술을 할 경우 대부분의 환자나 보호자는 수술 경험이 많은 전문의를 선호한다. 가상증강현실 기술을 활용해 가상공간에서 수술하는 시뮬레이션을 개발하고 반복해 수술 훈련을 한다면 유능한 수술 전문의를 많이 육성할 수 있을 것이다. 예를 들면 환자의 심장을 3D 스캐닝하고 3D 프린팅을 통해 복제 심장을 만들어 가상현실 환경에서 수술 연습을 하는 것도 가능할 것이다.

미국 케이스 웨스턴 리저브 대학교Case Western Reserve Univ 의과에서는 가상증강현실 기술을 해부학, 약리학, 수술 등 주요 과목을 학습하는 데 적용하고 있고, UCLA 대학교 신경외과에서도 뇌해부학, 뇌종양 등 고도의 정밀성이 필요한 진단이나 수술에 가상현실 기술을 활용하고 있다. 분당서울대 병원, 세브란스 병원, 삼성 서울병원 등 국내 대형 병원에서도 가상현실 기술을 의료 교육과 수술 등에 적용하고 있다.

심리적 질환 치료

의료산업 분야에서 최근 특히 주목을 받고 있는 것은 고소공포증, 대인공포증과 같은 심리적 질환을 가상현실로 치료하는 가상현실 치료법(VRT)Virtual Reality Therapy이다. VRT는 HMD를 착용하고 여러 가지 공포 상황이나 어떤 특정 환경에 대한 자극을 경험하며 그 상황에 적응할 수 있도록 하는 것이다. 몇 가지 예를 통해 알아보자.

미국 캘리포니아 의과대학의 멀티미디어 심리치료센터에는 비행공포증을 치료하는 가상현실 시스템이 있다. 비행공포증이 있는 환자를 진짜 비행기 좌석과 같은 의자에 앉힌 다음 비행기 내부를 보여주며 의자를 진동시키고 비행기 엔진 소리를 들려준다. 처음에는 환자들이 공포증 발작을 일으키기도 하는데, 이럴 때 의사는 환자가 다른 곳으로 주의를 돌리게 해서 불안감을 차츰 줄이면서 치료한다.

가상증강현실이 통증을 완화하는 진통제와 같은 역할을 하기도 한다. 심한 화상을 입은 환자는 붕대를 교체할 때마다 극심한 통증에 시달린다고 한다. 미국 워싱턴 대학교에서는 화상을 입은 환자의 고통을 덜어주기 위해 가상현실 치료법을 이용한 적이 있다.

의사가 화상을 치료하는 동안 환자는 HMD를 착용하고 [그림 4-31]과 같이 연구진이 개발한 '스노우월드'라는 눈이 쌓여 있는 VR 게임에 집중하면서 화상 치료 중인 것을 잠시 잊는다. 이 방법이 실제 진통제보다 통증을 완화하는 데 효과적이라는 것이 실험을 통해 증명되었다.

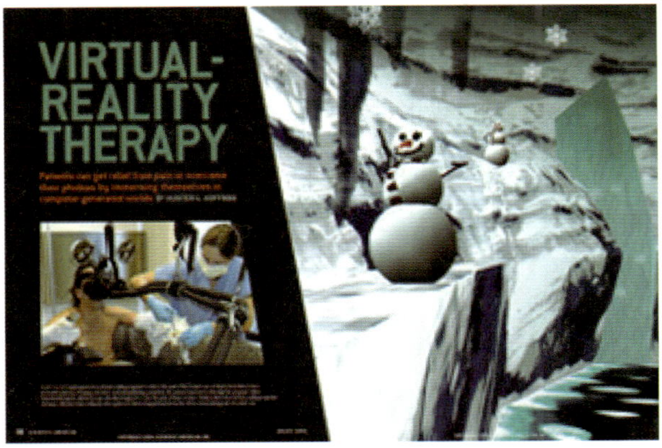

그림 4-31 워싱톤 대학교 연구진이 개발한 VR 게임 '스노우월드' [32]

대인공포증이 있는 사람은 많은 사람 앞에서 발표하거나 면접을 볼 때 긴장하고 극도로 두려워하기도 한다. 이런 사람들을 위해 가상현실 기술을 활용해 긴장을 낮추고 발표나 면접을 유연하게 할 수 있도록 돕는 콘텐츠도 개발되고 있다. 버추얼 스피치Virtual Speech에서는 면접이나 발표 등의 상황을 실사 기반으로 보여주고 '기어 VR'이나 구글 카드보드 기반으로 체험할 수 있는 애플리케이션 '퍼블릭 스피킹 VRpublic Speaking VR'을 내놓았다. 이외에도 유튜브 플랫폼을 통해 360도 동영상 면접 장면이나 인터뷰 코칭 동영상, CG 기반 면접 영상 테스트 등을 제공한다.

그림 4-32 발표 공포증 치료를 위한 '퍼블릭 스피킹 VR' 장면 [33]

고소공포증 치료 훈련에도 VRT를 적용한 사례가 있다. '비 피어리스Be Fearless' 캠페인에서는 삼성의 '기어 VR'을 이용해 높은 빌딩에서 내려다보거나 걸어 다니는 경험을 가상현실에서 체험하게 함으로써 높은 곳의 환경에 익숙해지도록 하는 훈련을 진행했다. 낮은 장소에서 시작해 점점 높아지면서 난이도를 올리는 방식으로 진행하며, 테스트를 통해 고소공포증과 같은 심리적 증상을 치료해 나가는 것이다.

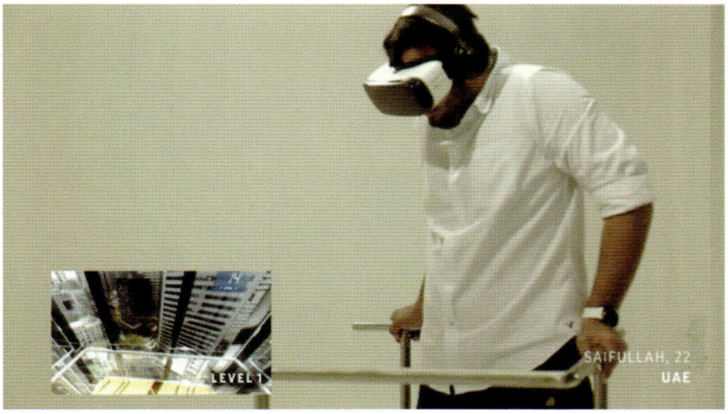

그림 4-33 고소공포증 치료 훈련 VRT인 '비 피어리스' 체험 장면 [34]

디지털 의료산업 분야에서 가상증강현실 콘텐츠 기술은 고령화와 비대면 시대의 의료 서비스 수요 증가에 대응하기 위한 의료 전문가 육성 및 심리치료 등의 대안으로 주목받고 있다. 고가의 의료 기기를 수술 및 치료 훈련에 이용하기 어렵고 수술에 몰두하는 상황에서 의료 교육을 진행하기가 용이하지 않은 단점을 해결하는 데 가상현실이 유용하게 활용되고 있다. 또한, 일대일 대면 치료 방식의 심리치료 및 재활치료에 가상증강현실 기술을 활용함으로써 소수의 의료진이 다수의 의료서비스 수요에 대응할 수 있게 되어 그 적용 사례가 증가하고 있다.

5 교육

가상증강현실을 활용하면 현장에 직접 가지 않아도 현장 실습과 같은 체험을 할 수 있어 교육과 훈련에 효과적이다. 학교 수업 내용을 가상증강현실로 체험할 수 있어 교육 효과를 높일 수 있고, 기중기나 굴삭기 운전 훈련과 같이 위험하고 비용이 많이 드는 훈련에도 매우 유용하다. 지진, 화재 등의 재난에 대비하는 안전교육에도 효율적이다.

학교 교육

다양한 과목의 학교 수업에 가상증강현실을 활용할 수 있다. 예를 들어 세계사 수업의 경우 카드보드 HMD를 착용하면 세계 곳곳을 두루 살펴볼 수 있다. 중국의 만리장성, 이스라엘 성지, 이집트의 피라미트 등 장소의 제약을 받지 않고 가상현실 속에서 세계 여행 체험을 할 수 있는 것이다. 또, 역사 수업의 경우 고려 시대부터 근현대까지의 역사적 인물을 실제처럼 보면서 역사를 생생하게 경험할 수 있다. 생물 시간에는 잠수부의 시선으로 해양 동물들을 살펴볼 수 있고, 지구과학 시간에는 우주비행사의 시선으로 행성을 볼 수 있다.

증강현실 또한 유용한 교육 도구로 사용할 수 있다. 스마트폰으로 특정 마크를 인식하면 인체의 장기 모습이 영상으로 보이고 장기 위에 명칭과 세부 정보가 표시되어 의학에 문외한도 쉽게 이해할 수 있다. 예를 들어 큐리스코프Curiscope에서 개발한 '버추얼리티Virtuali-Tee' 콘텐츠는 [그림 4-34]와 같이 티셔츠에 마킹한 코드를 읽으면 인체의 장기 모양이 나타나 우리 몸속 세계를 보여준다.

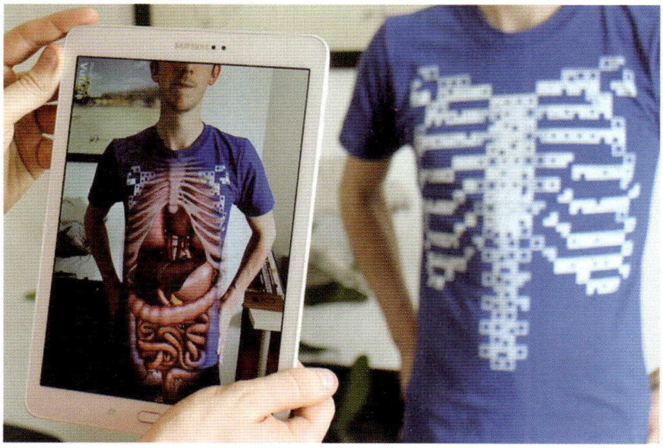

그림 4-34 몸속 장기의 모습을 보여주는 증강현실 콘텐츠 [35]

VR 영어 수업에서는 미국의 지하철을 배경으로 가상현실 속 매표소의 원어민 교사와 영어로 대화하며 표를 구매하는 등 여러 상황을 실제처럼 실행하면서 회화 연습을 할 수 있다. 이러한 교육 환경에서 학습하면 훨씬 흥미를 갖고 수업에 몰입할 수 있어 교육에 매우 효과적이다.

구글이 출시한 가상현실 교육 프로그램인 '익스페디션 파이오니아 프로그램Expeditions Pioneer Program'을 통해 미국과 호주 등 전 세계적으로 수백만 명의 아이들이 가상현실 교육을 체험하고 있다. 화성, 만리장성 등 100개 이상의 역사적인 장소에 관련한 콘텐츠가 제공되므로 가상으로 전 세계를 여행하며 생동감 넘치는 역사 및 지리 학습을 할 수 있다. 교과서 위주의 학습에서 벗어나 실제 장소에 간 듯 이동하며 체험하는 학습이 가능해진 것이다.

그림 4-35 '익스페디션 파이오니아 프로그램'을 체험하는 학생들 [36]

그림 4-36 '익스페디션 파이오니아 프로그램'을 통해 탐방하는 역사적 장소 [37]

안전 교육

가상증강현실은 재현하기 힘든 재난재해 상황을 실제 사건이 일어난 것처럼 표현할 수 있어 화재나 지진대비 훈련에 활용할 수 있다.

실제 재난대응 훈련을 실시하려면 비용도 많이 들고 수시로 훈련할 수 없으나 가상현실을 이용하면 비용을 절감할 수 있고 필요할 때마다 수시로 훈련할 수 있다. 매뉴얼로 읽는 대피요령보다 가상증강현실로 체험하는 안전교육이 효과적일 것임은 말할 것도 없다.

화재대비 훈련의 경우, HMD를 착용하면 화면에 가상의 불이 일어나고 비상구 표시를 보고 따라가면 소화기를 찾으라는 안내가 들린다. 소화기를 찾으면 화면에 나타나는 소화기 사용법을 확인하고 불을 향해 분사한다. 불을 진압할 지점이 화면에 표시되므로 호스를 어느 방향으로 조준할지 등을 파악하며 훈련할 수 있다.

그림 4-37 대한 안전교육협회에서 제공하는 화재대비 가상현실 훈련장 [38]

지진대비 훈련의 경우, HMD를 착용하고 지진의 흔들림을 느낄 수 있는 장치 위에 서면 1인칭 시점에서 체험자가 움직이는 대로 화면이 움직이며 훈련이 진행된다. 학교나 사무실을 배경으로 1~2분 정도 큰 흔들림이 느껴진 후 화면에 나타나는 지진대피 요령에 따라 움직여야 한다. 메뉴에 따라 가스와 전깃불을 끄고, 튼튼한 탁자 아래로 들어가라는 메뉴가 나오면 탁자 아래로 들어가 다리를 잡는다. 엘리베이터는 절대 이용하면 안 되고, 계단을 통해 빠져나와 출구를 찾는다. 이때 떨어지는 유리, 간판, 기와 등에 주의하며, 소지품으로 몸을 보호하면서 침착하게 움직여야 한다. 이런 과정을 통해 실제 지진이 일어났을 때와 같은 경험을 하며 훈련할 수 있다.

크고 작은 재난 재해와 인재人災에 의한 사고로 발생하는 인명 피해와 재산 피해를 막으려면 안전교육은 선택이 아닌 필수다. 학생과 교사, 작업장에서 일하는 근로자 등을 대상으로 가상현실 기술을 활용한 체험형 안전교육을 도입하면 형식적인 교육방식을 벗어나 보다 흥미롭고 효과적인 방식으로 훈련할 수 있을 것이다.

6 산업

가상증강현실 기술을 산업에 적용하면 실물을 제작하기 전에 제품 및 생산 공장을 미리 만들어 볼 수 있다. 또한 신입사원을 현장에 투입하기 전에 안전하게 훈련시킬 수 있고 기존 직원을 재교육하는 데도 적용할 수 있다. 뿐만 아니라 증강현실 정비 가이드 시스템을 활용해 기계를 열지 않고도 어디에 어떤 문제가 생겼는지 알 수 있다. 산업에 활용되는 가상증강현실 기술을 분야별로 나누어 알아보자.

산업현장 직무 훈련 시스템

가상증강현실 콘텐츠는 산업현장에서도 유용하게 활용되고 있다. 특히 직무 훈련 교육에 많이 활용된다.

선박도장 훈련 시뮬레이터의 경우 [그림 4-38]과 같이 피훈련자가 가상현실용 스프레이를 뿌리면 색이 입혀지는 모습이 화면에 나타난다. 페인트 자료마다 스프레이 분사 방식이나 양이 다른데, 이러한 정보도 가상현실 화면에 함께 제시된다. 교육에 효과가 있을 뿐 아니라 유독한 페인트로 훈련하지 않아 건강에 해를 끼치지 않는 장점이 있다.

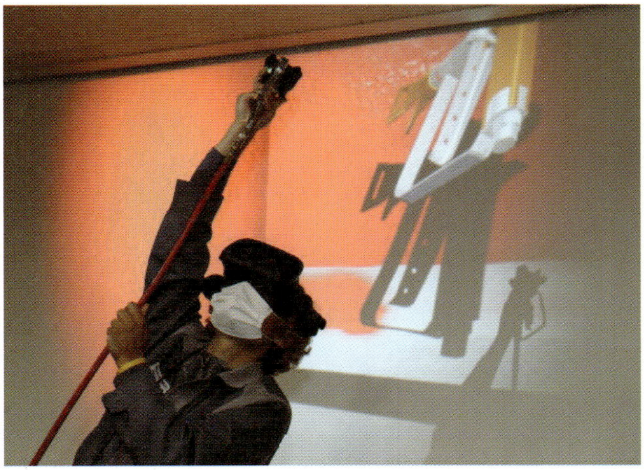

그림 4-38 VR 기반 선박도장 훈련 시뮬레이터 [39]

VR 기반의 기중기 훈련 시스템은 조작 미숙으로 발생할 수 있는 위험을 피할 수 있고, 수억 원대의 기중기 가격을 고려했을 때 훈련 중 실제 장비가 고장 났을 경우를 생각하면 고위험, 고비용의 훈련에 매우 유용하다.

VR 기반의 용접 훈련 시스템의 경우 실제 용접 작업현장과 동일한 작업 도구를 제공하고, 용접 작업 시 발생하는 진동과 소음, 연기 등을 고품질 시각 정보로 실제처럼 구현해 훈련 효과를 높인다.

그림 4-39 VR 기반 용접 훈련 시뮬레이터 [40]

건설기계 분야에도 가상훈련 시스템이 활용되고 있다. 예를 들어 굴삭기 가상훈련 시뮬레이션은 조종사의 운용 능력을 빠르고 안전하게 향상시킬 수 있다. 편하고 빠르게 기본 작동을 연습할 수 있게 하며 더 많은 실습 시간을 제공하고 직관적인 조종 능력 평가도 가능하다.

그림 4-40 굴삭기 조종 VR 시뮬레이션 [41]

이처럼 가상증강현실 기술은 현장에 있는 위험 요소와 경제적 요인 등으로 인해 실습이 어려운 제조 현장의 작업과정을 체험할 수 있도록 하는 데 기여하고 있다. 위에서 언급한 것처럼 훈련 과정에서 발생할 우려가 있는 안전사고를 미리 예방하고 쾌적한 실습 환경에서 짧은 시간 내에 숙련된 기술을 습득할 수 있게 해 준다.

제품 디자인 및 프로토타입

가상증강현실 기술을 산업에 적용하면 실물 제품이나 생산 공장 현장을 사전에 제작해 볼 수 있다. 디자인이나 설계는 완제품을 생산하기 전에 고객이 선호하는 제품의 형상을 제시하고 제품 생산 과정에서 발생할 수 있는 문제를 사전에 검증할 수 있는 단계다. 신규 제품의 디자인 설계 과정에는 대개 플라스틱과 같은 재료를 사용하는데 이 방법은 기간과 비용이 많이 들고 재사용할 수 없다. 여기에 가상증강현실 기술을 적용하면 실물을 제작하지 않고도 쉽게 수정이 가능한 형태로 만들 수 있어 시간과 비용을 절감할 수 있다. 제품뿐만 아니라 수시로 구성 요소가 바뀌는 공장 설비에 대한 디자인과 설계에도 가상증강현실 기술을 이용한 서비스가 활용되고 있다.

예를 들어 통상적으로 자동차의 새로운 디자인을 보여줄 때는 스케치를 한 후 석고나 플라스틱 재료로 만들지만 디지털 VR 데이터로 제작하면 신차의 디자인을 미리 살펴보고 색도 변경해 볼 수 있으며 핸들 조작 편의성 등 사용상의 문제점을 미리 찾아 즉각 수정할 수 있다.

2019년 12월 현대자동차와 기아자동차는 자동차 개발 과정을 혁신할 수 있는 '버추얼 개발 프로세스'를 가동했다. 현대와 기아는 미래 모빌리티 개발에 유연하고 신속하게 대응하기 위해 연구개발본부 조직체계를 아키텍처 기반 시스템 조직으로 개편했으며, 그 일환으로 '버추얼차량개발실'을 신설하는 등 버추얼 개발 프로세스를 준비해 왔다.

버추얼 개발이란 다양한 디지털 데이터를 바탕으로 가상의 자동차 모델 혹은 주행 환경 등을 구축해 실제 부품을 시험 조립하며 자동차를 개발하는 과정을 상당 부분 대체하는 것을 말한다. 자동차 디자이너가 원하는 대로 빠르게 디자인을 바꿔 품평까지 진행할 수 있고, 실물 시제작 자동차에서 검증하기 힘든 오류 등을 빠르게 확인하고 개선해 완성도를 높일 수 있다.

TIP **시제작** 시제품 제작이라고도 하며, 설계도면을 확정해 실제 제조공정에서 만들어 보는 것을 말한다. 생산기술부서 등에서 공정의 레이아웃과 제조 품질을 검토하고 설계 품질과의 차이점을 분석할 목적으로 제작한다.

그림 4-41 가상현실 기술을 적용한 새로운 자동차 개발 [42]

생산 설비 유지보수 및 정비

일반적으로 공장 설비가 고장 나면 먼저 해당 설비의 설계도를 찾아야 한다. 해당 설비를 고치기 위해 작업자는 장갑을 착용한 상태로 설계도를 자세히 살펴보고 동시에 수리하기 위한 장비도 들어야 한다. 따라서 생산 현장에서 작업 매뉴얼을 손에 들고 작업을 진행해야 하는 애로사항이 있고, 설계도를 신속하게 검색하고 안전사고가 발생할 위험을 방지하는 기술에 대한 필요성도 지속적으로 제기되어 왔다. 생산 현장에서 설비가 고장 났을 경우 보다 효율적으로 정비할 방법과 안전사고 발생률을 감소시킬 수 있는 작업 정보 가이드가 필요한 실정이다.

정비에 증강현실을 적용하면 작업자가 스마트 AR 글래스를 착용한 상태에서 설비의 설계 데이터를 탐색할 수 있고 수리 방법에 대한 영상도 볼 수 있다. 무엇보다 손이 자유로우므로 설비를 고치는 데만 집중할 수 있다. 문제가 생긴 위치가 AR 영상 설계도 화면에 표시되므로 기계를 열지 않고도 바로 문제점을 찾아낼 수 있으며, 화면에 정비 가이드 데이터가 나타나므로 두꺼운 매뉴얼을 챙기지 않고도 편하게 내용을 확인할 수 있다.

증강현실 가이드 시스템의 대표적인 예는 자동차 회사의 차량 정비와 관련된 정보를 증강현실로 보여주는 기술이다. 작업자는 스마트 AR 글래스를 통해 작업 정보와 유지보수에 필요한 절차적 상황을 AR 영상으로 볼 수 있다.

그림 4-42 스마트 AR 글래스를 착용하고 자동차를 수리하는 장면 [43]

구체적인 사례로 독일의 BMW에서는 스마트 AR 글래스를 착용해 자동차 수리 시 실제 부품 위에 가상의 정비 매뉴얼을 가시화하는 정비 교육 콘텐츠를 제작한 바 있다. [그림 4-42]와 같이 차량 수리 엔지니어가 컴퓨터와 무선으로 연결되는 HMD 데이터 고글을 착용하고 본네트를 열면, 상세한 설명과 더불어 정확한 수리 가이드를 안내받을 수 있다.

7 국방

국방 분야에서는 가상현실 기술을 활용한 역사가 꽤 길다. 미국에서는 1970년대부터 전투 훈련 시뮬레이션을 시작했다. 영상 기반의 군사용 3차원 지형 복원 기술과 군사용 훈련 시뮬레이터 기술 등에 가상증강현실 기술이 적용되고 있다. 영상 기반의 군사용 3차원 지형 복원 기술은 항공과 위성 등을 이용해 여러 영상을 촬영한 후 영상 내의 특징 추출과 일치점 획득, 카메라 자세 추정 등을 통해 3차원 정보를 추정하고 3D 메쉬mesh와 렌더링rendering을 통해 3차원 지형 형상을 복원하는 기술이다. 군사 훈련 시뮬레이터 기술에는 3차원 공간 정보를 기반으로 하는 항공기 조종 시뮬레이터, 낙하 훈련 시뮬레이터, 전술 훈련 시뮬레이터 등이 있다.

가상현실 군사 훈련

가상현실 군사 훈련은 안전상의 이유나 기후적 제약으로 어려운 훈련을 실감 나게 수행할 수 있도록 해 준다. VR 기기를 착용한 군인들이 합동 훈련을 하는 모습을 상상해 보자. 작전대장이 수신호를 하면 가상화면 속의 캐릭터도 수신호를 하면서 대원을 이끈다. 적이 앞에 나타나면 군인들은 모의 병기로 일제히 사격한다. 행동을 인식하는 모션 센서 덕분에 다양한 자세의 사격을 훈련할 수 있으며, 가상화면 속의 캐릭터가 총에 맞으면 방탄조끼에 내장된 충격 센서로 인해 훈련자도 충격을 느낀다.

파일럿 조종 훈련에서는 HMD를 쓰면 입력된 비행기의 고도에 맞는 VR 영상이 보인다. 낙하 훈련 때는 HMD를 통해 낙하할 때의 영상을 가상화면으로 보면서 낙하산 모형에 매달려 낙하산을 펼치고 착지하는 단계까지 차례로 훈련할 수 있다. 일반적으로 가상현실을 활용한 군사 훈련 시스템은 [그림4-43]과 같이 HMD, 백팩형 컴퓨터, 모션감지 장치 등으로 구성된다.

그림 4-43 HMD, 백팩형 컴퓨터, 모션감지 장치 등으로 구성된 가상현실 군사 훈련 시스템 [44]

증강현실 군사 훈련

증강현실 군사 훈련은 이동 중인 군인들이 지형을 보거나 작전을 짤 때 필요한 정보를 영상으로 제공함으로써 작전 수행에 도움을 준다. 대표적인 예로 '증강현실 사판sand table'을 들 수 있다. 사판 훈련이란 모래나 석회로 훈련장을 축소한 모형을 만들고 실전에서 일어날 만한 상황을 만들어서 작전을 수립하고 조치해 보는 훈련인데, 증강현실을 활용하면 축소 모형 없이 영상으로 정밀한 지형을 볼 수 있어서 사실감을 느낄 수 있다.

군인들이 스마트 글래스를 착용하고 서류가방의 기기를 펴고 보면 지형이 3차원으로 떠올라 어디서든 작전 지휘센터를 열 수 있다. 증강현실 렌즈인 스마트 글래스는 GPS로 데이터를 받기 때문에 위치 식별이 가능하고, 어두운 가운데서도 시야 확보를 돕는 야간 투시경 역할도 한다.

국내 가상증강현실 훈련 시스템

국내의 여러 가상현실 관련 기업에서 가상증강현실 기반 군사 훈련 시스템을 개발하고 있으며, 국방 분야의 다양한 훈련 체계에 적용하는 사례가 점점 많아지고 있다. 네비웍스Naviworks에서 개발한 가상훈련 시스템 '리얼 BX'는 실제 전쟁이 일어나는 곳과 유사한 지능형 4D 훈련장을 제공하며, 사격, 공격, 방어, 수색 등 다양한 전투 기술 훈련 콘텐츠를 제공한다.

그림 4-44 네비웍스에서 개발한 가상훈련 시스템 '리얼 BX' [45]

육군사관학교에서는 2018년 가상증강현실을 활용한 훈련 체계를 개발했다. 가상증강현실 기반 실전적 통합 전투 훈련 체계는 ❶ 가상현실 기반 정밀사격 훈련 시뮬레이터 ❷ 가상현실 기반 전술 훈련 시뮬레이터 ❸ 증강현실 기반 지휘 통제 훈련 시뮬레이터 ❹ 훈련 정보 수집 및 훈련 효과 분석 시스템으로 구성되어 있다.

❶ 가상현실 기반 정밀사격 훈련 시뮬레이터

가상현실 기반 정밀사격 훈련 시뮬레이터는 멀티스크린을 통한 가상환경에서 개인화기를 활용한 영점사격, 실내 축소사격, 실거리사격, 이동표적사격, 야간사격, 전장상황 속 사격 등 다양한 사격 훈련을 할 수 있도록 개발됐다.

가상현실 기반 정밀사격 훈련 시뮬레이터는 실사격과 비슷한 반동과 소리를 구현해 현실과 같은 환경을 제공한다. 기존의 레이저 조준 방식을 넘어서 총기 및 탄종에 따른 정확한 탄도곡선 적용으로 정밀사격 훈련이 가능해졌고, 위치 인식 기반의 혼합현실 기술을 적용해 은폐·엄폐 및 상호교전 훈련이 가능해졌다.

(a) 가상현실 기반 정밀사격 훈련 모습

(b) VR 기기를 착용한 사격 모습

그림 4-45 가상현실 기반 육군 사격 훈련 장면 [46]

❷ 가상현실 기반 전술 훈련 시뮬레이터

가상현실 기반 전술 훈련 시뮬레이터는 디스플레이를 안경처럼 착용하고 가상공간에서 훈련 절차를 반복해 숙달할 수 있는 기기다. 훈련자가 착용하고 있는 모션 센서Motion Sensor를 통해 행동이 인식돼 가상공간과 연동되므로 현실감 있는 기동 및 사격이 가능하다. 내륙 지역, 해안 지역 등 다양한 지형과 지뢰, 부비트랩, 야생동물 등 실감 나는 전장상황 묘사, 그리고 야간, 강설, 강우, 안개 등 여러 가지 기상상황을 훈련 목적에 맞게 적용할 수 있다.

❸ 증강현실 기반 지휘 통제 훈련 시뮬레이터

증강현실 기반 지휘 통제 훈련 시뮬레이터는 기존에 주로 사판을 이용해 지휘 통제 훈련을 하던 방식에서 벗어나 증강현실 기술을 적용해 3차원 지형 안에서 훈련하는 형태로 쌍방 워게임 시뮬레이션을 가능하게 한 것이다. 실제 지형을 관찰하며 정확한 판단을 내릴 수 있게 돕는 체계라고 할 수 있다.

그림 4-46 증강현실 기반 지휘 통제 훈련 장면 [47]

❹ 훈련 정보 수집 및 훈련 효과 분석 시스템

훈련 정보 수집 및 훈련 효과 분석 시스템은 훈련자의 사격 명중률 등을 분석해 문제를 해결할 수 있게 해 준다. 특히, 전술 훈련의 경우 가상공간에서 마주한 다양한 상황을 어떻게 조치했는지 영상으로 기록해 두었다가 필요할 때마다 재생하면서 분석 및 평가 도구로 활용할 수 있어 훈련자 및 부대가 동일한 실수를 반복하지 않도록 지도할 수 있게 설계됐다.

이처럼 가상증강현실 기반의 통합 전투 훈련 체계는 인구절벽에 따른 병력자원 감소, 급속한 도시화와 훈련 민원 증가에 따른 제한된 훈련 여건 등을 극복할 대안으로 기대되고 있다.

옵티머스 시스템Optimus System은 가상현실과 제어기술을 융합한 가상 낙하 로봇 시뮬레이터를 개발했다. HMD를 이용한 개인용 군사 훈련 시뮬레이터로, 기존의 2차원 모니터 기반 시스템에 가상현실 기술을 적용해 현실감을 극대화함으로써 효과적인 낙하 훈련을 가능하게 했다.

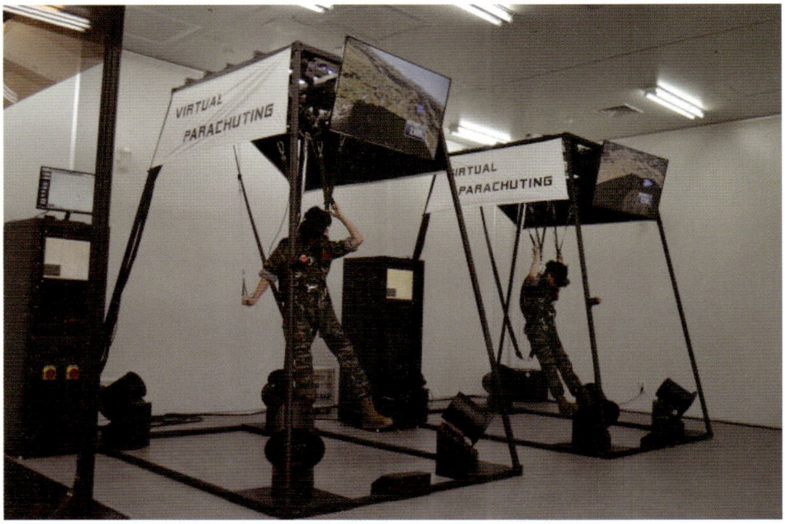

그림 4-47 옵티머스 시스템에서 개발한 가상낙하 로봇 시뮬레이터 [48]

국외 가상증강현실 훈련 시스템

가상증강현실 기반 군사 훈련 시스템에서는 국방비 예산이 가장 많은 미국의 기업들이 강세를 보인다. ESRI에서는 자동 3차원 지형 변환 서비스를 미국 외의 여러 지역에 제공하고 있다. 자사에서 구축한 공간 지도 정보를 바탕으로 2차원 형태의 공간 정보를 3차원 지형 정보로 변환해 서비스한다. 이 회사에서 보급하고 있는 '아크GIS 데스크톱ArcGIS Desktop'을 비롯한 다양한 지리 정보 시스템을 전 세계의 80퍼센트가 사용하고 있다.

마이크로소프트에서도 비행 시뮬레이션 소프트웨어인 '플라이트 시뮬레이터'를 개발했다. 비행 시뮬레이션 게임에서 시작한 소프트웨어로, 지금은 미연방 항공국이 제공하는 비행 훈련 자격을 얻을 수 있을 정도의 수준을 갖추었다.

'플라이트 시뮬레이터'에는 게이머가 여객기 · 전투기 등의 조종사가 돼 세계 주요 도시를 비행하는 내용 안에 세계무역센터 등 맨해튼의 지형이 세밀하게 묘사돼 있어 게임 개발 초창기에는 테러범들이 이 게임으로 훈련한 게 아니냐는 비난이 일기도 했다. 이에 긴급회의를 열고 문제가 되는 부분을 다른 장면으로 바꾸었다. 이 게임은 국내에서도 4천 부 정도 팔렸다.

그림 4-48 마이크로소프트에서 개발한 '플라이트 시뮬레이터' [49]

미국의 대규모 군수 기업 록히드마틴은 2009년에 마이크로소프트 플라이트 시뮬레이터의 지적재산권을 사 훈련용 비행 시뮬레이션 소프트웨어인 'Prepar3D'를 제작했다. 'Prepar3D'는 네덜란드의 'TRC시뮬레이터'에 도입되어 비행 훈련 시뮬레이터 소프트웨어로 채택되기도 했다.

8 소셜 서비스

현대인들은 SNS로 많은 소통을 한다. 가상의 공간에서 사람들끼리 만남이 가능하도록 도와주는 기술들이 계속 발전하고 있다. SNS와 가상증강현실의 융합이 보편화되면, 멀리 떨어져 있는 가족이나 친구에게 영상통화보다 더 친밀한 방식으로 실제 만나는 것 같은 느낌을 줄 수 있다. 그런 이유로 코로나로 이동이 자유롭지 못한 이 시대에 소셜 VR에 대한 기대가 어느 때보다 크다. 최근에는 메타버스가 화두가 되어 소셜 VR 서비스 분야가 더 빠른 속도로 활성화될 것으로 보인다.

메타(페이스북)

대표적인 예로 메타의 소셜 VR을 들 수 있다. 2016년 4월 샌프란시스코에서 열린 F8 개발자 컨퍼런스에서 메타는 가상현실에서 셀카를 찍는 기능을 선보이며 소셜 VR을 세계에 알리기 시작했다. 현실세계에서 서로 다른 공간에 있는 사람들이 가상공간에 모여서 함께 셀카를 찍는 데모를 공개하고 소셜 VR의 특징인 자유로운 공간 이동을 보여주었다. 또한, 2018년 F8 개발자 컨퍼런스에서는 독립형 HMD인 '오큘러스 고'를 선보였고, 2019년 5월 '오큘러스 퀘스트'를 출시했다.

(a) 〈Mobile World Congress 2016〉에서 걸어오는 마크 저커버그

(b) 오큘러스 퀘스트에 대해 설명하고 있는 마크 저커버그

그림 4-49 메타 CEO 마크 저커버그 [50][51]

2016년 10월에 열린 오큘러스 커넥트Oculus Connect 3 행사에서는 CEO인 저커버그가 '오큘러스 리프트'를 착용하고 회사 동료인 루시 마이클의 아바타와 원격으로 대화를 나누었다. 그들은 바닷속, 화성, 심지어 저커버그의 개인 사무실 등으로 장소를 이동해 대화를 나누고 카드나 체스 등의 간단한 게임도 했다.

이 외에도 펜으로 그림을 그리는 등의 여러 가지 다양한 영상과 기능을 선보였다. 저커버그의 집으로 이동해 그의 아내와 페이스북 메신저로 영상 통화를 시연하기도 했다. [그림 4-50]과 같이 가상현실에서 아바타로 실시간 소통할 수 있는 소셜 VR은 시간과 공간의 한계를 넘어 서로 교류하는 소셜 기능을 가상현실 기술을 통해 보다 강화하려는 노력의 결과다. 가상현실 기술은 문자와 사진, 동영상으로 안부를 묻는 단계를 넘어 서로의 체험을 실시간 공유하면서 상호작용까지 가능하게 하므로 더 실감 나는 소통을 할 수 있게 될 것이다.

그림 4-50 소셜 VR의 한 장면 [52]

마이크로소프트

마이크로소프트에서도 자사가 개발한 홀로렌즈를 통해 물리적으로 떨어져 있는 사람들을 한 장소에 모아 같은 장소에 있는 것처럼 느끼게 하는 가상현실 기술을 적용하고 있다. 센서를 이용해 다른 장소에 있는 상대방을 3D로 스캔하고 홀로그램과 같은 기술을 적용해 마치 눈앞에 있는 것처럼 구현할 수 있다. 또한, 영상회의에 응용하면 한 장소에서 회의하는 것과 같이 연출할 수 있는 VR 미팅도 가능하여 이와 관련한 콘텐츠들도 개발되고 있다.

이것은 코로나19로 비대면 회의가 일상화되고 있는 가운데 만나지 않고도 현실세계에서 마주보고 대화하는 듯한 느낌을 줄 수 있어 온라인 비대면 소통의 단점을 최소화할 수 있을 것이다. 마이크로소프트는 최근 온라인으로 열린 이그나이트Ignite 2021에서 클라우드 컴퓨팅 서비스 애저Azure 기반의 혼합현실 플랫폼 마이크로소프트 메시Microsoft Mesh를 선보였다. 기존 AR HMD는 대개 투박하고 가격이 비싸지만, 마이크로소프트는 메시 플랫폼을 통해 사용자들이 증강현실 시스템 없이도 가상 모임에 참여할 수 있도록 지원한다. 사용자는 플랫폼과 기기의 종류에 상관없이 3D 콘텐츠 혹은 메시 플랫폼 지원 애플리케이션을 통해 소통할 수 있다. 향후 메시는 홀로렌즈 AR HMD뿐 아니라 PC, 스마트폰, 태블릿, VR HMD 등 다른 기기와도 호환·연동돼 다양한 분야에서 활용할 수 있게 될 전망이다.

TIP **이그나이트** 마이크로소프트가 IT 전문가·관리자·개발자 등을 대상으로 하는 연례행사 가운데 하나다.

그림 4-51 마이크로소프트에서 개발한 메시 플랫폼을 통한 가상회의 장면 [53]

9 마케팅

VR 마케팅은 가상현실 기술의 장점을 최대한 살려 몰입감과 현장감을 극대화함으로써 기존의 마케팅보다 다양한 경험을 제공한다. 특히, 수동적 이용자에서 능동적 참여자로 변화하는 행동의 패러다임 전환과 행위를 유도하고 생생한 경험을 제공하는 미디어로 진화하고 있다.

가상증강현실 기술을 활용한 상품 콘텐츠는 소비자가 미리 접해 보고 자기에게 맞는지 판단할 수 있으므로 매출 확대로 이어질 수 있다. 이에 따라 국내외 유통 업체들이 가상증강현실 기술을 마케팅 현장에 속속 도입하고 있다. 각 업종별 마케팅에 가상증강현실을 활용한 사례를 살펴보자.

쇼핑몰

모바일 HMD를 이용한 대표적인 사례로 2016년 5월 호주 온라인 쇼핑몰 이베이eBay가 마이어Myer 백화점과 협업해 전 세계 최초로 오픈한 가상현실 백화점을 들 수 있다. HMD는 카드보드를 기본으로 사용하고, 소비자가 상품을 몇 초 동안 바라보면 상세 정보가 담긴 페이지가 나타난다. 그러나 고객의 입장에서 딱히 매력을 느낄 만한 내용이 없어 '세계 최초 VR 쇼핑'이라는 타이틀로 주목받기는 했으나 큰 성과는 거두지 못했다.

2018년 월마트도 '쥬라기 월드 얼라이브'라는 AR 게임을 통해 소비자를 월마트 매장 안으로 들어오게 했다. 국내에서는 롯데 그룹이 2018년 8월 롯데홈쇼핑 모바일 앱에서 구매한 상품을 집 안에 미리 배치해 볼 수 있는 'AR 뷰' 서비스를 도입했고, [그림 4-52]와 같이 실제 매장에 있는 것처럼 쇼핑할 수 있는 'VR 스트리트' 서비스도 선보였다.

그림 4-52 롯데 홈쇼핑 'VR 스트리트' 장면 [54]

국내 백화점에서도 가상현실을 적용한 사례가 있다. 현대백화점은 2016년 8월 자사 온라인몰 더현대닷컴에 가상현실 기술을 적용한 VR 스토어를 열었다. 더현대닷컴 VR 스토어에 접속하면 현대백화점 판교점 내 캐나다구스, 파라점퍼스, 노비스, 나이키, 아디다스 등의 브랜드 매장을 모바일 앱과 VR 기기를 통해 360도로 살펴볼 수 있다.

최근에는 명품 브랜드 몽블랑 VR 매장을 추가로 선보였는데 해외 명품 브랜드가 국내에서 VR 매장을 선보인 것은 처음이다. VR 기기로 접속하면 실제 매장에 들른 것처럼 3차원 쇼핑이 가능하다. 화면 내 화살표를 응시하면 매장을 걸어 다닐 수 있고 제품을 보면 상품 정보가 뜬다. 더현대닷컴 관계자는 "기존 온라인몰이 상품 정보를 글과 사진으로 제공했다면 VR 매장은 오프라인 백화점 매장과 진열된 상품을 그대로 옮겨와 재현한 것이 특징"이라고 말했다. 백화점에 방문하지 않고도 매장에 있는 듯한 현실감을 준다는 얘기다. 그러나 가상현실 환경에서 살펴볼 수 있는 매장 내 물건의 종류가 제한적인 것과 일반인에게 생소한 용어 등은 개선할 여지가 있다.

가구

우리나라에서 선풍적인 인기를 끌고 있는 스웨덴의 가구 업체 이케아IKEA는 2012년부터 일찍이 증강현실을 활용한 카탈로그를 제작해 주목을 받았으며 지금까지 꾸준히 가상증강현실 기술을 마케팅에 활용해 고객의 구매의욕을 높이고 있다. 2017년 9월에는 이케아에서 파는 가구가 내 공간에 어울리는지 증강현실을 통해 직접 확인할 수 있는 애플리케이션인 '이케아 플레이스'를 만들었다. 가구를 배치하려는 실내 공간 크기에 따라 자동으로 제품 비율을 조절하며 실제 가구를 배치했을 때의 상황을 미리 알 수 있다.

그림 4-53 증강현실 기반의 '이케아 플레이스' [55]

증강현실뿐만 아니라 PC 기반 HMD를 착용하고 체험하는 콘텐츠도 마케팅에 적용하고 있다. '이케아 VR 익스피리언스'는 바이브를 가진 고객이면 스팀을 통해 무료로 다운로드해 사용할 수 있다. 사용자가 주방을 자유롭게 걸어 다니면서 컨트롤러를 사용해 서랍을 열고 안의 물건들을 볼 수 있게 되어 있다. 가상현실 세계에서 프라이팬을 꺼내고 가스레인지를 켜서 요리를 할 수도 있다. 실제 매장에 방문해서 볼 수 있는 전시 공간과 같은 느낌을 주어 출시 당시 상당한 관심을 받았다.

최근 이케아는 공간 데모를 주방 이외의 다른 공간에도 적용해 가구 배치 및 인테리어 용도로 가상증강현실 기술을 지속적으로 접목시키며 연구를 하고 있다. 사람들이 많은 매장에 방문하지 않고 전시 공간을 체험할 수 있다는 점은 가상증강현실 기술의 중요성이 비대면 시대에 더욱 부각될 것임을 암시한다.

자동차

자동차 생산 업체에서도 가상현실 마케팅을 통해 소비자들이 다양한 옵션을 선택해 가상으로 운전할 수 있는 가상증강현실 콘텐츠를 제공하고 있다. 가상현실 자동차 콘텐츠를 이용하면 쇼룸에 모든 종류의 자동차를 실제로 구비하지 않아도 되기 때문에 공간 운영비용을 절감할 수 있다. 아우디의 경우 2014년 말에 영국의 매장에 방문한 고객에게 '기어 VR'을 이용해 360도 VR 동영상을 보여 주는 마케팅을 선보였다. 직원이 운전하는 차의 조수석에 탑승해 시승을 경험하는 콘텐츠를 담은 영상이다. 아우디뿐 아니라 BMW, 폭스바겐, 렉서스, 포르셰, 혼다 등은 이미 가상현실 광고로 홍보를 하거나 가상현실을 활용한 소셜 마케팅을 진행한 바 있다.

포르셰는 '포르셰 360 익스피리언스' 등 스포츠카 시승 체험이 가능한 콘텐츠를 제공하고 있다. 포드와 볼보는 각각 '포드 VR', '볼보 리얼리티' 애플리케이션을 통해 가상현실 콘텐츠를 선보였다. 이처럼 자동차 광고에 가상현실이 적극적으로 도입되는 이유는 자율주행차, 전기차 등이 연이어 등장하는 환경에서 자사의 혁신성을 홍보하는 데 효과적이기 때문이다.

전에는 고급차 시승, 랠리 일주 등의 자동차 마케팅은 일부 고객에게 한정적으로 제공할 수밖에 없는 한계가 있었지만, 가상현실을 활용하면 보다 많은 고객에게 새로운 경험을 제공할 수 있다. 따라서 자동차 마케팅에 가상증강현실을 활용하는 시도는 계속될 것이다.

현대자동차 그룹의 계열사인 광고회사 이노션도 온·오프라인 광고에 가상현실 콘텐츠를 활용해 새로운 소비자 경험을 제공하기 위해 노력하고 있다. 이노션은 2014년 하반기부터 자동차 시승 간접 체험 등에 가상현실이 최적의 마케팅 툴이라고 판단하고 가상현실 마케팅을 본격적으로 시작했다. 특히, 국내 최초로 가상현실 콘텐츠에 4D 기술을 접목한 신규 플랫폼을 구축했으며, 가상현실 기술을 활용한 브랜드 체험 콘텐츠를 기획·제작하고, 소비자의 가상현실 체험을 극대화하기 위한 원스톱 통합 마케팅 서비스를 제공하고 있다.

이노션은 지난 2015년 3월 제네바 모터쇼에서 신규 VR·4D 플랫폼을 첫 공개하고, WRC World Rally Championship 자동차 경주를 체험할 수 있게 했다. 전기차 '아이오닉'의 차량 카탈로그를 가상현실로 체험할 수 있는 공간도 마련했다. 여기서 소비자는 1인칭 시점으로 직접 자동차를 타보는 것 같은 경험을 할 수 있다.

그림 4-54 이노션이 선보인 4D 시뮬레이터 [56]

모델하우스

모델하우스에 가지 않고도 가상현실로 둘러볼 수 있는 VR 모델하우스 콘텐츠도 개발 및 활용되고 있다. 예를 들어 제주도에 있는 아파트를 구매할 계획이 있는 경우 제주도에 가지 않고 내가 있는 곳에서 VR 모델하우스를 통해 볼 수 있다. 시공사 입장에서는 모델하우스를 짓는 비용을 절감할 수 있고 소비자 입장에서는 먼 거리를 가지 않아도 되므로 시간과 비용을 절감할 수 있다.

그림 4-55 360도 VR 동영상으로 제작한 가상 모델하우스 [57]

가상증강현실 적용 분야는 무궁무진하다고 할 수 있을 만큼 방대하여 여기서 다 언급할 수는 없다. 앞으로 관련 기술이 발전함에 따라 더 많은 분야에 적용되어 우리 삶을 보다 풍요롭게 할 것이다.

연습 문제

01 최근 가상현실 시장에서 가장 유망한 분야는 어디인지 쓰고 아는 대로 설명하시오.

02 HMD 제조 부분 시장 점유율 Top 5에 해당하는 기업을 나열하시오.

03 하이프 사이클의 5단계를 쓰고 각 단계에 대해 간단히 설명하시오.

04 VR 게임 분야의 대표적인 사례를 들고 아는 대로 서술하시오.

05 AR 게임의 두 가지 주요 기반은 무엇인지 쓰고 각각 설명하시오.

06 테마파크에서 가상현실 기술은 세 가지 유형으로 발전하고 있다. 이 세 가지 유형이 무엇인지 나열하고 간단히 설명하시오.

07 의료 산업에서는 가상현실이 어떻게 활용되고 있는지 아는 대로 서술하시오.

08 가상현실을 활용한 마케팅에 대해 사례를 들어 설명하시오.

CHAPTER 05

가상현실의 발전 가능성

SECTION 01

포켓몬 고의 열풍

가상증강현실 기술을 적용시킬 수 있는 분야는 매우 넓다. 따라서 시장의 성장과 발전 가능성이 높아 최근 국내에서도 이와 관련된 스타트업, 중소기업 등이 많이 생기고 있다. 그러나 아직 글로벌 시장과 경쟁할 만한 환경이 갖추어져 있지 않고 관련 업체들은 불확실한 시장에 대한 투자를 꺼리고 있어 성공한 기업의 사례는 많지 않다.

먼저 AR 게임으로 대성공을 거두었던 '포켓몬 고'의 사례를 분석해 보고 가상증강현실의 발전 가능성을 살펴보자.

1 포켓몬 고의 성공 요인

폭발적으로 인기가 있었던 '포켓몬 고'는 대중에게 가상증강현실을 가깝게 알리는 계기가 되었다. 2016년 7월에 출시한 '포켓몬 고'에 대한 관심은 상상을 초월했고 실시간 검색어 순위를 점령했다. '포켓몬 고'에 관련된 사항과 영향력을 자세히 살펴보면서 킬러 콘텐츠의 요소에 대해 알아보자.

'포켓몬 고'는 구글의 스타트업으로 시작해서 독립한 나이앤틱에서 증강현실 기술을 적용해 개발한 모바일 게임이다. 출시 당시 우리나라에서는 보안 문제로 구글 지도를 이용할 수 없었는데, 강원도 속초 일부 지역이 보안 구역에서 제외되는 바람에 사람들이 게임을 즐기기 위해 속초로 몰려들었을 정도로 엄청난 인기를 끌었다. 2017년 1월 24일 우리나라에도 정식으로 출시되어 어디서나 게임을 즐길 수 있게 되었다.

'포켓몬 고'는 모바일 기반의 증강현실과 위성 위치 확인시스템인 GPS 기술을 활용한다. 증강현실 기술에는 현실세계에 가상의 대상물을 구현하는 기술과 실시간으로 현실과 가상의 대상물이 상호작용할 수 있도록 하는 기술이 필요하다. 카메라로 보는 현실세계의 정확한 위치에 포켓몬이 나타나게 하고 포켓몬이 어디에 있는지 GPS 센서로 수집한 정보를 이미지 프로세싱 기술을 이용해 시각화하는 기술이 혼합되어 있다. 이러한 기술이 구현되어 있기에 스마트폰으로 거리를 비추면서 돌아다니다 보면 포켓몬이 나타나고 그 포켓몬을 포켓볼로 잡을 수 있는 것이다.

그러나 증강현실 기술과 GPS 방식을 활용한 모바일 게임이 처음 시도된 것은 아니다. 2012년 나이앤틱이 개발한 '잉그리스Ingress'는 '포켓몬 고'처럼 GPS 방식으로 증강현실을 활용했고, 게임 방식도 땅따먹기 배틀로 유사했다.

그림 5-1 **나이앤틱이 개발한 AR 게임 '잉그리스'** [01]

일본에서는 광고회사인 덴쓰가 증강현실 기술과 GPS를 활용한 모바일 게임인 '아이버터플라이iButterfly'를 개발해 주목을 받은 바 있다. 증강현실 나비를 잡으면 할인 쿠폰으로 바꾸어 주는 방식의 게임으로, 마케팅을 위한 아이디어였다. 우리나라에서도 2011년 KT에서 '포켓몬 고'와 유사한 AR 게임 기반의 '올레 캐치캐치' 마케팅 앱을 내놓은 적이 있다.

그림 5-2 **KT의 광고용 증강현실 앱 '올레 캐치캐치'** [02]

'아이버터플라이'나 '올레 캐치캐치'와 다르게 '포켓몬 고'가 크게 성공할 수 있었던 요인은 무엇일까? 기존에 출시되었던 다른 게임이나 마케팅 앱과 비교해서 고급 기술을 사용한 것도 아니고 게임을 하는 데 기술적 요소가 많이 필요한 것도 아니다. 모두 비슷한 기술 수준의 AR 게임이거나 마케팅 앱이다. '포켓몬 고'를 개발할 수 있는 기술 수준은 웬만한 스타트업이라면 구현하는 데 그렇게 문제가 없을 정도로 그리 높지 않다. 따라서 '포켓몬 고'가 성공한 이유는 기술이 특별히 우수하거나 달라서가 아니다.

대부분의 AR 게임 모바일 업체를 비롯해 많은 사람이 '포켓몬 고'의 성공비결을 궁금해했다. 세대를 넘나드는 베스트셀러 애니메이션 캐릭터인 포켓몬은 1996년에 처음 등장한 이래로 2021년에 벌써 25주년을 맞이한다. 전 세계 포켓몬 게임 타이틀 누적 판매 현황을 보면, 2016년 기준으로 포켓몬 시리즈가 2억 개 이상이고 관련 게임은 약 2억 8천만 개에 이른다. 포켓몬이라는 브랜드가 전 세계적으로 얼마나 영향력이 있는지 알 수 있다.

그림 5-3 애니메이션 '포켓몬스터 베스트위시' [03]

브랜드 유명세

'포켓몬 고'가 성공한 첫 번째 이유는 브랜드의 유명세 때문이라 할 수 있다. 전 세계 어디서나 어린이 전문 채널을 돌려보면 포켓몬 만화를 방영하는 것을 쉽게 볼 수 있다. 게임을 좋아하는 어린이는 물론이고 40대 어른도 포켓몬 만화와 게임을 즐기는 사람들이 많다. 이러한 상황을 보면 '포켓몬 고'의 첫 번째 성공 원인은 오랫동안 충성도 높은 마니아를 확보하고 있는 포켓몬이라는 브랜드 때문임을 쉽게 알 수 있다.

게임 IP

게임은 그 자체로 수익을 내지만 부가가치가 무한한 지식재산(IP)Intellectual Property으로 인한 수익도 상상을 초월할 만큼 크다. 제목은 물론 캐릭터, 소스코드 등 게임에 포함된 모든 특허를 게임 IP라고 한다. 캐릭터를 활용한 모든 분야에 상업화할 수 있어 그 가치가 높다.

닌텐도는 '포켓몬 고' 이외에도 스마트 기기의 다양한 기술을 활용해서 즐길 수 있는 아이템을 계속 개발해서 많이 가지고 있다. 많이 알려진 '젤다의 전설', '동키콩', '닌텐독스' 등의 게임에 사용하고 있는 수많은 캐릭터가 있고, 특히 세계적으로 인기 있는 캐릭터인 슈퍼마리오를 활용한 모바일 게임 개발에도 많은 관심을 두고 있다.

개발사인 나이앤틱도 지대한 역할을 했다. 닌텐도는 모바일 게임 비즈니스 경험이 거의 없었기 때문에 '포켓몬 고'를 통해 AR 게임의 대성공을 경험하면서 스마트 기기용 게임 앱 개발사인 디이엔에이DeNA와 파트너십을 맺고 모바일 비즈니스 계획을 세워 진행하고 있다.

스토리텔링

'포케몬 고'에는 여행, 모험 스포츠, 수집육성 등의 흥미진진한 스토리텔링이 있다. 또한 이야기에 그치지 않고 기술을 이용해 현실로 경험할 수 있게 한 것이 성공의 이유라고 할 수 있다. 콘텐츠의 흥미와 기대 요소를 기술이 충족시켜 주는 것이 '포켓몬 고'의 특징이다. 증강현실 기술을 통해 매력적인 이야기를 현실 경험으로 바꾼 좋은 사례라고 할 수 있다.

이처럼 '포켓몬 고'의 성공 요인은 충성도 높은 고객과 게임 IP를 확보한 점과 모바일 기기에서 증강현실과 GPS 기술을 적용했다는 것이며, 또 하나 중요한 요인은 매력적인 스토리텔링이라고 할 수 있다. 따라서 증강현실 킬러 콘텐츠가 탄생하기 위한 요소는 첫 번째, 세계적으로 인기를 끌 만한 브랜드가 있는지, 두 번째, 증강현실로 만들기에 적절한 게임 IP가 있는지, 세 번째, 사용자의 관심과 흥미를 끌 만한 매력적인 스토리텔링 전략이 있는지로 요약할 수 있다.

2 포켓몬 고의 경제적·사회적 효과

경제적 효과

닌텐도의 주가는 '포켓몬 고'를 출시한 후인 2016년 7월 19일에 31,770엔으로 장을 마감했는데, 이것은 그 전달인 6월 24일에 13,800엔까지 떨어진 이후에 급등한 것이다.

포켓몬 고가 얼마나 갑자기 폭발적인 인기를 얻었는지를 보여준다. 매출액은 출시 후 3개월도 안 되어 약 6,600억 원을 기록했고 2016년 12월 결산 때는 약 1조 450억 원을 기록했으니 놀라운 성과가 아닐 수 없다.

IT 전문매체 〈마셔블〉 등에 따르면 닌텐도의 기업 가치는 '포켓몬 고'를 공식 출시한 지 2주 만에 230억 달러(약 26조 2,780억 원) 상승했다고 한다. 시가총액은 400억 달러(45조 7,000억 원)를 돌파하며 비디오 게임 경쟁사인 소니(380억 달러, 43조 4,150억원)도 제쳤다. 닌텐도는 콘솔 게임기 시장에서 소니의 PS4와 마이크로소프트 엑스박스 원Xbox One에 밀려 고전했으나, '포켓몬 고'로 반등에 성공했다.

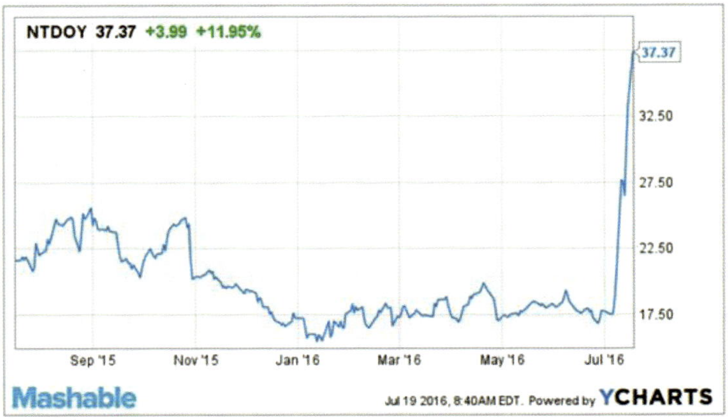

그림 5-4 포켓몬 고의 경제적 효과 [04]

경제적 파급력도 대단했다. 먼저 닌텐도에서는 '게임 내 구매' 형태로 이익을 창출했다. 예를 들어 포켓몬을 잡기 위해 필요한 포켓볼은 특정 장소에 가야 가질 수 있는데, 직접 그 장소에 가야 하는 불편함이 있고 한 번에 받을 수 있는 양이 많지 않다. 또 포켓볼을 여러 개 던져야 잡을 수 있는 포켓몬도 있기 때문에 대부분 게임 내 구매를 통해 포켓볼을 사게 된다. 아이템을 구매하려면 먼저 포켓코인을 구매해야 한다. 포켓볼 20개를 살 수 있는 100포켓코인은 약 1,200원이고, 포켓몬을 더 잘 잡기 위해 필요한 루어 모듈lure Module은 하나에 100포켓코인이다. 원하는 대로 게임을 즐기려면 많은 돈을 쓸 수밖에 없다.

TIP **게임 내 구매** 게임을 하기 위해 필요한 아이템을 구매하는 것을 말한다.

경제적 파급력의 두 번째 요소는 파트너십이다. '포켓몬 고' 게임에는 다른 게이머와 결투를 할 수 있는 포켓몬 체육관과 아이템을 획득할 수 있는 포켓스톱이 있다. 일본에서 출시할 때는 맥도날드에서 어린이용 메뉴인 해피밀에 포켓몬 장난감을 끼워 팔고, 매장을 포켓몬 체육관과 포켓스톱으로 지정했다. 당연히 해피밀을 먹으려는 어린이와 게임을 즐기려는 게이머들이 몰려들었다. 매장에 방문한 게이머들도 햄버거나 음료수를 사 먹을 테니 매출이 증가할 수밖에 없었다. 당시 일본 맥도날드 홀딩스 주가가 20% 이상 폭등한 것을 보면 그 경제적 파급력이 얼마나 대단했는지 알 수 있다. 닌텐도가 오프라인 매장과 어떻게 관계를 맺느냐에 따라 지역상권이 들썩인 것이다.

우리나라에서는 롯데리아가 나이앤틱과 파트너십을 맺고 7개의 매장을 포켓스톱으로 지정했다. 엔젤리너스커피, 크리스피크림도넛도 포켓스톱으로 지정되었다. 세븐일레븐은 점포 7,700여 곳이 포켓스톱으로, 800여 곳은 체육관으로 지정되었다.

그림 5-5 포켓스톱으로 지정된 롯데리아와 세븐일레븐 [05][06]

일본을 비롯해 미국과 유럽의 동물원, 공원, 가게 등에서는 출몰하는 포켓몬을 소개하며 방문을 유도하는 광고를 하고, 포켓몬을 많이 잡으면 할인 혜택을 주는 이벤트 등으로 매출을 올렸다.

닌텐도는 전통적으로 IP 기반 캐릭터 사업을 하는 곳이지만 게임기기를 판매하는 하드웨어 회사이기도 해서 GPS 기반 AR 게임을 할 수 있는 기기도 판매한다. 스마트폰과 연동해 진동과 LED를 통해 포켓몬이 나타난 것을 확인할 수 있는 손목시계도 판매해서 수익을 올렸다. '포켓몬 고' 게임에 나오는 가방, 모자, 티셔츠의 판매도 급증했고 포켓몬 인형도 상당히 많이 판매되었다.

다른 기업의 매출에도 영향을 끼쳤다. 먼저 '포켓몬 고' 게임을 즐길 수 있는 사양의 스마트폰 매출이 증가했다. 또 게임을 제대로 즐기려면 야외에서 스마트폰의 밝기를 높게 하고 계속 켜 놓아야 해서 배터리가 빨리 소모되므로 보조배터리 판매량도 급증했다.

사회적 효과

'포켓몬 고'는 경제적 파급효과뿐 아니라 사회적 변화도 가져왔다. 일반적으로 PC나 모바일 게임은 방과 같은 밀폐된 공간에서 몇 시간이고 몰두해서 학업을 멀리할 수밖에 없다고 여겨져 청소년에게 부정적인 영향을 미치는 것으로 간주되었다. 그러나 '포켓몬 고'의 등장으로 청소년이 적어도 고립된 생활에서 벗어나 밖에서 운동도 하고 사회화 과정에 좀 더 활발하게 참여할 것이라는 긍정적인 효과도 있었다.

'CES 2017' 어린이 세션의 나이앤틱 마케팅 책임자인 아킷 바가바Archit Bhargaba는 '포켓몬 고' 사용자가 게임을 하면서 총 87억 km를 걸었다는 통계를 발표하면서 이 게임으로 인해 얼마나 많은 사람이 많은 거리를 다녔는지 강조했다. 확대해석한 것일 수도 있으나 '포켓몬 고'가 게이머들의 건강에도 긍정적인 영향을 미쳤다고 할 수 있겠다. 산책을 통해 비만, 당뇨, 우울증 등의 위험을 줄일 수 있다는 연구 결과도 있다.

그림 5-6 '포켓몬 고' 게임에 몰두하고 있는 청소년들 [07]

최근 코로나19 팬데믹으로 집에서 즐기는 게임의 매출액은 증가했으나 '포켓몬 고'는 전례 없는 위기를 맞았다. 팬데믹이 심각해지자 미국의 여러 주와 유럽 주요국이 아예 '록다운(전면 봉쇄)' 조처를 내렸고, AR 게임 이용자가 급감했기 때문이다.

이에 나이앤틱은 회사의 모토인 '걸어서 떠나는 모험Adventure on foot'을 잠시 내려놓기로 했다. 대신 포켓스톱과 체육관의 상호작용 거리를 늘리는 등 집에서도 플레이할 수 있도록 했다. 나이앤틱 CEO 존 행키는 간담회에서 "포켓몬 고를 집에서도 즐기게 한 것은 단순한 응급조처가 아니었다."면서 "포켓몬 고가 코로나19라는 공동의 위험에 다 같이 대처하는 방안이 됐으면 했다."고 밝히기도 했다.

코로나 시대에 들어 예전보다 인기가 덜해졌지만 '포켓몬 고'는 킬러 콘텐츠의 방향성을 제시했다는 점에서 의의가 크다. 집에서 즐길 수 있는 게임이 많아지고 있으므로 가상증강현실을 활용한 실감 나는 게임이 더욱 인기를 얻을 것이고, 이에 따라 가상증강현실도 활성화되고 발전할 것이다.

SECTION 02 비대면 5G 시대

1 비대면 시대로 인한 가상현실 활성화

신종 코로나바이러스 감염증 대유행은 우리의 일상과 업무 환경을 완전히 바꿔놓았다. 각종 공식적인 모임과 학교 수업 등을 비대면 화상회의로 전환하면서 사람과 사람 사이 거리는 멀어지고 사람과 화면의 거리는 가까워졌다. 따라서 콘텐츠에 대한 수요가 그 어느 때보다 높아지고 있어 PC · 모바일 게임, 온라인 동영상 서비스(OTT)Over-the-Top Media Service와 더불어 가상현실이 다시 주목을 받게 되었다.

한 시장조사 업체에 따르면 VR/AR 기기 시장이 코로나19 확산 여파로 전 세계 출하량이 감소했다가 기업과 소비자가 '뉴노멀'에 익숙해지면서 소비심리가 회복돼 반등이 예상되고 있다. [그림 5-7]에 나타낸 것과 같이 2020년부터 62.3%의 연평균 성장률CAGR을 기록해 2025년에는 5,290만 대 규모까지 시장이 커질 것으로 예측됐다.

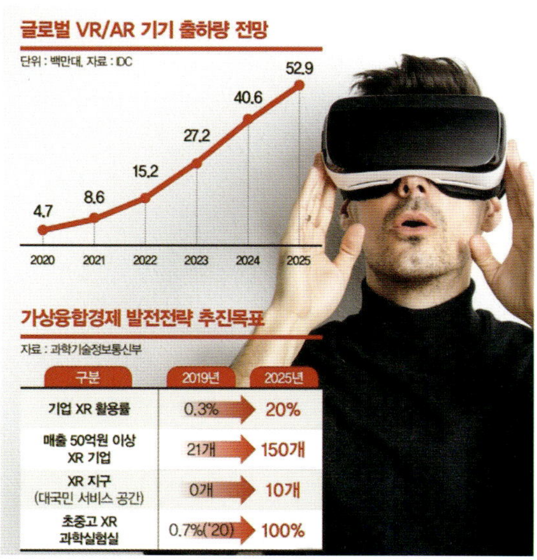

그림 5-7 VR/AR 기기 출하량 전망과 가상융합경제 발전전략 추진목표 [08]

스트래티지애널리틱스SA가 미국 소비자를 대상으로 진행한 설문조사에서도 VR/AR 수요가 나타났는데, 코로나19 비대면 시대가 되면서 구매했거나 구매를 계획 중인 IT 기기로 VR/AR 기기가 가장 많았다. 게임 콘솔과 스마트워치를 포함한 30개 이상 품목 중 최상위를 차지했다. SA는 가상현실이 게임 용도 위주에서 탈피해 원격 교육·훈련 중심으로 활용처가 늘어나고 증강현실의 경우 신제품 출시에 따라 시장이 점차 개화할 것으로 전망했다.

또한, 코로나19 발생 이후 비대면 전환이 가속화되면서 메타버스가 차세대 인터넷 시대를 주도할 새로운 패러다임으로 떠오르고 있다. 특히 메타버스를 활용한 교육 분야가 주목받고 있는데, 이는 아바타, 3D 오브젝트, 360도 동영상 등을 이용해 수업의 몰입도를 높일 수 있기 때문이다. 가상현실의 발전 가능성을 대표하는 메타버스에 대해서는 10장에 자세히 설명한다.

우리나라 과학기술정보통신부에서는 5G가 가상증강현실 확산의 기반이 되고 가상증강현실이 5G를 위한 콘텐츠로 자리 잡기를 기대하면서 2021년 디지털 콘텐츠 지원 사업에 총 2,024억을 투입했다. 2020년 8월에 〈가상·증강현실 규제혁신 로드맵〉을 내놓은 데 이어 12월에는 관계부처 합동으로 〈가상융합경제 발전전략〉을 발표한 바 있다. 가상현실, 증강현실, 혼합현실을 아우르는 확장현실(XR)eXtended Reality을 집중적으로 육성해 2025년에는 확장현실을 통한 경제 효과를 30조 원 규모로 끌어올린다는 목표다.

여기서 잠깐 **가상현실과 5G**

화면 해상도가 8K(양안 4K) 수준이 되어야 가상현실 콘텐츠가 사용자에게 충분한 몰입감을 줄 수 있다. 8K 가상현실 콘텐츠의 용량은 1분 분량이 1GB에 달하는데, 이를 소화해줄 5G와 함께 가상현실 발전 가능성은 점점 커지고 있다.

2 가상증강현실 콘텐츠 제작에 나선 5G 이동통신사

국내 이동통신사들이 5G 가입자를 유치하는 전략의 일환으로 가상증강현실 킬러 콘텐츠를 직접 제작하기 시작했다. LTE 시장에서의 킬러 콘텐츠는 유튜브 등을 통해 유통되는 동영상 기반 서비스였다. 이러한 동영상을 원활하게 이용하고 싶다는 욕구가 소비자를 LTE 가입으로 이끄는 것을 경험한 이동통신사들이 5G에 가입하고 싶게 만드는 콘텐츠가 필요함을 인식하고 가상증강현실 시장에 뛰어든 것이다.

우리나라의 대표적인 이동통신사에서는 어떤 전략으로 가상증강현실 시장을 맞이하는지 살펴보자.

SKT

SKT는 메타와 협력해 VR HMD인 '오큘러스 퀘스트 2'를 통해 2021년 설 연휴 기간 동안 집에서 즐길 수 있는 생생한 가상현실 콘텐츠를 제공했다.

'오큘러스 퀘스트 2'를 구매한 고객은 전 세계적으로 인기를 끌고 있는 VR 리듬 게임 '비트 세이버Beat Saber', 배틀로얄 VR 게임 '파퓰레이션 원Population One', 국내 사업자가 개발해 세계적인 인기를 얻고 있는 '리얼 VR 피싱Real VR Fishing' 등 오큘러스 플랫폼의 대표 VR 게임 200여 종을 즐길 수 있다.

그림 5-8 SK 텔레콤이 가상현실 서비스를 시연한 '오큘러스 퀘스트 2' [09]

또한, 2020년 11월에는 점프스튜디오의 볼류메트릭 비디오 캡쳐Volumetric Video Capture 기술로 리그오브레전드LoL 선수인 페이커를 촬영하고 모션을 접목해 증강현실 기반의 디지털 페이커를 구현했다. 디지털 페이커는 실제 페이커를 대신해 팬과 소통하는 등 다양한 활동을 하는 디지털 휴먼이다. 디지털 휴먼에 대해서는 10장에서 자세히 살펴본다.

그림 5-9 디지털 페이커 [10]

'점프 AR'은 다양한 증강현실을 경험할 수 있는 SKT의 플랫폼형 앱이다. 앞에서 소개한 디지털 페이커도 '점프 AR'에서 만날 수 있다. LoL 게임을 하거나 팬 사인회를 여는 디지털 페이커를 소환해 원하는 장소에 배치하고 함께하는 순간을 사진이나 동영상으로 촬영할 수 있다.

설에는 여러 사정으로 서로 얼굴을 마주하기 어려운 가족과 친지, 지인들에게 재미있는 사진, 동영상 카드로 안부를 전할 수 있다. 명절 셀카 이펙트 기능을 선택하면 AR 동물들이 한복을 입고 춤을 추거나 절을 하는 배경에 자신의 얼굴을 합성하고 사진이나 동영상으로 저장해 전송할 수 있다.

그림 5-10 SK 텔레콤의 '점프 AR' [11]

'점프 VR'은 360도 VR 동영상 콘텐츠를 모아둔 앱으로, 안드로이드 폰에서 사용 가능하다. VR HMD가 있다면 양안 모드를 설정해 시청할 수 있고, 기기가 없다면 스마트폰을 움직여 시선을 조정하거나 손으로 화면을 움직여 주위를 확인할 수 있다. '점프 VR'에서 제공하는 다양한 VR 영상은 여행, 프로야구, 아이돌, 영화/애니, 액티비티, 갤러리 메뉴로 분류되어 있다. 예를 들어 여행 메뉴에서는 국내뿐 아니라 미국, 유럽, 아시아 등 세계 곳곳의 풍광을 360도 동영상으로 실감 나게 구경할 수 있고, 갤러리 메뉴에서는 실제 미술관에 방문한 것 같은 체험이 가능하다.

그림 5-11 SK 텔레콤의 '점프 VR' [12]

KT

KT는 고퀄리티의 가상현실 콘텐츠 제작에 힘쓰고 있으며, 재활 프로그램 등 이용자의 삶의 질을 높일 가상현실 의료 서비스를 순차적으로 선보일 예정이다.

2020년 9월 KT는 고려대학교 의료원 산학협력단, 디지털 헬스케어 전문 스타트업 엠투에스M2S와 비대면 방식의 디지털 헬스케어 사업 활성화를 위해 업무 협약을 체결하고 눈의 건강을 VR 기기로 파악하는 '아이 닥터 라이트VROR Eye Dr. Lite'를 출시했다. 가상현실 기반의 비대면 디지털 헬스케어 서비스를 상용 제공하는 것은 이 서비스가 세계에서 처음이다.

그림 5-12 **KT가 고려대학교 의료원 산학협력단, 엠투에스와 비대면 협약식을 하는 모습** [13]

'아이 닥터 라이트'는 눈의 생체 신호를 측정해 눈건강을 관리해 주는 서비스이다. 안과에 방문하지 않아도 VR HMD를 통해 게임을 하듯 간편한 방식으로 정밀하게 현재의 눈 상태를 점검해 볼 수 있다. 이 서비스는 시력, 색맹, 난시, 황반변성 등 총 여섯 가지의 안과 검사 프로토콜을 제공하며, 이를 통해 녹내장이나 사시 등 각종 안과 질환의 조기 진단이 가능하다.

또한, 검사 결과에 따라 눈 건강을 지킬 수 있는 영상 콘텐츠와 눈 운동 프로그램도 제공한다. 모바일 앱을 활용해 데이터를 누적하고 관리할 수 있어 이용자들이 간편하게 눈 건강을 관리할 수 있다. 최근 디지털 기기 사용이 증가하며 노인성 안질환의 발병 연령이 점차 낮아지고 있는 만큼 전 연령의 이용자가 생활 속에서 손쉽게 눈 건강을 관리할 수 있도록 '아이 닥터 라이트' 서비스를 지속적으로 활성화할 계획이다.

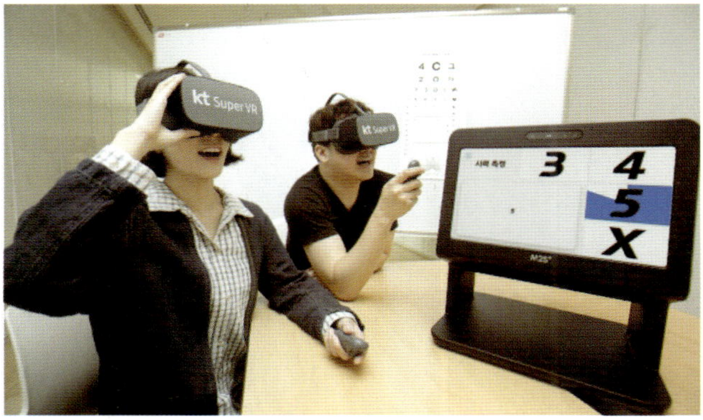

그림 5-13 아이닥터 라이트를 체험하는 모습 [14]

KT는 앞으로도 실감형 미디어 기술 기반의 디지털 헬스케어 분야의 사업 영역을 발굴하고 확대할 계획이다.

LG 유플러스

LG 유플러스는 이전부터 실감 나는 가상현실 콘텐츠로 주목받았다. 이른바 '우리 오빠' 차은우가 옆에서 남자친구처럼 담요를 덮어 주는 입체감 있는 연애 시뮬레이션 콘텐츠로 팬들의 마음을 흔들기도 했다. 2019년에 일반인을 대상으로 실시한 블라인드 테스트에서는 LG 유플러스의 가상현실 콘텐츠가 압도적으로 1위를 차지했다.

그림 5-14 LG 유플러스의 VR 연애 시뮬레이션 콘텐츠 [15]

LG 유플러스는 2020년 9월, 세계 첫 5G 콘텐츠 연합체인 'XR 얼라이언스'를 꾸리고 가상현실의 강점을 최대로 살릴 수 있는 콘텐츠 제작에 돌입했다. XR 얼라이언스의 첫 결과물은 VR 다큐멘터리 '우주모험가들: 우주정거장 경험Space Explorers: The ISS Experience'으로, 96억 원을 투자해 제작했다. 이 다큐멘터리는 NASA와 협약하고 우주 비행사에게 VR 카메라로 촬영을 부탁해 찍은 것이다. 무중력 식사를 하는 비행사들의 모습과 발아래로 보이는 지구의 전경이 눈앞에 펼쳐져 실제 우주에 있는 것 같은 착각을 불러일으킨다.

그림 5-15 **LG 유플러스의 VR 다큐멘터리 '우주모험가들: 우주정거장 경험'** [16][17]

LG 유플러스는 증강현실 플랫폼인 U+AR로 컵라면 뚜껑을 촬영하면 라면이 익는 시간 동안 즐길 수 있는 간단한 게임을 제공하는 서비스를 출시하기도 했다. 2020년 8월에는 AR 웨어러블 기기인 'U+리얼 글래스'를 선보였는데, 이것을 착용하고 스마트폰에서 특정 앱을 구동하면 이용자를 둘러싼 360도 공간에 해당 앱의 화면이 켜진다. 누워 있거나 걸으면서도 바로 눈앞에서 영화를 볼 수 있으며, 화면 크기와 배치도 자유롭게 조절할 수 있다.

이처럼 이동통신사들은 가상현실이 일반 콘텐츠에 비해 몰입감이 아주 높고 상호작용하는 부분이 많아 전달력을 극대화할 수 있음을 인지하고 5G 환경에서만 즐길 수 있는 차별화된 콘텐츠인 가상현실 분야로 사업을 확장하고 있다.

ICT 업계에서는 가상현실이 차세대 컴퓨팅 플랫폼이라고 말한다. 가상현실이 디스플레이와 그래픽카드, 이동통신 등과 밀접하게 연관되어 있기 때문이다. 일반적인 콘텐츠를 즐기는 데는 현재의 디스플레이로 충분하고, 그래픽카드 역시 현재 인기 있는 고품질 그래픽의 온라인 게임을 즐기는 데 부족함이 없다. 하지만 가상현실 콘텐츠를 충분히 즐기려면 해상도가 2K 이상이어야 하고, 360도 사운드를 구현해야 하므로 더 높은 성능의 그래픽카드와 빠른 네트워크가 필요하다.

그렇기 때문에 LTE 이후의 5G 시대를 준비해야 하는 이동통신사에는 새로운 콘텐츠가 필요하며, 가상현실이야말로 이 부분을 해소할 수 있는 시장이라고 판단하고 있는 것이다.

하드웨어 업계에서도 가상현실을 차세대 시장으로 주목하고 있다. 또한, 가상현실은 생산성을 높이고 비용을 절감할 수 있어 IT 업계를 이끄는 생산자를 위한 시장이라고도 할 수 있다.

SECTION 03

가상현실 산업의 활성화 방안

앞에서 2016년 세계적으로 열풍을 일으킨 AR 게임인 '포켓몬 고'의 성공 요인과 최근 비대면 5G 시대의 도래로 가상증강현실 기술이 활성화되는 상황을 살펴봄으로써 가상증강현실의 발전 가능성을 고찰해 보았다. 여기서는 가상현실 산업의 활성화와 관련된 국내외 현황을 분석하고 문제점이 무엇인지 살펴보며, 해결 방안과 가상현실 산업의 발전 가능성에 대해 알아본다.

1 환경 분석

가상현실 산업이 동종 IT 업계의 빅데이터나 인공지능 산업보다 우위를 점하는 이유는 가상현실 콘텐츠의 가장 큰 핵심인 상호작용 때문이다. 가상현실 기술은 비교적 쉽게 데이터를 처리할 수 있고, 몰입감을 주는 시각화로 이루어져 있어 기존의 3D 영상보다 더 사실적이고 직관적으로 이해할 수 있다. 이러한 장점은 IT 분야 외에 매우 다양한 산업에서 활용될 수 있는 요인이다. 게다가 증강현실 기술은 모바일 기반에서 그 활용성이 극대화될 수 있고 타 산업과 융합해 일상적으로 훨씬 더 많은 곳에서 접할 수 있게 될 가능성이 크다.

보다 구체적으로 살펴보기 위해 가상현실에 관련된 내부 환경과 외부 환경을 분석해 강점, 약점, 기회, 위협 요인을 규정하고 전략을 수립하는 SWOT 분석을 하면 다음과 같다.

표 5-1 가상현실 산업 SWOT 분석

Strength(강점)	Weakness(약점)
• 몰입감 높은 콘텐츠 • 실제와 같은 경험 가능 • 콘텐츠 경험 폭의 제한이 없음	• HMD 착용 방식의 불편함이나 사이버 멀미 등 기술적 한계가 있음 • 하드웨어 가격이 높은 편으로, 다양한 연령층 흡수가 어려움
Opportunities(기회)	**Threats(위협)**
• 태동기 시장으로 블루오션 기회 • 시장 선점 시 유리한 위치에 설 수 있음	• 하드웨어 보급률이 미흡함 • 시장의 불확실성으로 인해 공격적인 투자를 하기 어려움

[표 5-2]와 같이 가상현실 콘텐츠는 높은 몰입감과 비교적 저렴한 비용으로 실제와 같은 가상의 현실을 제한 없이 경험할 수 있는 장점이 있다. 또한, 다양한 산업에 접목해 활용할 수 있으며, 태동기 시장으로 블루오션의 기회가 무한해 시장을 선점하면 유리한 위치에 설 수 있다.

반면 낮은 해상도와 기술의 미흡함 때문에 사이버 멀미를 유발하여 다소 어지러운 증상을 호소할 수 있다는 기술적 한계와 HMD 착용 방식이 불편하고 협소한 공간으로 인한 위험 등의 단점이 존재한다. 아직 가상현실과 관련된 기기의 보급이 미흡한 상태이고, 시장의 불확실성으로 인해 공격적인 투자를 결정하기 어려운 상황이다. 그러나 시간이 지남에 따라 관련 기술이 발전하고 있고 가상현실 생태계도 점점 자리를 잡아 가고 있으므로 앞으로는 더 나은 환경이 될 것이다.

2 가상현실 산업 전망

소프트웨어 정책 연구소의 연구보고서인 〈2020 가상증강현실(VR/AR) 산업 실태조사〉에 따르면 기업의 매출 증가율 전망치를 종합한 결과, 매출액이 2023년까지 연평균 9.6% 성장해 1조 860억 원이 될 것으로 나타났다.

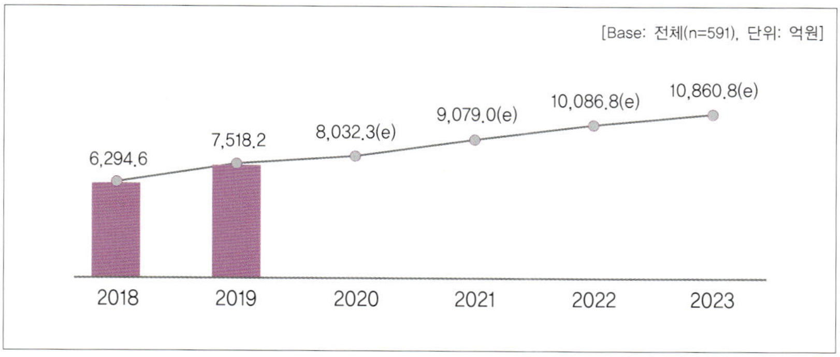

그림 5-16 분야별 매출 전망 [18]

가상증강현실 산업 매출에서 현재 가장 큰 비중을 차지하는 문화 콘텐츠는 연평균 성장률이 8.9%로 저조하나 산업용 콘텐츠, 콘텐츠 판매 및 서비스, 전용기기 및 부분품은 10% 이상 성장할 것으로 예상된다.

표 5-2 가상증강현실 산업별 매출 세부 현황 [19]

(단위: %, 억원)

구분		2019	2020(e)	2021(e)	2022(e)	2023(e)	연평균
전체		7,518.2	8,032.8	9,079.0	10,086.8	10,860.8	9.6
콘텐츠 제작 및 공급업	문화	4,624.1	4,933.9	5,501.3	6,057.9	6,505.2	8.9
	산업	1,454.9	1,571.3	1,970.4	2,212.8	2,569.0	15.3
콘텐츠 판매 및 서비스		249.0	249.5	299.2	328.8	446.1	15.7
전용기기 및 부분품 제조업		639.2	648.2	773.2	930.2	1,014.9	12.3
전용 SW 개발 · 공급업		550.9	574.6	652.7	725.2	759.3	8.4

분야별로 살펴보면 교육, 게임, 공연· 전시 등의 세부 분야에 기업의 참여와 매출이 많은 것으로 나타났다. [표 5-3]의 2019년 지표에 의하면 가상증강현실 산업에 있어 주요 분야별 국내 기업 수는 교육 103개, 게임 102개, 공연· 전시 58개로 교육 분야의 업체가 가장 많았고, 매출액으로 보면 게임 1,448억 원, 공연· 전시 643억 원, 교육 620억 원으로 게임 분야의 매출액이 가장 많다.

표 5-3 가상현실 산업 세부 분야별 주요지표(2019년) [20]

구분			기업 수 (개)	매출액 (억원)	수출액 (억원)	종사자 수 (명)
전체			591	7,518.2	1,677.4	5,940
콘텐츠 제작 및 공급업	문화 콘텐츠	게임	102	3,491.9	1,448.2	1,751
		방송 · 영화 · 애니메이션	44	158.9	10.8	226
		출판	4	8.5	0.1	17
		공연, 전시	58	643.0	5.1	445
		일반 생활정보 제공	32	101.2	1.8	247
		광고	18	102.6	2.6	79
		기타 문화	35	117.9	7.2	203
		문화 콘텐츠 제작 및 공급업	293	4,624.1	1,475.8	2,968
	산업 범용	사무 지원	2	12.4	0.0	6
		기타 범용	1	17.1	0.0	24
	산업 특화	교육	103	620.0	16.2	987
		부동산	10	23.1	3.3	49
		보건 · 의료	22	143.1	2.9	228
		국방	14	206.6	3.4	222

<table>
<tr><th colspan="3">구분</th><th>기업 수
(개)</th><th>매출액
(억원)</th><th>수출액
(억원)</th><th>종사자 수
(명)</th></tr>
<tr><td rowspan="5">콘텐츠 제작
및
공급업</td><td rowspan="4">산업 특화</td><td>제조업</td><td>23</td><td>337.2</td><td>14.5</td><td>295</td></tr>
<tr><td>도소매업</td><td>1</td><td>9.3</td><td>0.0</td><td>5</td></tr>
<tr><td>기타 산업 특화</td><td>10</td><td>86.1</td><td>0.3</td><td>99</td></tr>
<tr><td>산업 콘텐츠 제작 및 공급업</td><td>186</td><td>1,454.9</td><td>40.6</td><td>1,915</td></tr>
<tr><td colspan="2">콘텐츠 제작 및 공급업</td><td>479</td><td>6,079.0</td><td>1,516.4</td><td>4,883</td></tr>
<tr><td rowspan="3">콘텐츠 판매
및
서비스</td><td colspan="2">콘텐츠 판매업</td><td>10</td><td>119.0</td><td>21.8</td><td>94</td></tr>
<tr><td colspan="2">콘텐츠 서비스업</td><td>21</td><td>130.1</td><td>10.2</td><td>107</td></tr>
<tr><td colspan="2">콘텐츠 판매 및 서비스</td><td>31</td><td>249.0</td><td>32.1</td><td>201</td></tr>
<tr><td rowspan="3">전용기기 및
부분품 제조</td><td colspan="2">전용기기 및 장치물 제조업</td><td>32</td><td>205.8</td><td>23.7</td><td>237</td></tr>
<tr><td colspan="2">전용기기 및 장치물 부분품 제조업</td><td>11</td><td>433.5</td><td>81.5</td><td>222</td></tr>
<tr><td colspan="2">전용기기 및 부분품 제조업 소계</td><td>43</td><td>639.2</td><td>105.1</td><td>459</td></tr>
<tr><td rowspan="3">전용 SW
개발 · 공급</td><td colspan="2">콘텐츠 제작 SW 개발 · 공급업</td><td>28</td><td>389.1</td><td>10.9</td><td>329</td></tr>
<tr><td colspan="2">기기 및 장치물용 SW 개발 · 공급업</td><td>10</td><td>161.7</td><td>12.9</td><td>68</td></tr>
<tr><td colspan="2">SW 공급업 소계</td><td>38</td><td>550.9</td><td>23.8</td><td>397</td></tr>
</table>

주: 기업 수는 매출 비중이 가장 높은 주력 분야 기준임

이를 통해 가상현실 활용 분야에서 게임 분야 다음으로 교육 관련 콘텐츠가 많이 다루어지고 있다는 것을 알 수 있다. 실제로 각종 스마트 기기가 대중적으로 보급되면서 태블릿이나 스마트폰 등을 교육에 활용하는 사례가 점점 많아지고 있다. 가상현실 콘텐츠가 PC뿐만 아니라 모바일로도 쉽게 접근이 가능한 점을 활용해 직접 체험 및 눈으로 보는 교육을 가상현실을 통해 쉽게 구현할 수 있어 교육 관련 가상현실 콘텐츠의 수요 증가가 예상된다.

또한, [그림 5-17]에서 볼 수 있는 것처럼 국내 콘텐츠 분야 활성화를 위한 정부의 투자 지원이 이루어지고 있어 가장 많은 지원 대상인 교육과 게임 분야에 대한 지속적인 투자가 예상된다.

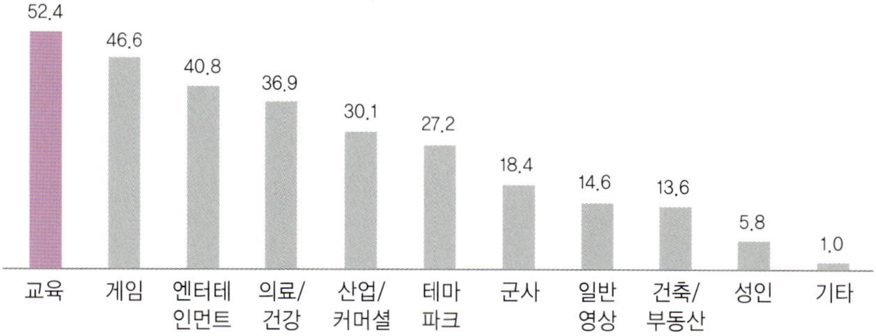

[Base: 전체응답자 103개 기업, 단위: %, 중복응답]

그림 5-17 가상현실 콘텐츠 정부의 지원 분야 [21]

3 가상현실의 법적·제도적 개선점

가상현실이 일상에서 활발히 보급되면 사회 전반적으로 법적·제도적 정비를 해야 한다. 게임과 관련된 규제부터 콘텐츠 체험 시 발생할 수 있는 안전 문제, 네트워크 활용에 따른 개인정보 유출 문제, 지나친 중독으로 가상세계와 현실세계를 혼동하여 발생할 수 있는 잠재적 위험 등 각종 문제와 부작용에 유연하게 대처할 수 있는 제도적 기반을 마련해야 한다.

정부에서는 가상현실 산업 육성 추진 현황 및 향후 계획 등을 발표하고 [표 5-4]와 같이 법적·제도적 개선을 진행하고 있다. 새롭게 부상하는 시장인 만큼 콘텐츠 이용 가이드라인과 콘텐츠의 안정성을 확보하기 위한 검사제도 등 검토가 필요한 여러 사항이 있다.

표 5-4 가상현실 관련 법적·제도적 개선점 [22]

개선 내용
• VR 게임, VR 테마파크 등 가상현실 융합시장에서 나타날 수 있는 이슈를 선제적으로 발굴해 제도적 정비 필요
• 게임법 개정('16.5.19)에 따라 '자체등급분류' 허용(현행: 모바일 → 개선: 모바일+온라인+콘솔+VR 게임 등), '17년부터 본격 시행 예정
• 가상현실 이용에 따른 부작용(인체 영향, 중독 등)으로 인해 산업 활성화가 저해되지 않도록 관련 제도 및 이용 측면에서의 정비 필요
• 가상현실이 적용되는 시뮬레이터, 교육 훈련, 테마파크 등 가상현실 신산업 활성화를 위해 필요한 법·제도 정비 필요

4 가상현실 산업의 문제점과 해결 방안

가상현실 산업의 활성화를 위해서는 기본적으로 가상현실 생태계가 이루어져야 하지만, 산업 분석을 통해 살펴본 것과 같이 해결해야 할 문제점들이 있다. 이를 세 가지로 정리하고 해결 방안을 알아본다.

킬러 콘텐츠의 부재

가상현실 콘텐츠 시장의 잠재력은 높은 수준이지만, 소비자의 실질적인 구매로 연결되기 위한 킬러 콘텐츠가 필요한 상황이다. 소비자 분석 결과에서도 나타났듯이 마음에 드는 콘텐츠가 출시된다면 구매할 의향이 있는 잠재적 소비자의 비율을 고려할 때 콘텐츠 부족은 분명 가상현실 산업의 주요한 문제점이다.

킬러 콘텐츠가 없는 가장 큰 원인은 가상현실 분야의 인력 부족 때문으로 파악된다. 따라서 현장에서 실무를 수행할 수 있는 인력을 양성하는 교육환경을 조성해야 할 것이다. 저자가 소속되어 있는 대학교에서는 가상현실 분야의 인력 양성을 위해 2015년부터 학부 과정에 가상증강현실 연계 전공을 운영하고 있으며 2021년에는 가상증강현실 융합학과를 신설했다. 해당 학과에서는 다양한 가상현실 관련 산학 프로젝트를 수행함으로써 실무능력을 키우는 교육체계를 갖추고 있다. 그동안 학생들이 제작한 콘텐츠로 교내 전시를 개최하고 전국 가상현실관련 전시회 등에 참여했으며, 가상현실 관련 업체에 많은 학생이 취업했다.

국산 VR 기기의 부재

국내 가상현실 산업은 모바일 기반 하드웨어 부문에서는 경쟁력이 있으나 PC 기반 하드웨어, 가상현실 저작 도구, 소프트웨어 기술, 플랫폼과 콘텐츠 측면에서는 글로벌 업체에 비해 취약하다. 특히, 현재 VR 기기가 거의 외산이어서 국내 사용자는 관련 기기를 대부분 외국에서 구입해야 한다. 따라서 국내산 VR 기기 개발이 시급하다. 국산 기기의 현실화를 위한 장기적인 관점으로 접근해 기술의 한계점을 극복할 수 있도록 지속적인 투자와 기술 개발을 해야 한다.

또한 외산 VR 기기 유통업체도 활성화해야 한다. 현재 가장 대중적인 HMD인 '오큘러스'와 '바이브'를 국내에서 구입하려면 공식 홈페이지에서 주문하는 것이 기본적인 방법이다. 이처럼 가상현실 관련 기기를 구입할 수 있는 정식 유통망이 한정되어 있으므로 외국에서 들여오는 VR 기기의 원활한 유통망 인프라를 갖춰야 할 것이다.

사업성의 불확실성

현재 많은 업체가 가상현실 분야에 뛰어들고 있지만 소수를 제외하면 뚜렷한 성과를 내지 못하고 있다. 이제 막 떠오르는 산업의 특성상 눈앞의 수익 창출보다는 시장 활성화와 생태계 조성을 위한 초기 투자가 이루어지고 있으나, 불확실한 미래를 보고 얼마나 투자해야 하는지 판단하기 어려운 상황이다. 이런 문제를 해결하려면 산업이 발전할 수 있는 환경을 먼저 만드는 것이 중요하다.

세계 주요국에서 가상현실 산업을 육성하기 위한 다양한 정책을 세우고 있는 가운데 우리나라 정부도 연 매출액 10억 이상을 달성하거나 글로벌 유통 가상현실 콘텐츠를 5종 이상 보유하는 가상현실 전문기업을 육성하는 정책을 세우고 추진한 바 있고, 디지털 콘텐츠 지원 사업 등 가상현실 산업의 발전을 위해 지속적으로 노력하고 있다. 그러나 아직은 중소기업이나 스타트업, 개인 개발자 등이 가상현실 시장에 진출해 성공을 거두기 어려운 환경이므로 정부 차원에서 더욱 적극적으로 가상현실 산업과 관련된 분야에 대한 투자 및 지원을 확대하고 시장 활성화를 위한 정책을 마련해야 할 것이다.

연습문제

01 포켓몬 고의 성공 요인을 아는 대로 쓰고 간단히 설명하시오.

02 포켓몬 고로 인한 경제적 파급력을 보여주는 두 가지 요소에 대해 설명하시오.

03 포켓몬 고로 인해 나타난 사회적 현상 중 긍정적으로 평가받는 측면에 대해 간단히 설명하시오.

04 5G 시대가 되면서 가상현실의 활성화가 더욱 기대되는 이유를 쓰시오.

05 5G 이동통신사들이 가상증강현실 콘텐츠 제작 사업을 시작한 이유를 설명하시오.

06 국내 3대 이동통신사인 SKT, KT, LG 유플러스에서 진행했던 대표적인 가상증강현실 사업에 대해 간단히 설명하시오.

07 가상현실 산업의 SWOT 분석에 있어 강점과 약점에 대해 서술하시오.

08 가상현실 산업에 있어 현재의 문제점과 해결 방안에 대해 아는 대로 설명하시오.

CHAPTER 06

360도 동영상과 홀로그램

SECTION 01

360도 동영상과 가상현실

1 360도 촬영 방식

360도 동영상이란 말 그대로 360도를 촬영한 영상을 말한다. 여러 대의 동영상 카메라로 360도를 찍은 후 스티칭 작업을 거쳐 원 모양으로 편집해 360도 동영상을 만든다. 2장에서 설명한 시야각을 통해 360도 동영상을 이해해 보자.

시야각

시야각은 우리가 눈으로 보는 영역을 말한다. 고개를 들어 정면을 주시하고, 고개는 가만히 둔 채 눈동자만 왼쪽 끝에서 오른쪽 끝으로, 맨 위에서 맨 아래로 움직여 보고 한 바퀴 돌려 보자. 이때 보이는 영역이 시야각이다. 인간의 시야각은 수평으로 최대 180~200도, 수직으로 최대 100~130도 정도이다.

기존에는 인간의 시야각 안에서 볼 수 있는 영상을 만들었으므로 카메라 한 대로 촬영하면 충분했다. 그러나 시야각 바깥 영역까지 모두 담는 360도 동영상은 여러 대의 카메라로 촬영해야 한다.

양안시차

360도 동영상을 이해하기 위해 알아야 하는 또 다른 개념은 깊이감이다. 인간의 두 눈은 보통 약 65~70밀리미터 정도 떨어져 있으며, 그 거리 때문에 두 눈이 받아들이는 정보가 각각 조금씩 다르다. 이를 양안시차라고 하며, 이로 인해 공간감을 인식할 수 있다.

가벼운 실험을 통해 알아보자. 연필을 오른손으로 눈앞으로 쭉 뻗어 든 다음, 왼손으로 오른쪽 눈을 가리고 연필을 보고, 다음으로 왼쪽 눈을 가리고 연필을 보자. 어느 쪽 눈으로 보느냐에 따라 연필의 위치가 달라질 것이다. 이로 인해 대상을 바라보았을 때 망막에 들어오는 정보에 차이가 발생한다. [그림 6-1]과 같이 두 개의 다른 이미지를 우리의 뇌가 조합해 입체감을 느끼는 것이다.

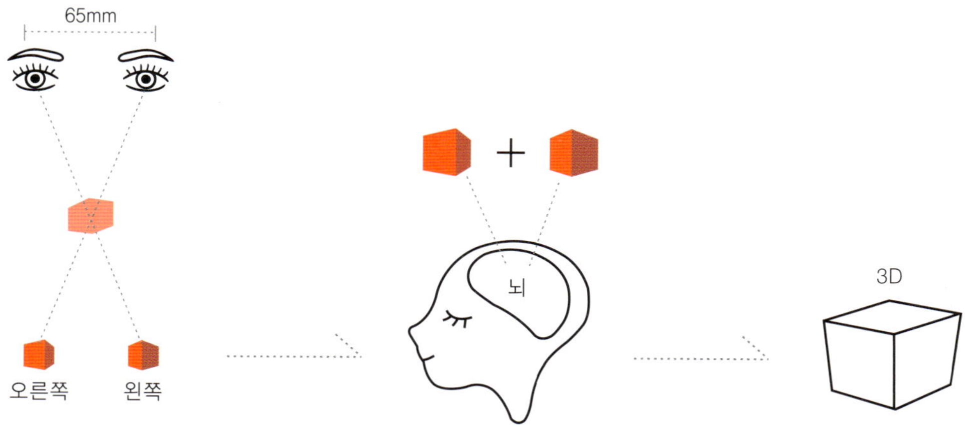

그림 6-1 시야각과 양안시차

2 모노스코픽과 스테레오스코픽

360도 동영상은 양안시차를 이용한 깊이감에 따라 모노스코픽 360도 동영상과 스테레오스코픽 360도 동영상으로 나뉜다. 둘의 차이는 3D 동영상의 깊이감이다. 모노스코픽 360도 동영상은 하나의 시야각을 하나의 카메라로 촬영한 것이고, 스테레오스코픽 360도 동영상은 하나의 시야각을 두 대의 카메라로 촬영한 것이다.

일반적인 360도 동영상은 동서남북과 위아래 여섯 면을 촬영하기 위해 6대의 카메라를 사용하는데, 스테레오스코픽 360도 동영상 촬영에는 그 두 배인 12대의 카메라가 필요하다. 12대의 카메라를 사용하는 스테레오스코픽 360도 동영상은 깊이감이 있어 더 큰 몰입감을 느끼게 하는 장점이 있다. 반면 두 눈으로 보던 영상을 한 눈에 하나씩 두 개로 나누어 보기 때문에 해상도가 반으로 떨어진다는 단점이 있다.

그림 6-2 스테레오스코픽 360도 동영상을 위한 12대 고프로 카메라 [01]

TIP 모노스코픽과 스테레오스코픽의 차이는 북미 삼성전자 개발자 사이트(https://developer.samsung.com)에 잘 설명되어 있으니 참고하기 바란다.

모노스코픽 360도 동영상은 일반 영화를 360도 파노라마로 만든 것이고, 스테레오스코픽 360도 동영상은 3D 입체 영화를 360도 파노라마로 만든 것이다. 따라서 모노스코픽 360도 동영상에는 입체감이 없어 사물이나 사람이 눈앞에 등장해도 바로 앞에 있다는 느낌을 주지 못한다. 둥근 지구본 모양의 스크린을 갖춘 영화관 한가운데에서 벽면에 주사되는 영화를 보는 것과 다를 바가 없다. 스테레오스코픽 360도 동영상은 사실감과 몰입감 측면에서 가상현실의 범주에 넣을 수 있지만, 모노스코픽 360도 동영상은 상호작용과 입체감이 없어 엄밀한 의미에서 가상현실의 기본적인 정의와는 거리가 멀다.

그런데 현재 시중에 나와 있는 360도 VR 동영상은 대부분 모노스코픽 360도 동영상이다. 삼성 '기어360' 등의 카메라만 있어도 쉽게 만들 수 있어 공개된 콘텐츠가 많다. 아프리카 TV의 VR 방송이나 스포츠 VR 중계 등은 모두 모노스코픽 360도 동영상이다. 그래서 VR 동영상을 처음 접하는 사람들은 "기대했던 것보다 실감이 안 난다."는 반응을 보인다. 그럼에도 불구하고 360도 동영상을 일반적으로 가상현실의 범주로 생각하는 이유는 무엇인지 살펴보자.

3 360도 동영상과 가상현실

SK 텔레콤에서 제작한 '설현과 함께 떠나는 폼 나는 360VR 여행'은 주위 경관이 아름다운 도로를 운전하는 시선으로 시작한다. 운전자의 위치에서 화면이 진행되고, 동영상 재생 기기를 움직여 360도 방향을 볼 수 있다. 잠시 후 길에서 가수 설현을 태우고 목적지에 데려다 주는데, 이를 인연으로 데이트를 하게 되어 같이 요트를 타고 친구들과 춤을 추며 파티를 즐긴다는 내용이다.

그림 6-3 '설현과 함께 떠나는 폼 나는 360VR 여행' 콘텐츠 [02]

이처럼 본인이 선호하는 인물이 등장하는 가상의 상황을 즐길 수 있는 콘텐츠는 대중적인 인기를 끌 수 있다. 이런 형식을 갖춘 360도 동영상 콘텐츠는 유튜브에서 쉽게 찾아볼 수 있다. 기존 촬영방식과 달리 360도 파노라마 영상을 촬영해 공간을 확장함으로써 가상의 세계에 온 것 같은 느낌을 전달하고, 사용자는 스마트폰을 HMD에 끼어 아래위로 움직이면서 가상현실과 비슷한 체험을 할 수 있다.

그런데 이러한 360도 동영상 콘텐츠를 가상현실이라고 할 수 있을까? 가상현실이란 '100% CG로 구현되는 것'이므로 현실을 찍은 360도 동영상은 엄밀한 의미에서 가상현실이라고 할 수 없다. 그러나 기존 영상과 형식이 다르고 사용자가 시야각을 움직이면서 몰입할 수 있다는 측면을 강조하기 위해 가상현실의 한 분야로 보는 것이 일반적이다.

사실 일반 사용자가 접할 수 있는 가상현실 콘텐츠는 대부분 360도 동영상일 가능성이 크다. MBC의 'MBC VR', 뉴욕타임즈의 'NYT VR', 디스커버리의 'Discovery VR' 등의 360도 동영상도 입체감이 없는 모노스코픽 360도 동영상이지만 모두 VR이라는 용어를 사용하고 있다.

고객 입장에서는 용어가 무엇이든 상관없을 수 있지만 사업자가 잘못된 명칭을 의도적으로 마케팅에 사용해 현혹시킬 수 있으니 용어의 의미를 정확하게 아는 것도 중요하다.

예를 들어 마이크로소프트에서는 홀로렌즈를 출시하면서 증강현실이라는 용어를 사용하지 않고 혼합현실이나 홀로그램이라고 했는데, 이것이 바로 마케팅을 위해 의도적으로 정확하지 않은 용어를 사용한 경우다. 마이크로소프트가 이러한 마케팅 용어를 사용한 이유는 다음과 같다.

첫 번째, 혁신적인 기기라고 자부하는 홀로렌즈를 출시하면서 이미 잘 알려진 증강현실보다는 비교적 덜 알려진 혼합현실이라는 용어를 사용함으로써 혼합현실을 가상현실과 증강현실의 단점을 극복한 차세대 미디어라고 하고 싶었던 것이다. 두 번째, 미래의 궁극적인 실감 미디어라고 알려진 홀로그램으로 포장함으로써 자사가 실감 미디어의 선두 주자임을 주장하고자 한 것이다.

엄밀히 말해 홀로렌즈는 현실의 기반 위에 가상의 물체를 띄우는 것이므로 증강현실 분야에 속한다고 할 수 있다. 그러나 마이크로소프트에서 홀로렌즈를 증강현실이 아닌 혼합현실로 지칭하면서 혼합현실이 증강현실보다 앞선 기술이라고 인식되기 시작했다. 지금은 일반적으로 혼합현실이 증강현실 다음에 출현한 우수한 기술이라고 알려져 있다. 홀로그램에 대해서는 뒤에서 자세히 살펴본다.

다시 360도 동영상에 대한 이야기를 해 보면, 360도 동영상은 현실이므로 제작 과정도 가상현실과는 많이 다르다. 가상현실을 구현하려면 유니티나 언리얼과 같은 게임 엔진과 관련된 소프트웨어, 그리고 고성능 컴퓨터만 있으면 되기 때문에 책상 위에서 작업이 가능하다. 그러나 360도 동영상은 실제 환경을 촬영해 편집하기 때문에 현장에 카메라를 들고 나가야 한다.

예를 들어 파리바게트 본사에서 매장 관리를 위해 각 매장의 상황을 360도 동영상으로 보고 싶다면 해당 매장에 360도 카메라를 들고 직접 출장을 가야 한다. 공연하는 모습을 360도 동영상으로 촬영해 편집한다면 카메라와 마이크의 위치에 따라 달라지는 분위기를 현장처럼 전해 줄 수 있도록 작업해야 한다.

360도 동영상은 가상이 아닌 현실을 보여 주지만 그것만으로도 현실 이상의 경험을 전달할 수 있다. 사용자는 이전에 경험하지 못한 즐거움을 느낄 수 있다. 일반적인 가상현실 콘텐츠 제작을 위한 게임엔진이나 모델링 기술이 필요 없다는 것도 장점이다.

이처럼 비교적 쉽게 접근할 수 있다는 장점이 있어 360도 동영상은 일반적인 가상현실보다 빠른 속도로 상용화되고 있다.

SECTION 02 360도 동영상 활용 분야

360도 동영상은 우리 생활의 여러 분야에 활용되고 있다. 대표적으로 현장에서 벌어지는 생생한 경기의 흐름을 전달하는 데 360도 동영상을 효율적으로 사용할 수 있어서 4장에서도 설명했듯이 스포츠 중계에 주로 활용된다.

1 스포츠 중계

미국의 넥스트 VR은 스포츠 분야의 360도 동영상 콘텐츠 제작으로 유명하다. 우리나라에서도 스마트폰 앱을 통해 실시간으로 야구를 감상할 수 있도록 프로야구 경기를 360도 동영상으로 중계했다.

2016년 리우 올림픽에서도 360도 동영상 중계를 해 큰 관심을 받았다. 미국의 NBC가 삼성 갤럭시 스마트폰과 '삼성기어 VR' HMD 사용자를 대상으로 개막식과 폐막식을 비롯해 여러 경기를 360도 동영상으로 중계한 것이다. 이로써 전 세계 시청자들은 현장의 분위기를 아주 생생하게 접할 수 있었다. 주어진 영상을 수동적으로 보는 것이 아니라 원하는 각도나 이미지를 골라 볼 수 있다는 점도 시청자 입장에서 매우 매력적이다.

그림 6-4 VR 야구 스포츠 중계 화면 [03][04]

2 공연 및 뮤직비디오

스포츠 중계 이외에 공연이나 뮤직비디오도 360도 동영상을 매우 적절히 활용할 수 있는 분야다. 2015년 일렉트로닉 뮤지션 아비치Avicii는 〈웨이팅 포 러브Waiting for Love〉라는 노래를 선보이면서 세계 최초로 상호작용이 가능한 360도 동영상 뮤직비디오를 제작해 주목을 받았다.

그림 6-5 아비치의 〈Waiting for Love〉 뮤직비디오 [05]

우리나라에서도 인피니트가 〈배드Bad〉라는 곡의 뮤직비디오를 360도 동영상으로 제작해 공개했다. 마우스로 컴퓨터 화면을 돌려가며 볼 수 있고 스마트 폰에서 360도 회전하며 구석구석 입체적으로 볼 수 있어 특별한 느낌을 주었다.

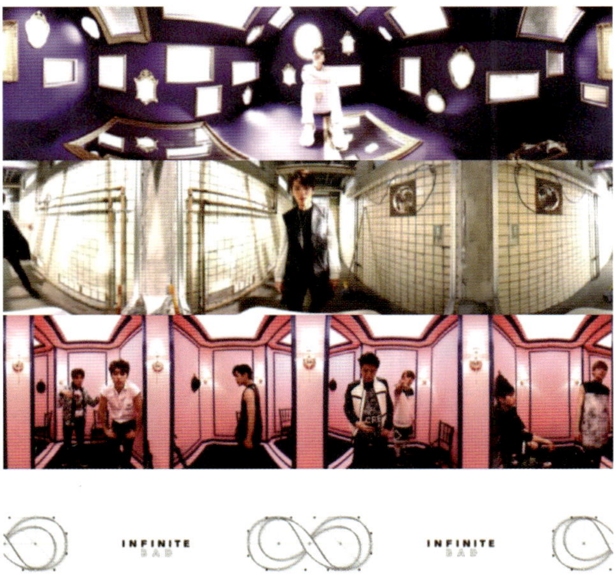

그림 6-6 인피니트의 〈배드(Bad)〉 뮤직비디오 360 VR 버전 [06]

언택트 시대에는 메타버스와 함께 360도 동영상의 활용 가치와 수요가 점점 늘어날 것으로 예상된다. 국내 방송사도 360도 동영상의 매력을 잘 알고 많은 관심을 갖고 있기 때문에 앞으로 방송가에서의 수요도 증가할 것이다.

앞에서 설명한 것처럼 360도 동영상은 일반적인 가상현실보다는 쉽게 접근할 수 있지만 기존의 촬영 방법과 비교하면 훨씬 복잡하다. 실제 환경 360도를 여러 대의 카메라로 촬영하고 자연스럽게 연결하는 스티칭 작업을 해야 하기 때문에 제작과 편집에 더 많은 시간과 비용이 든다.

360도로 동영상을 찍으려면 배우 외에는 아무도 보이지 않아야 한다. 촬영 준비가 되면 스태프는 모두 카메라가 잡히지 않는 곳에 숨는다. 감독은 보이지 않는 곳에서 “레디 액션!”을 외치고, “컷!” 소리와 함께 모두 나와서 각자 맡은 역할을 한 후 다시 보이지 않게 숨어야 한다. 이런 작업을 매 장면마다 해야 하기 때문에 360도 전 영역을 감독이 원하는 그림으로 촬영하려면 몇 배의 노력이 필요하다.

그러나 하드웨어 발전 속도에 비해 가상현실 콘텐츠가 다양하지 않고 킬러 콘텐츠가 부족한 것과 달리 360도 동영상은 훨씬 다양하게 활용될 수 있는 장점이 있다. 이색적이고 생생한 경험에 대한 아이디어가 있다면 사람들이 좋아할 콘텐츠로 빠르게 제작할 수 있다. 대중에게 사랑받는 연예인이나 인플루언서가 출연할 수도 있고, 주제도 다양하게 확장할 수 있다.

이미 넥스트 VR을 비롯해 여러 통신사 중심으로 국내외의 360도 동영상 제작 기업들이 미디어 기업과 협업해 마케팅, 게임, 라이브 공연, 스포츠 등의 콘텐츠를 제작하고 있다. 앞으로도 360도 동영상 분야에는 더 많은 새로운 콘텐츠가 시도될 것이고 더 친숙하게 다가와 일상생활에서 밀접하게 즐길 수 있을 것이다.

여기서 잠깐 **스티칭(Stitching)**

스티칭은 여러 영상을 이어붙이는 작업을 말한다. 특히 360도 동영상에서는 이 작업이 매우 중요하다. 360도 동영상을 만드는 작업 시간 중 대부분의 시간이 스티칭에 할애된다고 해도 과언이 아니다. 다양한 각도에서 촬영한 영상을 스티칭할 때 겹치는 부분을 제대로 제거하지 않으면 영상에 왜곡이 생겨 몰입감이 떨어진다. 최근에는 자동으로 스티칭을 해 주는 360도 VR 카메라가 공개되었는데, 왜곡이 완벽하게 제거되지는 않지만 전문가가 아니더라도 360도 동영상을 제작할 수 있게 되었다.

SECTION

03 홀로그램과 유사 홀로그램

1 홀로그램

영화 《마이너리티 리포트》에는 홀로그램Hologram을 활용한 장면이 많이 나온다. 톰 크루즈가 손을 움직이면 가상의 창이 앞에 나타나고 옆으로 밀쳐지거나 사라지며, 다시 새로운 창이 나타나기도 한다. 그러나 사실 이 장면은 엄밀히 말해 홀로그램의 정의와는 거리가 있다.

이 영화에서 홀로그램의 정의와 가장 유사한 장면은 홀로렌즈와 같은 HMD를 쓰지 않고 톰 크루즈가 죽은 아들을 그리워하며 실제와 같은 영상을 재생하는 장면이다. 영상을 재생하면 바로 프로젝터가 움직이고 프로젝터가 영상을 쏘면 아들이 나타나 움직인다. 이 영상이 톰 크루즈 눈의 망막에 맺힌다면 이것이 원래의 정의에 맞는 홀로그램이다.

그림 6-7 《마이너리티 리포트》의 한 장면 [07]

영화가 제작된 2002년은 가상현실이 이렇게 발전하리라고는 예측하지 못하던 때였기에 가상현실의 한 분야인 홀로그램을 완벽하게 활용한 이 영화는 그야말로 "상상이 현실이 된다."는 말을 실감 나게 한다.

2018년에는 영화《레디 플레이어 원》이 개봉해 본격적으로 가상현실의 모습을 보여 주었다. 가상현실 공간에서 새로운 세상이 구현되고 현실인지 아닌지 구분조차 할 수 없을 만큼 사실적인 홀로그램 기술이 등장한다.

영화 안에서 또 하나 관심 있게 볼 것은 최근 많은 이슈가 되고 있는 블록체인 기술이다. 블록체인 기술 활용 사례 중 가장 많이 언급된 것으로는 비트코인 또는 암호화폐Cryptocurrency가 있다. 영화에서는 가상현실 공간에서 이루어지는 모든 경제활동이 현실세계의 경제와 맞물려서 돌아가는 것으로 나온다. 가상현실에서 구매한 아이템이 주인공의 실제 트레일러로 배송되는 장면을 예로 들 수 있다. 최근 화두가 되고 있는 메타버스로도 연결될 수 있다.

그림 6-8 영화《레디 플레이어 원》의 한 장면 [08]

홀로그램은 오브젝트의 정보를 모두 저장한 후에 입체감을 느끼도록 제공하는 것으로, 홀로그램을 만드는 기술을 홀로그래피라고 한다. 홀로그램이라는 용어를 처음 사용한 사람은 1971년 노벨 물리학상을 받은 헝가리 출신의 영국 물리학자인 데니스 가보르Dennis Gabor이다. 그는 전자현미경의 해상도를 높이는 연구를 하던 중에 3차원으로 만들어진 입체적 시간 정보인 홀로그래피 원리를 발견했다. 당시에는 레이저와 같은 광원을 구현할 수 없었기 때문에 실제로 구현하지는 못했다.

2 유사 홀로그램

홀로그램 분야는 현재까지도 기술적 한계가 있다. 때문에 원래 정의에 맞는 홀로그램은 찾기 어렵고, 현재 홀로그램이라고 발표되는 것은 모두 유사 홀로그램이다.

지금은 고인이 된 마이클 잭슨과 김광석이 마치 살아있는 것처럼 공연한 것을 기억하는 사람이 있을 것이다. 해당 공연은 유사 홀로그램 방식으로 구현한 것으로, 프로젝터의 빛을 거울로 반사시켜 45도 각도의 투명한 스크린에 투과하도록 하는 원리로 만든 것이다. 단지 투명한 스크린에 비치는 것일 뿐, 영화관 스크린에 영상이 펼쳐지는 것과 같다.

투명 스크린

유사 홀로그램을 구현하기 위해서 필요한 것은 투명 스크린, 반사 스크린, 프로젝터이다. 여기서 가장 중요한 것은 투명 스크린, 즉 호일foil이다. 호일을 45도 각도로 세우면 무대 밑의 관객에게는 호일이 보이지 않고 영상이 떠있는 것처럼 보인다. 그러므로 호일의 품질이 홀로그램처럼 보이게 하는 데 가장 중요한 역할을 한다. 스크린이 보이지 않고 그 위의 영상만 보인다면 앞에서는 디스플레이 없이 영상이 재현되는 것처럼 보이기 때문에 공중에 떠 있는 것처럼 보이는 것이다.

그림 6-9 **투명 스크린에 비친 모습** [09]

반사 스크린과 프로젝터

두 번째로 필요한 것은 거울처럼 작용하는 반사 스크린이다. 반사 스크린은 바닥에 놓여 있어서 천장에서 쏘는 프로젝터의 영상을 손실 없이 호일에 반사하는 역할을 한다. 프로젝터에서 쏜 영상을 얼마나 온전하게 호일로 전달하느냐에 따라 반사 스크린의 품질이 결정된다. 마지막으로 천장에 붙여 놓고 반사 스크린에 영상을 쏠 프로젝터가 필요하다. 천장에서 쏜 영상을 바닥의 스크린에 쏜 후 호일에 반사해 나타내야 하므로 당연히 고화질의 프로젝터일수록 선명한 영상을 전달한다.

물론 관객에게는 영상이 허공에 뜬 것처럼 보여야 하므로 투명 스크린, 반사 스크린, 프로젝터 모두 보이지 않아야 한다. 구현 방식으로만 보면 50년 전에 고안된 '페퍼의 유령'과 유사하다. 최첨단 테크놀로지이지만 실제로 구현되는 방식을 보면 눈속임 효과가 커졌을 뿐이고 예전과 같은 방식이다.

여기서 잠깐 **페퍼의 유령**

19세기 극 연출가 존 헨리 페퍼John Henry Pepper는 착시 효과를 이용한 다양한 무대연출을 실험했는데, 그 중에는 거울에 영상을 반사시켜 마치 이미지가 허공에 뜬 것처럼 보이게 하는 것이 있었다. 그 시대에는 마치 마법을 부린 것처럼 보였을 것이다.

페퍼의 유령 효과는 영국 리버풀의 엔지니어 헨리 더크Herny Dircks가 1862년에 고안한 무대 장치를 이용한 것이다. 어두운 방에서 피사체에 밝은 조명을 비추면 물체의 영상이 45도로 기울어진 거울에 반사되고 다시 무대 위에 비스듬히 설치된 유리판에 투사되는 원리다. 관객의 눈에는 어두운 배경과 투명한 막에 비친 물체의 상이 겹쳐져 마치 유령이 실제 공간에 떠 있는 것처럼 보이고, 무대 뒤의 배우는 다른 배우들이 무대 위에서 공연하는 동안 관객의 눈에 마치 유령 같은 모습으로 나타난다.

이러한 유사 홀로그램을 현재는 플로팅 홀로그램이라고 한다. 페퍼의 유령 방식의 또 다른 장점은 입체 영상을 즐기기 위해 특수 안경과 같은 기기를 착용하는 거추장스러움이 없다는 것이다. 프로젝터 성능이 예전보다 훨씬 좋아졌기 때문에 플로팅 홀로그램 공연의 질적 수준도 그만큼 높아졌다. 일반적으로 플로팅 홀로그램 공연에 쓰이는 프로젝터의 밝기 성능은 2만 안시ANSI급이다.

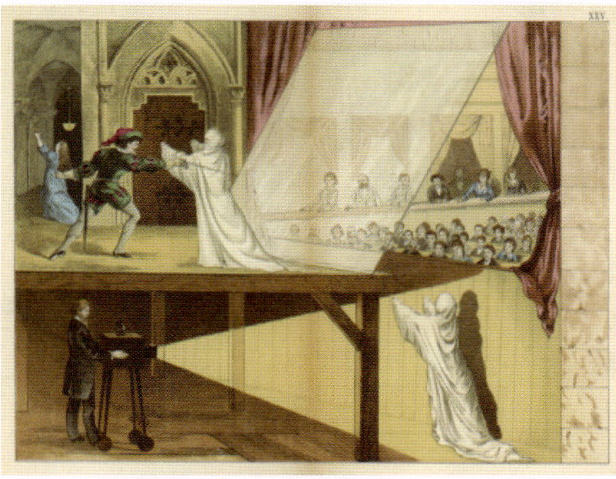

그림 6-10 페퍼의 유령 방식으로 공연된 유사 홀로그램 [10]

그런데 사실 실감 미디어가 지향하는 궁극적인 미디어는 HMD를 쓰지 않고 가상의 물체가 실제처럼 보이는 홀로그램이다. 홀로그램 구현 가능성에 대한 기대가 크지만 현재 기술의 한계로 인해 당분간은 유사 홀로그램으로 대체해야 할 것으로 보인다. 현재 연구자들이 개발하고 있는 홀로그램 방식은 물리적 디스플레이 없이 허공에 구현하는 방식이 일반적이다. 이것도 유사 홀로그램이지만 쉬운 기술은 아니다. 허공에 영상이 떠 보이게 하려면 먼저 레이저로 공기 분자를 이온화해 플라스마로 만들어야 한다. 플라스마가 빛을 내서 입체 영상을 보여 주어야 하는데, 이렇게 하려면 공기를 디스플레이로 만들어야 하고 실물처럼 그 위에 3D 입체 영상을 구현해야 한다. 그러나 플라스마 방식을 만드는 것도 쉬운 일이 아니고 영상을 구현하기 위해 레이저 빔을 초당 수십만 번 쏘는 것도 쉬운 일이 아니기에 이러한 유사 홀로그램도 상용화가 되기까지는 다소 시간이 걸릴 것이다.

그러면 오리지널 방식의 홀로그램 영상은 언제쯤 실현 가능할까? 최근 한국은 물론 미국, 일본 등 선진국의 연구소에서 여러 가지 성과가 나오고 있는데 반사판 없이 공기 중에 발화점을 생성시키는 레이저 기술은 이미 상당한 수준에 이르렀다. 특정한 조건이 이뤄져야 영상을 볼 수 있는 기존 홀로그램 기술의 까다로움이 점차 극복되고 있어 가까운 미래에 공중에 홀로그램 영상이 떠 있는 것을 볼 수 있을 것이다.

SECTION

04 홀로그램 활용 분야

기술적으로 완벽한 홀로그램을 만들 수 있게 된다고 해서 고객이 무조건 만족할 것이라고 할 수는 없다. 오히려 유사 홀로그램이라도 훌륭한 스토리텔링으로 감동을 줄 수 있다면 그것으로 충분하다. 혁신적인 기술로 탄생한 3D TV가 한때 굉장한 관심을 모았으나 사용자가 만족하지 못하는 요소로 인해 얼마 가지 않아 실패한 경험에서도 알 수 있듯이, 사용자는 테크놀로지만 보고 만족하지 않는다.

따라서 홀로그램을 적용한 콘텐츠를 제작할 때는 편리성을 비롯해 고객의 심리를 잘 파악해야 한다. 전형적인 홀로그램을 보여 주는 대표적인 작품으로는 2008년에 개봉한 《아이언맨》이 있다.

그림 6-11 《아이언맨》에서 홀로그램을 나타내는 장면 [11]

《아이언맨》의 주인공 토니 스타크는 로봇을 만들거나 물체를 분석할 때마다 공중에 3D 영상을 띄워놓고 유심히 들여다 본다. 영상은 토니 스타크의 손짓에 따라 움직이거나 커지기도 하고, 심지어 만져지기까지 한다. 언제 어디서든 원하는 크기로 펼쳐놓을 수 있는 홀로그램 영상이 있으니 모니터와 마우스는 필요 없다. 전형적인 홀로그램의 모습이라 할 수 있다.

허공에 떠 있는 3D 영상을 총칭하는 홀로그램은 이미 우리에게 친숙한 명칭이다. 특히 최근 5G 통신 시대가 열리면서 가상현실과 증강현실을 뛰어 넘는 차세대 미디어 콘텐츠로 홀로그램이 자주 언급되고 있다. 홀로그램을 구현하려면 일반적인 영상에 비해 수백 배 많은 데이터를 더 빠르게, 실시간으로 전달해야 하기 때문이다. 1㎤ 크기의 홀로그램을 만드는 데 1GB 넘는 데이터가 필요하다고 알려진 만큼, LTE에 비해 20배 빠르게 데이터를 처리하는 5G가 필수 조건이다.

그러나 5G가 상용화되더라도 토니 스타크가 되는 길은 요원하다. 원리는 잘 알려져 있지만, 실제로 구현하는 데는 기술적 제약이 많기 때문이다.

홀로그램을 한 마디로 정의하면 '재생 가능한 기록 영상'이다. 그리스어에서 전체를 뜻하는 '홀로스Holos'와 의미 · 정보를 뜻하는 '그라마Gramma'를 합한 말이다. '빛이 가진 모든 정보를 담는다.'는 의미로, 1949년 영국의 공학자 데니스 가보르가 처음으로 만든 개념이다. 당시는 레이저가 발명되기 전이었기 때문에 '곧게 뻗는 빛'이 필요했던 그의 이론은 제한적으로만 실현돼 아쉬움이 남았다.

1960년 레이저가 등장하자 홀로그래피가 다시 주목받기 시작했다. 미국 미시간 대학교의 에멧 레이스 교수는 빛이 퍼지지 않고 곧게 뻗는 레이저를 활용해 홀로그래피 실험을 했고, 3D 영상을 필름에 기록하는 데 성공했다. 이후 홀로그래피에 대한 연구가 다시 활발하게 진행됐고, 홀로그래피를 처음 발견한 데니스 가보르는 노벨 물리학상(1971년)을 수상했다. 1983년 마스터카드에서 신용카드에 홀로그램 스티커를 붙이면서 홀로그램은 산업적으로도 유명해지기 시작했다.

홀로그램이 상용화되면 정말 놀라운 세상이 될 것이다. 예를 들면 월드컵 예선 한일전을 TV가 아니라 허공에 띄운 영상으로 볼 수 있을 것이다. 불편한 HMD를 쓰지 않아도 되고, 경기장 크기도 원하는 만큼 조절할 수 있다. 거실에서는 경기장을 크게 만들어 가족과 함께 볼 수 있고 내 방에서는 그보다 작은 크기로 만들어 혼자 볼 수 있다. 손흥민 선수의 뒤쪽에 서서 공이 오는 것을 볼 수도 있고 공이 어떻게 골대에 들어갔는지도 자세히 볼 수 있다. 보는 각도에 따라 경기의 다양한 측면을 관찰할 수 있는 것이다. 아직은 영화에서나 가능한 모습이지만 홀로그래피 기술이 발전하면 현실로 구현되는 날이 올 것이다. 홀로그램을 적용한 다양한 실제 사례들을 살펴보자.

1 홀로그램을 활용한 공연

사이버 가수의 공연

2010년 일본에서는 사이버 가수인 '하츠네 미쿠'의 홀로그램 공연이 열려 전 세계적인 뉴스가 되었다. 하츠네 미쿠는 사람이 아니지만 사람처럼 활동하고 있다. 배우로도 활동하고 CF에도 출연

했다. 2016년에는 일본의 5개 도시와 미국, 캐나다, 멕시코, 대만, 중국 등 13개 도시에서 월드투어 공연을 했다. 홀로그램 디스플레이 기술을 총동원한 실제와 같은 공연으로 성공을 거두었다.

그림 6-12 사이버 가수 '하츠네 미쿠'의 홀로그램 공연 [12]

과거 스타의 공연

2009년에 사망한 마이클 잭슨이 5년 뒤인 2014년 빌보드 뮤직 어워드에서 화려하게 부활한 것도 홀로그램 덕분이다. 홀로그램 영상으로 등장한 마이클 잭슨은 16명의 댄서와 함께 강렬한 노래와 춤을 선보였다. 단 몇 분의 이 공연을 위해 제작팀은 5개월 동안 작업을 했다고 한다.

그림 6-13 마이클 잭슨의 홀로그램 공연 모습 [13]

동대문 디자인 플라자에 문을 연 3D 홀로그램 상설 상영관 '클라이브Klive'는 최초의 K-pop 홀로그램 전용관이다. 이곳 홀로그램 콘서트홀에서 펼쳐지는 공연에서는 싸이, 빅뱅, 투애니원과 같은 한류스타를 입체 영상으로 만날 수 있다. 270도 뷰의 미디어파사드 영상에 홀로그램 이미지를 투영했고, 공연 내부 벽면에 다이내믹 월을 설치해 공연 도중에 벽체가 개방되는 역동감을 느낄 수 있다. 팬들에게 커다란 감동과 즐거움을 선사했음은 물론, 관광객 및 해외 팬들이 관람할 수 있는 공연 콘텐츠로서의 가능성을 보여 주었다.

그림 6-14 K Live K-pop 홀로그램 동대문 콘서트장 [14]

2016년에는 1996년에 사망한 가수 김광석이 홀로그램으로 부활한 공연이 펼쳐져 여전히 그를 그리워하는 이들에게 큰 감동을 선사했다. 김광석 사망 후 그를 추모하기 위해 조성한 대구의 '김광석 거리'에 홀로그램이 가능한 추억의 소극장이 있다.

그림 6-15 20년 만에 부활한 가수 김광석의 홀로그램 공연 모습 [15]

사망한 사람의 경우 실제 촬영이 불가능하기 때문에 얼굴만 CG로 처리하고 몸은 일반적으로 대역을 쓴다. 김광석 홀로그램이 아직도 그를 사랑하는 많은 팬을 감동시킨 것처럼 앞으로 고인을 살아있는 것처럼 부활시키는 작업이 많이 이루어질 것으로 기대된다.

마돈나, 스눕 독, 닥터 드레 등 많은 뮤지션도 홀로그램을 이용한 공연을 했다. 아직은 모두 유사 홀로그램을 활용한 공연이지만 충분히 즐겁고 새로운 경험을 안겨 주었다. 또한 실제 공연과 홀로그램을 접목하면 공연을 보다 환상적으로 연출할 수 있는데, 사람이 무대에 서고 홀로그램이 함께 투영되는 형식이다.

사물놀이 공연

2010년 김덕수 사물놀이패는 〈죽은 나무 꽃 피우기〉라는 제목으로 홀로그램을 이용한 공연을 했다. 신명나는 사물놀이 리듬이 울려 퍼지는 동안 무대 위의 죽은 나무에 잎이 돋아나고 꽃이 피더니 바람에 꽃잎이 흩날리는 장면을 홀로그램으로 연출한 것이다. 여러 명의 김덕수가 다른 악기로 연주하는 초현실적인 장면도 펼쳐졌다.

그림 6-16 김덕수 사물놀이패의 〈죽은 나무 꽃 피우기〉 홀로그램 공연 [16]

이 공연에는 특별히 인터랙션 기능인 사운드 센싱 기술도 적용되었다. 관객이 박수를 치거나 함성을 지르면 해당 소리에 반응해 꽃이 피거나 바람이 불고 꽃잎이 관객을 향해 흩날리는 효과다. 홀로그래피는 여기서 더욱 빛을 발해 무안경 3D 효과를 보여 준다. 관객은 안경을 쓰지 않고도 입체감 있는 영상을 볼 수 있다. 이러한 효과를 위해 홀로그램 프로젝션은 인터렉티브 기능과 함께 반응하도록 설계되었다.

이처럼 현실과 영상을 결합해 환상적인 분위기를 연출하는 데 홀로그램을 이용할 수 있다. 유사 홀로그램이지만 날로 발전하는 기술력에 창의적인 아이디어와 기획력이 융합해 기존에 없었던 형식의 공연들이 등장하고 있다. 앞으로는 공연장까지 가지 않고도 HMD를 통해 홀로그램 콘서트를 실시간이나 녹화본으로 즐길 수 있을 것이다.

바로 앞에서 내가 너무 좋아하는 가수가 노래를 불러준다면 얼마나 황홀할까? 죽은 사람도 살려내는 신기한 미디어인 홀로그램은 앞으로 발전되는 기술과 함께 더욱 실제 같은 신기하고 즐거운 경험을 제공할 것이다.

2 홀로그램을 활용한 마케팅 및 광고

칼스버그 광고

덴마크의 맥주회사인 칼스버그Carlsberg는 영국 도버해협White Cliff에서 홀로그램을 이용한 프로젝션 매핑 광고를 선보였다. 바다 옆의 거대한 해안절벽이 무너져 내리고 산산조각이 나자 인부들과 헬리콥터가 등장해 복원 작업을 하고 맥주를 나눠 마시는 내용이다. 영화 음악처럼 특수 제작된 사운드 효과와 압도적인 규모로 칼스버그 맥주의 브랜드 콘셉트를 효과적으로 전달했다. 이 프로젝션 광고는 제작 이후 온라인을 통해 바이럴 마케팅Viral Marketing으로 이어져 흥미와 관심을 이끌어냈다.

그림 6-17 칼스버그 맥주의 홀로그램 마케팅 [17]

현대자동차 마케팅

현대자동차는 뉴 액센트를 홍보하기 위한 프로모션을 말레이시아 쿠알라룸푸르에서 3D 프로젝션으로 선보였다. 거대한 빌딩 외벽에 뉴 액센트가 거꾸로 매달려 있고 스턴트맨이 차량에 탑승하는 순간 3D 프로젝터를 가동해 외벽을 마치 무대의 한 장면처럼 꾸몄다.

화려한 영상과 음악이 어우러지며 역동적이고 미래 지향적인 뉴 액센트의 브랜드 콘셉트를 약 1,000여 명의 관중에게 선보였다. 현장에 있던 관객들은 이 장면을 찍어 SNS와 블로그 등을 통해 전 세계와 공유했다.

그림 6-18 홀로그램을 활용한 현대자동차의 마케팅 [18]

SECTION 05

홀로그램 산업의 발전 가능성

미국은 홀로그램을 차세대 기술로 지정해 공공 분야에 적용하고 있다. 특히, 국방부에서는 작전 지역에서 홀로그램 지도를 활용해 군사작전을 수행하고 있으며, 해저 탐사 및 감시에도 홀로그램 정보를 사용해 정확한 영상 정보를 획득하기 위한 연구에 투자하고 있다.

그림 6-19 홀로그램 지도

유럽은 ICT 혁신 프로그램인 〈Horizon 2020〉에 800억 유로를 투자해 홀로그램을 포함한 실감 미디어 분야의 연구개발을 선도적으로 추진하고 있다.

중국과학원은 〈창신創新 2050〉을 통해 국가문화산업연구센터 중심으로 문화재 복원에 홀로그램 기술을 적용하고, 자국의 홀로그램 화폐 기술을 기반으로 화폐 동맹구축을 위해 인쇄 기술 개발에 투자하고 있다.

그림 6-20 홀로그램 비트코인

우리나라도 4차 산업혁명과 5G 시대를 이끌 홀로그램 산업과 생태계 조성을 위해 다양한 노력을 하고 있다. 2019년 10월에는 국내 최초로 홀로그램 엑스포를 개최했다. 이 엑스포에서는 각종 홀로그램 체험 프로그램을 통해 시민의 관심을 모으고 홀로그램 5대 핵심 기술 및 융복합 기술의 활용 방향과 사업화 실증 추진 방향을 모색하는 전문가 포럼 및 토론회를 열었다.

그림 6-21 전라북도에서 열린 국내 최초 홀로그램 엑스포 [19]

2020년 8월에는 한국전자통신연구원(ETRI)이 개발한 홀로그램 기술이 국제정보디스플레이학회(SID)가 주최한 〈디스플레이 위크 2020〉에서 최고상을 수상했다. 우리나라가 수상한 것은 이번이 처음이다. 우리나라의 디스플레이 기술이 양산형 제품뿐 아니라 미래 기술 부문에서도 인정을 받았다고 할 수 있다.

ETRI가 선보인 기술은 세계에서 가장 작은 1마이크로미터μm 픽셀 피치 패널과 360도 테이블탑 홀로그램 시스템이다. 우리나라의 홀로그램 기술이 가장 완성도가 뛰어난 기술에 수여하는 최고상을 받으며 기술력을 인정받은 것이다. 이처럼 우리나라도 홀로그램 산업의 발전 가능성과 방향성을 제시하고 앞장서서 홀로그램 산업 육성 분위기를 국내외적으로 확산시키고 있다.

연습문제

01 인간이 사물을 볼 때 3차원으로 보이는 이유에 대해 설명하시오.

02 모노스코픽과 스테레오스코픽 360도 동영상의 차이점에 대해 설명하시오.

03 360도 동영상이 일반적인 가상현실과 다른 점은 무엇인지 설명하시오.

04 360도 동영상이 일반적인 가상현실보다 빠르게 상용화되고 있는 이유를 설명하시오.

05 360도 동영상을 적절히 활용할 수 있는 사례를 아는 대로 나열하시오.

06 360도 동영상 제작 과정 중 스티칭 작업에 대해 설명하시오.

07 홀로그램이라는 용어를 처음 사용한 사람에 대해 설명하시오.

08 현재 홀로그램은 물리적 디스플레이 없이 허공에 구현하는 방식이 일반적으로, 유사 홀로그램이라고 불린다. 유사 홀로그램에 필요한 것 세 가지를 쓰고 구현 원리를 간단히 설명하시오.

09 공연과 마케팅에 홀로그램을 활용한 사례를 각각 아는 대로 쓰고 설명하시오.

CHAPTER 07

실감 나는 가상현실 체험

SECTION
01 가상현실과 미디어

미디어의 사전적 의미를 보면, '어떤 사실이나 정보를 담아서 수용자들에게 보내는 역할을 하는 매개체로서, 신문, 잡지, 서적, 라디오, 텔레비전, 인터넷 등이 있다.'라고 되어 있다. 저명한 미디어 학자 마셜 맥루한은 "미디어는 메시지다(The medium is message)."라고 한 바 있다. 이상의 내용을 보면 미디어가 어떤 의미를 담고 있는지 알 수 있다. 인간은 미디어를 통해 세상을 인식하고, 모든 종류의 미디어는 인간과 세계를 연결해 주고 있는 것이다.

1 가상현실이 미디어인 이유

우리는 미디어를 통해 새로운 사실을 배우고 알게 된다. 책을 읽거나 뉴스를 보면서 "아, 그렇구나!"라고 깨우치고, 현실에서는 접할 수 없는 세계를 만나기도 한다. 미디어를 통해 지구 곳곳의 소식을 알 수도 있어 '지구촌'이라는 표현을 쓰기도 한다.

그림 7-1 가상현실로서의 미디어

가상현실 역시 새로운 세계를 만날 수 있게 하고 인간의 경험을 확장해 다양한 감각에 전달할 수 있게 한다. 그런 의미에서 가상현실은 최상의 미디어라고 할 수 있다.

우리는 대화할 때 일반적으로 언어를 사용하지만 말을 제외한 비언어 커뮤니케이션도 함께 사용한다. 비언어 커뮤니케이션은 인간의 오감을 활용한 모든 것을 의미하기도 한다. 예를 들면 웃음으로 즐거움을 표현하고 눈살을 찌푸리는 것으로 불만족스러움을 표시하기도 한다. 연인을 만나기 전에 향수를 뿌리는 것도 일종의 비언어 커뮤니케이션이라고 할 수 있다. 이처럼 우리는 의도했든 안했든 비언어 수단을 사용해 보다 정확한 의사를 전달하려고 한다.

상대방에게 정보가 더 잘 전달될수록 풍요로운 미디어라고 할 수 있다. 예를 들면 텍스트로만 적은 "사랑해"보다 하트를 그리며 "사랑해"라고 말하는 캐릭터 이모티콘이 더 풍요로운 미디어라고 할 수 있다. 또한, 미디어의 풍요성은 커뮤니케이션을 하는 환경이 감각에 제공하는 정보의 영향도 받는다. 카카오톡을 주고받는 경우와 전화 통화를 하는 경우, 그리고 화상 통화를 하는 경우의 차이를 예로 들 수 있다.

카카오톡 메시지는 내용 자체를 해석하면 된다. 전화로 통화할 때는 내용뿐 아니라 목소리에서도 중요한 메시지를 전달받는다. 화가 나 있을 때와 즐거울 때의 목소리가 다르고, 부탁할 때와 지시할 때의 목소리가 다를 것이다. 그리고 화상통화를 할 때는 말과 목소리뿐 아니라 표정이나 몸짓까지 메시지에 포함해 해석하게 된다.

이처럼 미디어의 풍요성은 감각적으로 느낄 수 있는 다양성을 기준으로 평가할 수 있다. 다양성은 제공되는 감각의 수를 의미하기도 한다. 보고, 듣고, 만지고, 냄새를 맡을 수 있는 감각의 차원이 많을수록 다양성이 크다. 따라서 미디어로서의 가상현실을 풍요롭고 실감나게 체험하게 하려면 2장에서 언급한 것처럼 오감을 잘 활용하는 것이 중요하다.

이때 감각기관에 정보를 전달하는 기기의 수를 기술적으로 최대한 늘리는 것보다는 실제 사용자가 현실감 있게 느끼도록 하는 것이 더 중요하다. 예를 들어 스마트폰에 저음 강조형 기능을 추가했다면 기술적으로는 다양성이 늘어난 것이다. 하지만 저음을 제대로 들을 수 없는 사용자가 있다면 그 사용자의 입장에서는 풍요성이 커졌다고 할 수 없다. 그러므로 기술적 풍요성을 갖출 때는 사용자가 얼마나 더 잘 인식할 것인가를 반드시 고려해야 한다.

2 몰입감과 미디어의 풍요성

일반적으로 미디어의 풍요성은 인간의 다양한 감각을 자극해 정보 전달력과 몰입감을 높이므로 가상현실의 몰입감을 높이는 데 중요한 역할을 한다.

감각적으로 몰입하는 것은 가상현실인지 혼합현실인지에 따라 다르다. 혼합현실 또는 증강현실은 실제 사용자가 있는 현실의 세계에서 가상의 대상에 몰입하는 것인 반면 가상현실은 현실세계를 벗어나 온전히 가상의 세계에 몰입하는 것이다. 여기서 중요한 것은 상호작용의 역할이다.

미디어와 상호작용을 하려면 입출력 기기가 반드시 필요하다. 마우스를 사용하거나 손으로 터치해 정보를 입력하면 미디어가 반응해 결과를 내놓는 것이 상호작용이다. 따라서 입출력 기기가 다양하고 풍부할수록 상호작용의 효과가 커지고 미디어의 풍요성도 커진다. 가상증강현실 분야에서 입출력 기기의 역할이 매우 중요한 이유다.

그림 7-2 몰입감을 좌우하는 VR 기기

보다 풍부한 상호작용을 가능하게 하는 VR 기기에 대해서는 3장에서 설명했다. 예를 들면 머리에 HMD를 착용하고 러닝머신 기기인 트레드밀 위를 걷거나 뛰면서 게임 캐릭터가 가진 총과 같은 도구를 직접 손으로 움직여 적을 쏘거나 하는 상호작용을 통해 보다 실제와 같은 체험을 하며 게임을 즐길 수 있다. VR 롤러코스터도 HMD 안의 가상의 세계와 함께 실제 의자가 움직이며 롤러코스터를 타는 것과 같은 체험을 선사한다.

이렇듯 가상현실은 시각뿐만 아니라 오감을 다양하게 자극해야 더 몰입감을 느낄 수 있다. 그러므로 시각적 완성도를 높이는 것과 동시에 인간의 여러 감각기관을 자극할 수 있는 연구를 해야 한다. 그러나 감각기관을 자극하는 요소가 아무리 많다 해도 사용자가 받아들일 수 있는 정보의 양에는 한계가 있으므로 실제 사용자가 어느 정도까지 받아들일 수 있는지 알아야 한다. 즉, 가상현실의 몰입감을 높이기 위해 미디어의 풍요성을 높이는 노력도 중요하지만 사용자가 기분 좋게 받아들일 수 있는 한계를 잘 측정하고 파악하는 것이 더 중요하다.

SECTION 02

가상현실 상호작용성

가상현실과 TV의 결정적인 차이는 TV는 수동적으로 보는 것이지만 가상현실은 사용자가 능동적으로 참여할 수 있다는 점이다. 그래서 가상현실이 TV보다 더 잘 몰입되고 실감 나는 것이다. 여기서 중요한 것이 주어진 특정 환경에서 사용자와 사용자 또는 사용자와 미디어 사이에 주고받는 상호작용성이다.

말 그대로 가상의 것을 만들어내는 가상현실에서는 대상물이 얼마나 현실적으로 보이느냐가 가장 중요하다. 또, 전혀 경험해 보지 못한 환경을 구현할 때는 심리적인 부담감 없이 받아들일 수 있도록 해야 사용자가 긍정적인 경험을 할 수 있다.

1 가상현실 상호작용성의 요소

가상현실에서 현실감 있는 체험이 이루어지지 않으면 사용자는 가상의 경험에 대해 제대로 이해하지 못할 뿐 아니라 거부감을 느끼거나 부정적인 반응을 보일 수 있다. 예를 들어 깊은 물에 빠지는 가상현실 콘텐츠를 제작한다고 할 때, 물속에서 인간이 견딜 수 있는 허용범위를 넘어선 30분 이상 머물게 하면 실감도가 떨어져 심리적으로 매우 부담을 느낄 것이다.

또한, 상호작용성은 가상현실의 경험을 실제처럼 느끼게 하는 중요한 요소이지만 최적의 경험을 제공하려면 그 정도가 지나치거나 부족하면 안 된다. 지나치면 너무 많은 행동을 요구해 불편하다는 느낌을 주게 되고, 부족하면 실제로 체험하는 것 같은 만족감을 주지 못한다. 가상환경을 제대로 체험하기 위한 상호작용성의 요소에 대해 살펴보자. [01]

■ 반응 속도

가상현실에서의 상호작용성에 가장 중요한 영향을 미치는 것은 반응 속도다. 이것은 사용자의 조작에 가상현실이 얼마나 빠르게 반응하는가를 의미한다. HMD를 착용하고 가상현실 콘텐츠를 체험하는 동안 멀미가 나서 힘든 경우가 있다. 이러한 사이버 멀미가 발생하는 이유는 반응 속도가 늦어서이다. 사용자의 움직임과 화면에서 보이는 영상 간에 발생하는 시간차로 인한 반응 속도의 지연 문제는 현재 HMD의 한계로, 사이버 멀미를 줄이기 위한 연구가 진행 중이다.

예를 들어, 360도 방향에서 나타나는 적들을 총으로 쏘는 가상현실이라면 머리를 상하좌우로 움직이며 적을 찾아야 하는데 영상이 조금씩 늦게 따라온다면 짜증이 나고 재미도 없을 것이다. 머리의 미세한 움직임을 즉각 감지해 사용자의 두뇌가 알아차리지 못할 정도의 짧은 시간 안에 HMD 화면의 결과물도 움직여야 한다. 인간의 두뇌가 알아차리지 못할 정도의 시간은 1000분의 20초 이하로 알려져 있다. 즉, 사용자가 머리를 움직인 후 0.02초 이하 속도로 영상이 따라오지 못하면 피로와 사이버 멀미를 일으키는 것이다.

■ 자유도

두 번째 요소는 사용자가 자신의 의도대로 얼마나 통제할 수 있는지를 의미하는 자유도다. 자유도는 센서의 양과 관계가 있다. 센서는 본래 정보를 받아들이는 도구로, 모든 신호를 디지털로 변환해 컴퓨터가 활용할 수 있는 정보로 바꾸어 준다. 따라서 센서가 많으면 그만큼 다양한 정보를 통제할 수 있다. 하지만 센서가 많다고 해서 무조건 좋은 것은 아니다. 앞에서도 언급했지만 기능적인 요소보다는 사용자가 어떻게 느끼느냐가 더 중요하다.

■ 자연스러움

자연스러움은 사용자의 의도대로 자연스럽게 조작되는 정도를 말한다. 예를 들어, 운전대 모양의 휠이 조작하기 좋을 것이라고 생각할 수 있지만 실제로는 회전 각도에 한계가 있고 급커브하기가 어려워 휠 방식 조작기보다는 버튼 방식과 자이로스코프 센서 방식이 훨씬 쉽다.

또한, 휠은 자이로스코프나 버튼에 비해 조작할 수 있는 범위가 상대적으로 좁아 어려운 면이 있으며, 기대하는 반응 속도와 자동차 회전 각도가 일치하지 않는 불편함도 있다. 자연스럽게 회전하고 움직여지지 않는 것이다. 반면 자이로스코프는 스마트폰 자체를 움직이면서 자유롭게 조작할 수 있고, 버튼은 스마트폰 화면 좌우 어디든 터치하면서 자연스럽게 조작할 수 있다.

정리하자면, 가상환경 안에서 얼마나 빠르게 사용자가 원하는 방식으로 자연스럽게 통제할 수 있는가에 따라 가상 환경의 상호작용성이 높아지므로 몰입감도 증가할 것이다.

(a) 자이로 기본 제공

(b) 휠 기본 제공

(c) 버튼 개인 설정

그림 7-3 '아스팔트8: 에어본' 플레이 장면 [02]

2 가상현실 상호작용성과 자기 효능감

가상현실 환경에서 상호작용성을 높일 수 있는 요인으로 자기효능감을 들 수 있다. 자기효능감이란 자신이 원하는 행동을 할 수 있다는 믿음과 기대감을 말한다. 사용자가 행동을 통제할 수 있는 상황이라면 스스로 잘할 수 있을 것이라는 기대감이 커진다.

본인의 의지로 할 수 있는 것이 많다고 생각하면 더 적극적으로 행동하고 상호작용도 더 활발해지므로 사용자가 선택할 수 있는 옵션을 적절한 수준으로 제공해야 한다. 가상현실 환경에서 실감나는 체험을 하게 하려면 사용자가 통제할 수 있는 미디어 수와 상호작용성 수준을 어느 정도로 설계해야 할지 파악하는 것이 중요하다.

가상현실이 영상만 보여 주는 것이라면 시각적 경험만으로 충분하지만, 손과 몸을 움직일 수 있는 환경이라면 사용자는 상황을 통제할 수 있다는 자신감을 갖게 된다. 이처럼 자기 효능감이 높아지면 상호작용성이 커지고 만족도도 높아진다.

자기 효능감의 측면에서 보면 가상현실 콘텐츠가 가장 확산될 것으로 예상되는 분야 중 하나가 성인용 콘텐츠 영역이다. 개인 미디어로 즐기기에 좋은 영역이기 때문이다. 가상현실 성인용 영상물을 제작하는 업체는 성인용품 제조업자와 손을 잡고 영상과 성인용품이 동시에 작동하도록 프로그래밍된 제품을 판매하고 있다. 이로써 가상현실 성인용 콘텐츠 사용자는 시청자의 범주를 넘어 영상의 주인공이 된 것처럼 경험할 수 있게 되었다.

지금까지 설명한 것처럼 사용자의 만족도를 좌우하는 세 가지 요소는 반응 속도, 자유도, 자연스러움이다. 사용자는 콘텐츠가 얼마나 만족스러웠냐에 따라 계속 즐길 것인지 중단할 것인지 결정할 것이다. 이미 미국과 일본에서는 가상현실과 연계한 성인용 영상과 관련 용품을 세트로 판매하고 있다.

성인용품뿐 아니라 게임 영역에서도 상호작용성을 높인 VR 기기의 보급으로 VR 아케이드 게임장이 확산되고 있다. 박물관, 전시장뿐만 아니라 광고나 마케팅 등 다양한 분야에 확산되어 관련 시장이 점점 커지고 있다. 가상현실 콘텐츠를 지원하는 프로그래밍인 액세서리 세트도 많이 출시되고 있다. 이러한 제품의 경우 얼마나 완성도 있게 상호작용을 가능하게 하는지가 중요하다.

3 VR 기기 액세서리

VR 기기 시장만큼 주목해야 할 시장이 또 있다. 바로 VR 기기 액세서리 시장이다. 액세서리 시장은 소규모의 기생산업일 것이라고 생각하기 쉽지만, 스마트폰 액세서리의 경우 한국 시장 규모만 2조 원에 육박한다.

최근에는 스마트폰 성능이 상향평준화되면서 차별화가 힘들어지자 LG전자, 삼성전자 등의 대기업도 액세서리 시장에 뛰어들고 있다. 가상현실 시장도 VR 기기 액세서리로 승부하려는 전 세계 스타트업의 물밑경쟁이 치열하다. 판매중인 제품부터 개발 중인 제품까지, 기발하면서도 다양한 VR 기기 액세서리가 있다. 그중 몇 가지만 살펴보자.

VR 커버

가상현실은 환상적인 경험을 제공하지만 땀과 기름에 젖어 축축하고 냄새가 풍기는 VR 기기가 얼굴에 닿는 것은 썩 기분 좋은 경험이 아니다. 대부분의 VR 기기가 분리 세척이 불가능하다는 점이 문제다.

VR 기기 액세서리 시장에 얼마나 큰 잠재력이 있는지는 알 수 없지만, 얼굴에 닿는 부분에 씌우는 탈착 가능한 덮개나 마스크야말로 확실한 수요가 있는 제품군이다.

VR 커버는 발 빠르게 상용화된 제품 중 하나다. 100% 면으로 제작된 이 덮개는 벨크로(찍찍이) 타입이어서 베갯잇처럼 쉽게 분리해 세탁할 수 있다. 제품 하나당 세 개가 들어 있어서 교체해서 사용하기도 편하다. 최근에는 면이 아닌 가죽으로 만들어 물티슈만으로 오염을 제거할 수 있는 방수제품도 나왔다.

그림 7-4 VR 커버 제품 [03]

가정용이 아닌 상업용으로 운영되는 VR 기기라면 일회용 마스크를 고려해 볼 만하다. VR 게임방이 대중화되면 노래방 마이크 커버처럼 일회용 마스크가 필수품이 될 가능성이 높다. 일본의 쇼핑몰 모구라 VR 스토어에서 판매중인 '닌자마스크'는 흰색의 위생 천으로 제작됐다. '오큘러스 리프트', 'HTC 바이브', 삼성의 '기어 VR'에 모두 사용할 수 있다.

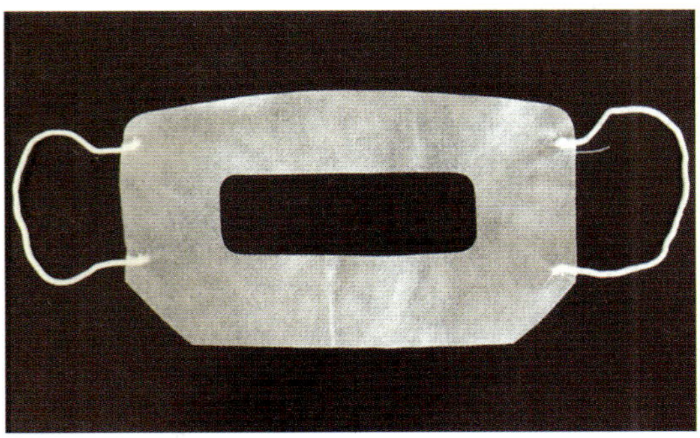

그림 7-5 일회용 VR 커버 '닌자 마스크' [04]

VR 가디언 시스템

HMD를 쓰면 바깥이 보이지 않기 때문에 사고가 빈번하게 발생한다. VR 게임을 즐기면서 자기도 모르게 팔을 휘둘러 물건을 깨뜨리기도 하고 사람이나 애완동물을 다치게 할 수도 있다. VR 테니스 게임을 하다가 천장에 손이 부딪쳐 크게 다친 사례도 있다.

니코에서 개발한 'VR 가디언 시스템'은 네 개의 블루투스 센서를 활용해 보이지 않는 울타리를 만들어 주는 장치다. 가로 세로 최대 20피트의 공간 안에서는 마음껏 움직이고 팔을 휘둘러도 안심할 수 있다. 울타리에 가까이 가면 양손에 찬 팔찌가 진동해 위험을 알린다. 팔찌와 센서는 하나의 케이블로 동시에 충전할 수 있고, 배터리 수명은 팔찌가 11시간, 센서가 25시간이다.

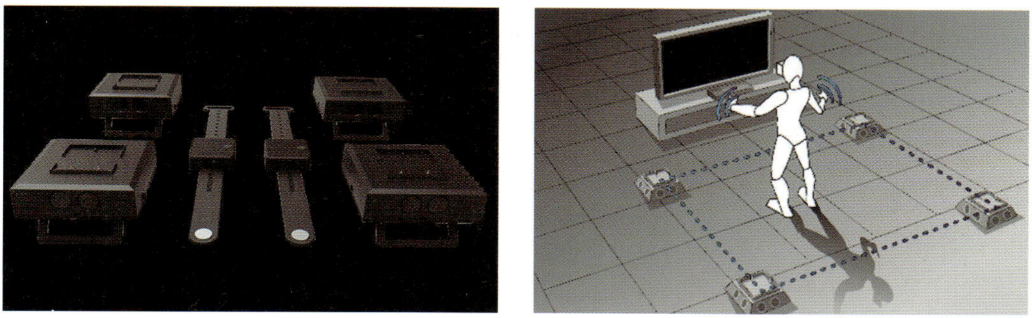

그림 7-6 니코의 'VR 가디언 시스템' [05]

VR 헬멧

필리얼feelreal에서 개발한 '필리얼 VR 마스크'는 냄새, 바람, 물안개, 열, 진동 등의 효과를 제공함으로써 완벽한 가상현실을 추구하는 제품이다. 다양한 효과로 오감을 자극하는 4D 영화와 비슷하다. 바이크 헬멧처럼 생겼으며, 충전 배터리를 사용하는 무선 방식이다.

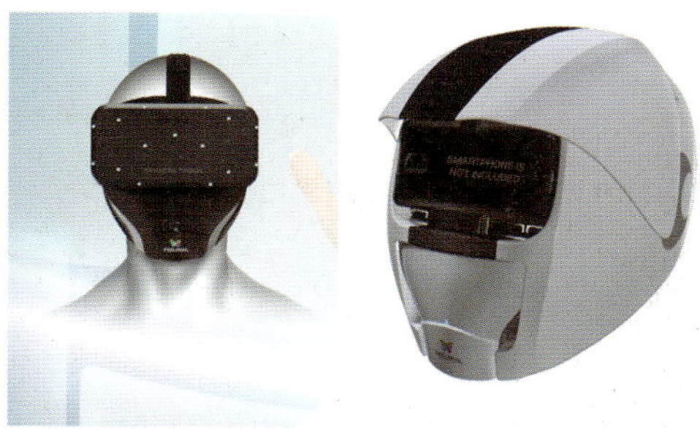

그림 7-7 VR 헬멧 [06]

이 제품의 특징적인 감각은 후각이다. 냄새 카트리지를 꽂아서 사용하는데, 기본 패키지는 정글, 고무 타는 냄새, 꽃향기, 바다, 불, 화약, 최음제 냄새이고, 여기에 고기, 비, 자동차 시트 냄새 등 수십 가지 냄새를 추가할 수 있다.

SECTION 03

프레즌스

사람들은 오래전부터 영화의 시각적 효과를 높이고 싶어 했다. 그리고 그 욕구를 채워준 기법 중 하나가 IMAX Image MAXimum다. IMAX는 사람의 눈이 인식할 수 있는 범위를 모두 영상으로 채우는 초대형 영화 상영 기법을 말한다.

IMAX의 장점은 큰 스크린이다. 시야각을 넘어설 정도로 스크린이 커 최대로 몰입할 수 있는 환경을 제공한다. 일반 극장에서 사용하는 필름은 35밀리미터이지만 IMAX는 70밀리미터의 필름을 사용하고 화질도 더 좋다. 음향 시스템도 더 웅장해 일반 영화와는 감동의 스케일이 다르다. 3D 영상이라면 깊이감까지 느낄 수 있어 실제 환경을 보는 것 같은 경험을 할 수 있다. 일반 영화보다는《그래비티》와 같은 블록버스터 영화가 IMAX 3D로 많이 상영된다.

2015년에 개봉한《하늘을 걷는 남자》는 미국의 세계무역센터 두 빌딩 옥상 사이를 건넌 아티스트 필립에 관한 실제 이야기를 바탕으로 만든 영화다.

그림 7-8 세계무역센터 빌딩을 건너는 필립의 모습 [07]

412미터나 떨어져 있는 두 빌딩의 옥상 사이에 밧줄을 설치하고 건너는 아찔한 느낌을 관객에게 온전히 전달하기 위해 IMAX 3D로 상영했는데, 용산 CGV에서는 가장 긴장감이 넘치는 부분을 가상현실로 제공하는 이벤트도 준비했다. 관객들은 가상현실에서 마치 본인이 외줄을 타고 건너는 것처럼 아찔한 느낌을 받을 수 있었다.

그림 7-9 영화 《하늘을 걷는 남자》의 외줄타기 가상현실 체험 [08]

그림 7-10 영화 《하늘을 걷는 남자》의 장면 [09]

이처럼 가상현실은 다양한 미디어를 통해 인간의 오감을 자극함으로써 상호작용성을 높여 실제와 같은 경험을 제공한다.

기술이 발전하면서 우리는 많은 것을 간접적으로 경험할 수 있게 되었다. 현장에 가서 직접 보고 듣는 것이 여의치 않다면 그림, 책, TV, 컴퓨터 등을 통해 정보를 얻고 학습하며 즐거움을 누리는 것이 일반적이다. TV로 프로야구 경기를 보거나 유튜브로 콘서트를 보는 것 등이 모두 간접적인 경험이다. 이렇게 기술을 활용한 간접경험이 확대되면서 기술의 품질을 평가할 수 있는 기준이 필요해졌다.

가상현실에서는 몰입이 매우 중요한데, 사용자가 몰입하는 경험을 측정할 때 많이 활용되는 기준은 프레즌스 이론이다.

1 프레즌스의 정의

MIT 교수인 마빈 리 민스키Marvin Lee Minskey는 프레즌스를 '원격 기술을 이용한 피드백 시스템을 통해 다른 장소에서 일어나고 있는 일을 보고 느낄 수 있게 하는 원격 조작'으로 정의했다. 예를 들면 실제 전투기의 조종석과 똑같이 꾸며진 기지의 조종석에서 지구 반대편의 중동이나 아프리카에 있는 드론을 조종할 수 있다. 민스키 교수는 이러한 경험을 프레즌스라고 정의했다. [10]

프레즌스는 '거기에 있다(being there).'라는 말로 정의되기도 한다. 게임에 몰입하면 게임 캐릭터가 자기처럼 여겨지기도 하고, 소설을 읽다가 자신이 주인공이 된 것처럼 감정이 요동치기도 한다. 또 한일전 축구경기를 보다가 너무 몰입한 나머지 선수들에게 작전을 지시하고 싶을 때도 있을 것이다. 이런 것들이 바로 '거기에 있다.'는 느낌을 주는 프레즌스다. [11]

프레즌스의 정의 중 가장 많이 언급되는 것은 프레즌스 연구자들의 모임에서 내린 정의다. 이 모임에서는 프레즌스를 '테크놀로지를 이용해 어떤 경험을 하고 있음에도 자신이 테크놀로지를 사용하고 있다는 것을 잊는 상태'라고 정의했다. 예를 들어 좀비 게임을 하면서 어느 순간 실제로 좀비가 나타난 것처럼 생각할 정도로 몰입해서 게임을 하는 중이라는 것조차 잊고 있는 상태가 프레즌스다. [12]

프레즌스는 테크놀로지를 사용하는 과정에서 발생하며, 다양한 환경에서 일어날 수 있으므로 테크놀로지를 통해 사용자에게 콘텐츠를 전달할 때는 프레즌스 경험을 높이기 위한 여러 방안을 고려해야 한다.

2 프레즌스 경험을 좌우하는 요인

우리는 3차원의 세계에 살고 있으므로 현실의 3차원은 지극히 자연스럽다. 그런데 왜 3D 영상을 보면 어지러울 때가 있을까? 그 이유는 진짜 3차원이 아니라 2차원인 스크린에 깊이감을 더해서 구현한 영상이기 때문이다. 우리의 눈과 뇌가 인공적으로 만든 3차원에 적응하지 못해서 어지러움을 느끼는 것이다.

그러나 안경을 써야 하는 불편함이나 어지러움과 같은 심리적·생리학적 반응에도 불구하고 3D 영상 산업이 성공할 것이라고 기대한 사람이 많았다. 3D 영상이 나온 초창기에는 깊이감이라는 영상의 특징이 매우 매력적인 요소였기 때문이다.

그런데 3D 영상을 프레즌스 관점에서 분석하면 한계가 많은 미디어임을 알 수 있다. 인간을 위한 미디어가 아니라 미디어에 인간을 맞추어야 하는 부분이 많다. 안경을 쓴 사람은 두 개를 겹쳐서 써야 하고, 3D TV를 제대로 보려면 누워서도 안 되고 정중앙에 앉아야 하며 그 위치를 벗어나면 눈이 피로해진다. 또한 3D 효과를 내려고 영상에 지나치게 깊이감을 준 경우에는 시청할 때 어지럽다. 사람들은 대개 쉬면서 눕다시피 편안한 자세로 TV를 시청하는 경우가 많으므로 3D 영상을 보기 위해 안경을 쓰고 정자세로 앉아 있어야 한다는 것은 보통 불편한 일이 아니다.

또한, 프레즌스는 사용자가 가장 몰입하는 상황을 의미하므로 사용자를 둘러싼 환경의 영향도 많이 받는다. 예를 들어 게임을 하는 도중에 네트워크가 끊기거나 마우스가 움직이지 않으면 몰입할 수가 없다. 영화관에서 옆 사람이 소곤거리거나 팝콘을 먹는 소리를 내거나 스마트폰을 보느라 빛을 비치면 몰입에 방해가 되는데, 이는 프레즌스가 환경의 영향을 받는다는 것을 알 수 있는 예다.

제대로 된 프레즌스를 경험하기 위해 중요한 요소는 인간, 시스템, 환경이다. 다시 말해서 사용자의 속성, 가상현실 콘텐츠와 관련된 기기를 의미하는 미디어의 속성, 그리고 사용자와 미디어를 둘러싼 환경이 중요하다.

그렇다면 프레즌스 경험을 높이려면 어떤 요소들이 충족되어야 하는지 알아보자.

■ 심리 상태

프레즌스를 극대화하기 위해 무엇보다 중요한 것은 사용자의 심리 상태다. 정말 보고 싶은 스포츠 경기를 TV가 없어 스마트폰으로 볼 때, 화면이 작다고 프레즌스를 느끼지 못하는 것은 아니다. 스크린의 크기도 중요하지만 얼마나 그 콘텐츠를 보고 싶어 하는지가 더 중요하다. 즉, 사용자의 심리 상태가 프레즌스 정도를 결정하는 가장 중요한 요소이다.

■ 청각

청각은 가상현실에서의 프레즌스 경험을 위해 시각 못지않게 중요한 요소다. 즉, 음향 효과가 프레즌스에 큰 영향을 끼친다.

캐릭터가 '사각사각' 소리를 내며 숲속을 걷는다거나 총을 쏠 때 실감나는 총소리가 들린다면 보다 현실감을 느낄 수 있다. 이때 움직일 때마다 위치에 따라 소리의 방향과 거리감이 달라질 정도로 음향 효과가 세밀하다면 더욱 실제 환경처럼 느껴져 프레즌스 경험이 높아질 것이다.

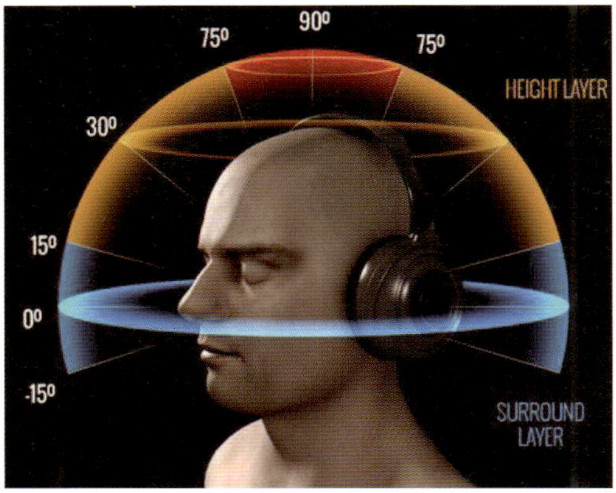

그림 7-11 가상현실용 오디오 그림 [13]

■ 감각적 몰입감

프레즌스를 극대화하려면 시각과 청각을 비롯해 인간의 모든 감각을 몰입하게 하는 기술이 적용되어야 한다. 사용자는 가상현실에서 수동적인 경험만 하는 것이 아니라 자신의 의도대로 움직이면서 360도 환경에서 나타나는 것들을 보고 체험한다. 따라서 콘텐츠를 제작할 때 360도 환경을 모두 실제와 같은 경험이 가능하도록 구성해야 한다. 또한, 색감이나 깊이감을 어떻게 설정하느냐에 따라 같은 환경에서도 전혀 다른 경험을 할 수 있기 때문에 보다 정교하게 설계해야 한다.

프레즌스를 극대화하면 사용자는 HMD를 착용한 사실조차 잊고 가상세계에 있다고 느끼게 된다. HMD를 착용하고 손에 총 모양 액세서리를 들고 트레드밀 위에서 이리저리 뛰어 다니며 적을 물리치는 게임 콘텐츠를 즐길 때 어느 순간 마치 자신이 실제로 용감한 군인이 되어 적진에 들어가 승리를 위해 싸우는 것처럼 느끼는 것이다.

가상현실로 롤러코스터를 체험하는 모습을 보면 실제 롤러코스터가 아니라는 것을 알면서도 어느 순간 실제로 타고 있는 것처럼 소리를 지르거나 손잡이를 꽉 잡고 무서워하는 것을 볼 수 있다. 이것이 가상현실 콘텐츠에 감각적으로 몰입하는 프레즌스 경험이다.

프레즌스 경험이 높을수록 가상현실 속에 있는 물체가 실제로 앞에 있는 것 같은 느낌을 갖게 된다. 멀리 있는 사람이 곁에 있는 것 같은 경험도 가능하다. 혼합현실의 경우에는 가상의 대상물이 실제로 있는 것처럼 여겨질 것이다. 완전 몰입형 HMD를 사용할 경우는 외부 환경과 차단되어 있어 특히 프레즌스를 경험하기 쉽다.

콘텐츠, 기기, 환경 등을 전반적으로 고려해 프레즌스를 극대화해야 현실을 잊을 만큼 실제 같은 체험이 가능하다. 따라서 가상현실 콘텐츠 성공의 핵심은 프레즌스 경험을 증가시키는 것이라고 할 수 있다.

3 가상현실 캐릭터의 프레즌스

이번에는 가상 환경의 주인공인 캐릭터의 프레즌스에 대해 살펴보자. 먼저 인지 신경 과학에서 다루는 개념인 신체 소유감부터 알아볼 것이다. 신체 소유감은 자신에게 속한 신체 부위를 인식하는 것으로, 가상현실 환경 안에서 내가 주인공인 캐릭터의 프레즌스와 매우 큰 관련이 있다.

신체 소유감

정신과 의사이면서 심리학자인 매슈 보트비닉Matthew Botinick과 조너선 코헨Jonathan Cohen은 '고무손 착각'이라는 연구를 한 바 있다. 실험 참여자의 한 손을 보이지 않게 가린 후 손이 있을 법한 위치에 고무손을 놓고 부드러운 붓으로 고무손과 실험 참여자의 손에 똑같이 자극을 주었다. 그 결과 실험 참여자들은 고무손이 마치 자기 손처럼 느껴졌다는 평가를 했다. [14]

보이는 손과 느끼는 손, 그리고 우리가 알고 있는 신체 구조에서 손이 있어야 하는 위치 등의 정보가 섞여서 가짜 손이 자기 손처럼 느껴지는 착각을 한 것이다. 다시 말해, 발은 몸의 가장 아래에 있고 손은 팔의 끝 부분에 있으며 입은 얼굴 아래쪽에 있고 귀는 머리 양 옆에 있다는 것을 알지만, 자기 몸이 단지 '거기에 있다.'는 인식만으로 자기 것으로 느끼지는 않는다는 것이다.

손을 움직이려는 생각을 하고 실제로 그 손이 움직이는 것을 보고 무엇인가를 만지면 손에 감각이 전달된다. 그리고 이러한 모든 정보가 종합적으로 전달되어 손이 있음을 확인하는 것이다. 그러므로 단지 보는 것만으로는 자기 손이 진짜 자기 손이라는 것을 알지 못하고, 움직이려는 생각과 함께 시각, 촉각 등이 복합적으로 반응해 몸을 인식한다. 어떤 환경에 놓이느냐에 따라 얼마든지 착각이 일어날 수 있다는 의미다.

가상현실 캐릭터

감각기관은 몸이 움직이면서 전달받은 많은 정보를 계속 추가하거나 삭제하며 환경에 적응하도록 상호작용한다. 이때 감각기관은 우리가 착각하지 않도록 계속해서 정보를 동기화하는데, '고무손 착각' 실험과 같이 인위적으로 정보를 조작하면 순간적으로 신체에 대한 인식이 왜곡될 수 있다.

자기 손을 움직이고 몸을 움직이는 행위의 주체는 당연히 '자신'이다. 그러나 HMD를 쓴 상황, 즉 가상의 환경에서 나타나는 자신의 캐릭터는 자연스럽지 않다. 먼저 자신의 몸을 볼 수 없다. 특히, 아래를 보았을 때 마땅히 보여야 하는 발이 보이지 않으면 당황스럽다.

당연하게도 현실에서 움직일 때마다 가상현실의 몸도 같이 자연스럽게 움직여야 프레즌스를 더 크게 경험한다. 그래서 상호작용성이 몰입에 중요한 것이다.

프레즌스 경험을 높이려면 가상현실 속의 캐릭터가 자신과 같은 모습이어야 한다고 생각하기 쉽지만, 흥미롭게도 사용자의 속성과 가상현실에서의 캐릭터가 반드시 일치할 필요는 없다. 예컨대 사용자가 남자라고 해서 캐릭터가 남자여야 몰입감이 높아지는 것이 아니다.

또한, 가상현실의 캐릭터가 정교할수록 사실감이 높아질 거라는 생각과는 달리 연구 결과 비록 조잡하더라도 완전한 가상의 몸이 나타날 때 더 높은 프레즌스를 경험하는 것으로 나타났다. 즉, 잘 만들어진 불완전한 몸보다는 세련되지 못하더라도 몸의 형태를 온전히 갖춘 모습이 더 몰입에 도움이 된다.

그림 7-12 가상현실 캐릭터

아프리카 드럼을 연주하는 가상현실에 어떤 캐릭터로 참여해야 몰입이 더 잘 되는지에 대한 연구가 있다. 참여자는 모두 백인이었고, 가상현실의 캐릭터가 백인일 때와 아프리카 드럼 연주에 어울리는 캐릭터일 때를 비교한 연구다. 구체적으로는 정장 차림의 백인 캐릭터 그룹과 캐주얼한 옷차림의 흑인 캐릭터 그룹으로 나누어 비교했다. 그 결과 캐주얼한 옷차림의 흑인 캐릭터로 드럼을 연주할 때 더 몰입해서 흥겹게 몸을 움직이며 드럼을 치는 것으로 나타났다. [15]

또한, 신체 소유감에 대해 더 착각할수록, 다시 말해 자신이 백인인데도 흑인 연주자 캐릭터의 몸을 자기 몸처럼 느낀 정도가 컸다고 답한 사람일수록 더욱 자유롭게 연주하고 몸도 더 흥겹게 움직였다는 흥미로운 결과도 나왔다.

이 연구 결과를 보면 사회적으로 학습하고 경험한 것이 몰입감에 큰 영향을 끼친다는 것을 알 수 있다. 참여자들은 흑인 드럼 연주자가 연주하는 모습을 본 경험이나 흑인 드럼 연주자에 대한 생각을 캐릭터에 투영했을 것이다.

그러므로 가상현실의 프레즌스는 실제와 똑같은 모습으로 세밀한 묘사를 해야만 높아지는 것이 아니다. 시각적 정보 이외에 다양한 감각 정보를 전달하고 자기 몸과 팔다리의 위치를 쉽게 인식할 수 있는 단서가 있다면 프레즌스 경험은 높아질 것이다.

가상현실에서의 캐릭터를 이용해 프레즌스를 높이는 방법을 정리하면, 첫째, 완전한 가상의 몸을 제공하는 것, 둘째, 가상의 몸이 자연스럽게 움직이도록 하는 것, 셋째, 자기 몸의 위치를 확인할 수 있는 단서를 제공하는 것, 넷째, 콘텐츠에 적합한 인물의 캐릭터를 제공하는 것이라고 할 수 있다.

진짜 현실을 잊고 가상현실에 몰입하려면 자기 캐릭터가 '나' 같으면서도 '나' 같지 않아야 한다. 즉, 자기 모습이 있는 그대로 투영되는 것보다 그 콘텐츠에 가장 적합한 캐릭터를 선택하고 신체 소유감의 정도를 극대화시키면 프레즌스 경험을 최대로 높일 수 있다. 가상현실의 캐릭터가 자신이 원하는 이상적인 모습이라면 가상현실 환경에서의 태도와 행동도 변화할 것이다. 따라서 캐릭터 커스터마이징을 개발력의 척도로 사용한다.

TIP **커스터마이징** 소비자 요구에 맞춰 제품 또는 기능을 제작하거나 변경하는 일종의 맞춤 제작 서비스를 의미한다. 소비자에게 최적화된 제품이나 서비스를 제공하는 것이 가장 큰 장점이다.

국내 기업인 위메이드에서 개발한 '미르4'의 커스터마이징은 깔끔하면서도 수려한 그래픽을 선보인다. [그림 7-13]과 같이 이용자는 캐릭터의 헤어스타일이나 피부색은 물론, 이마·광대뼈·볼·턱·눈·코·입 등 얼굴 부위를 각각 세밀하게 조정할 수 있다.

'미르4'의 캐릭터들은 사회에서 대체적으로 인정하는 '미인형 외모'의 극단에 가까운 외향이며, 몸은 비현실적인 9~10등신이다. 이상적인 모습이 몰입도를 높이는 데 도움이 된다고 판단했기 때문일 것이다.

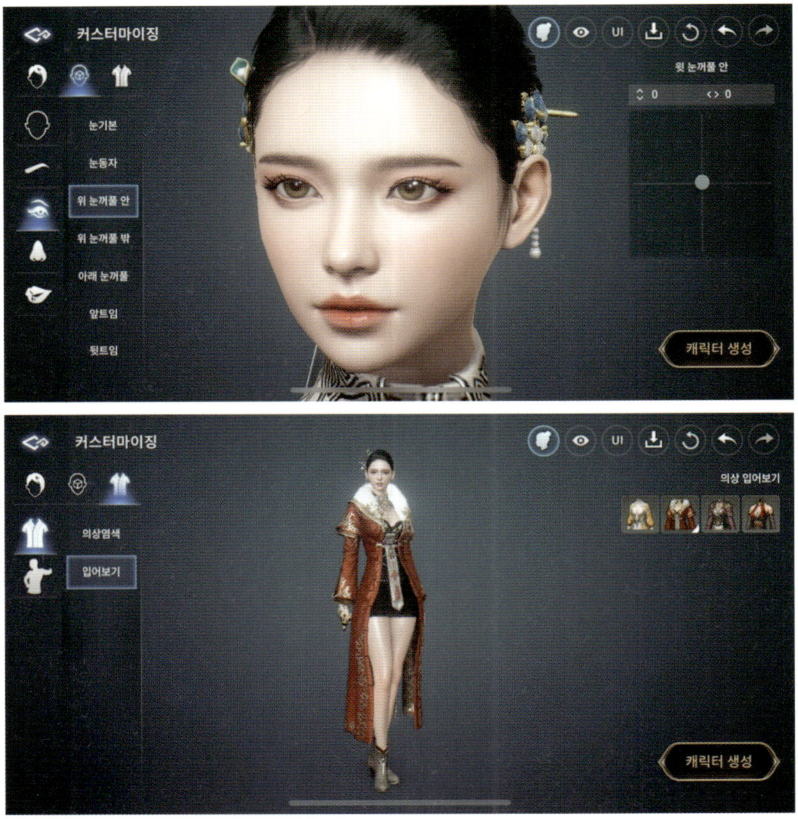

그림 7-13 위메이드의 '미르4' 캐릭터 커스터마이징 화면 [16]

그런데 국외 게임사들이 캐릭터 커스터마이징에서 주안점을 두는 지점은 국내 게임사와 조금 다르다. 국내 게임사에서는 캐릭터가 어떻게 하면 더 수려한 외모를 뽐낼 수 있을지에 초점을 맞추지만, 해외 게임사들은 캐릭터가 어떻게 하면 더 사실적일지에 신경을 쓰는 추세다.

최신 PS5 게임 중 가장 고도화된 캐릭터 커스터마이징을 선보이는 2K의 'NBA 2K21'을 보면, [그림 7-14]와 같이 캐릭터의 외양이 '미르4'와 달리 다소 평범하다. '미남 · 미녀다/아니다'라는 단순한 잣대에서 벗어나 평범하면서도 개성 있는 외모를 기본적으로 제공하고, 이를 미세 조정할 수 있도록 한다.

그림 7-14 2K의 'NBA 2K21' 캐릭터 커스터마이징 화면 [17]

'NBA 2K21'은 이런 캐릭터 커스터마이징을 통해 미국 여성 프로농구WNBA 선수를 직접 만들 수 있도록 지원하면서 긍정적인 파급력을 퍼뜨린다는 호평을 받았다. 소녀들이 남자와 같은 목표를 갖고 성취해내는 것을 게임을 통해 경험할 수 있다고 본 것이다.

이런 게임들은 자신의 사진을 스캔해서 캐릭터를 만드는 기능도 지원한다는 특징이 있다. 게임 디자인 전문가들의 분석에 따르면, 게임 이용자들이 과거에는 현실에서 도피해 이상향을 추구하는 경향이 있었지만, 최근에는 자신을 게임에 직접적으로 투영하는 기분을 느끼고 싶어 한다고 한다. 이런 변화는 최근 MZ 세대(1980년대 초반~2010년대 초중반생)가 '실감實感 세대'라고 불리는 트렌드와도 무관하지 않다.

실감형 콘텐츠와 친숙한 MZ 세대는 콘텐츠를 즐길 때 자신이 직접 체험하는 느낌을 받기를 원하며, 게임 같은 가상현실에서도 자신이 '자신으로서' 존재하기를 원한다. 따라서 캐릭터 커스터마이징에서 몰입도를 높이려면 시대의 흐름을 잘 읽고 세대에 따른 사용자 성향도 잘 파악해야 한다.

4 프레즌스를 활용한 치료

앞서 2장에서는 가상현실 기술이 의료 분야에서도 유용하게 활용되고 있음을 알아보았다. 여기서는 앞서 설명한 신체 소유감과 관련이 있는 치료 분야에 대해 살펴본다.

사고로 인해 팔다리를 절단한 후에도 아직 팔다리가 있는 것처럼 통증을 느끼는 증상이 있는데, 이것을 환각성 팔다리 통증이라고 한다. 절단된 부분이 아직도 있는 것처럼 느껴지면서 통증이 오는 것이다. 가상의 손발에서 오는 고통이라고 해서 환상지통幻想肢痛이라고도 한다. 신체 절단 환자의 약 70퍼센트가 환각성 팔다리 통증을 겪고 있는데, 그 원인을 정확히 알 수 없어 치료가 힘들다고 한다. 이러한 환자들의 통증을 완화하는 데 가상현실 기술이 오래전부터 활용되고 있다.

오랫동안 이 분야를 연구해 온 랭카스터 대학교의 크레이그 머레이Craig Murray 교수 연구팀은 가상현실로 시각을 자극해 환각성 팔다리 통증 환자의 통증을 경감시키는 치료를 해 왔다. HMD를 착용하게 하고 가상의 손을 보여 주면서 그 손을 움직여 특정 지시를 따르게 했는데, 이 과정에서 가상의 손을 실제와 똑같이 정교하게 만드는 것보다 빠르고 정확하게 작동하게 하는 것이 더 중요하다는 사실을 알게 되었다. 이후 다양한 연령층을 대상으로 오랫동안 연구를 지속해 가상현실에서 손을 사용함으로써 환각성 팔다리 통증을 완화시킬 수 있음을 밝혔다. [18]

최근에는 HMD를 착용하지 않아도 되는 증강현실 치료 방법도 나왔다. 스웨덴의 오티즈 카탈란Ortiz Catalan 연구팀은 증강현실 기술을 이용해 절단된 팔의 끝에 가상의 손을 만들었다. [그림 7-15]와 같이 팔에 센서를 부착해 근육 신호를 파악하고 절단된 팔 끝에 증강현실 마커를 부착해 움직임을 읽도록 했다.

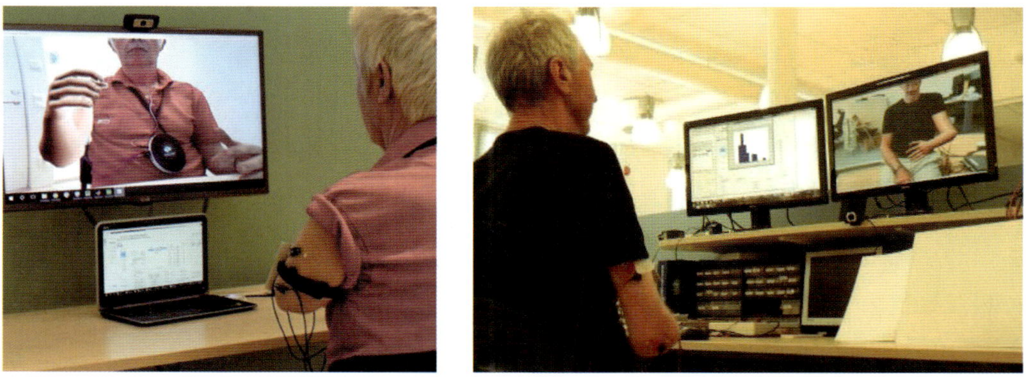

그림 7-15 증강현실 기술을 활용한 환각성 팔다리 통증 치료 모습 [19][20]

연구팀은 손을 절단한 환자 14명의 팔에 센서를 부착하고 근육 신호를 파악해 이를 바탕으로 환자가 절단된 손을 움직이려고 하면 환자가 원하는 손동작을 입체 영상으로 만들었다. 마지막으로 환자의 실제 몸을 가상의 손 영상과 결합해 AR 영상을 만들었다. 환자는 모니터를 통해 사고를 당하기 전 자신의 모습을 보면서 가상의 손을 움직이는 훈련을 했다. 증강현실 속에서 두 손으로 핸들을 잡고 카레이싱 게임도 했다.

18주 동안 실험을 했는데, 통상적인 치료로 전혀 효과를 보지 못했던 대부분의 환자가 고통이 줄어들었다고 한다. 18주차에는 전혀 고통을 느끼지 못할 정도로 성공적인 치료 효과를 보인 경우도 있었다. 또한 치료를 마친 6개월 후에도 통증 완화 효과가 지속되었다. 통증의 강도는 32% 줄었고, 통증의 빈도와 지속 시간은 47% 감소했다. 일상생활이 환상지통으로 방해받는 일도 43% 줄었으며, 잠을 설치는 경우는 61%나 감소했다. 이 연구는 HMD를 쓰지 않고 증강현실 기술을 활용해 모니터만 보고도 치료 효과를 거둘 수 있음을 입증한 것으로 시사하는 바가 크다. [21]

이처럼 가상증강현실은 의료 분야, 특히 재활 치료나 신경 정신학적 치료 분야에서 활용 가능성이 높아 다양한 연구와 개발이 이루어지고 있다.

그림 7-16 증강현실 기반 손가락 재활치료 모습 [22]

연습문제

01 미디어의 사전적 의미를 쓰시오.

02 가상현실이 미디어인 이유를 설명하고, 가상현실에서 미디어의 풍요성을 확장하려면 어떻게 해야 하는지 설명하시오.

03 가상환경을 제대로 체험하기 위한 상호작용성의 요소 세 가지를 쓰고 간단히 설명하시오.

04 VR 기기 액세서리를 아는 대로 쓰고 설명하시오.

05 연구자들 모임에서 정의해 가장 많이 언급되는 프레즌스의 정의를 쓰시오.

06 프레즌스 경험을 높이기 위해 필요한 요소에 대해 설명하시오.

07 가상현실에서의 프레즌스 경험에 대해 예를 들어 설명하시오.

08 가상현실 속 캐릭터를 이용해 프레즌스를 높이는 방법은 무엇인지 설명하시오.

CHAPTER 08

가상현실 사용자 경험

SECTION 01

휴먼팩터

가상현실 콘텐츠를 체험할 때 가장 불편한 점은 어지러움이나 멀미감이 느껴지는 것이다. 이로 인해 일어날 수 있는 건강상의 위험에 대한 책임은 누구에게 있는지도 생각해 볼 일이다. 기기나 콘텐츠가 새롭게 소개되고 대중화될 때마다 정부와 관련 기업은 그 영향력에 대해 조사 및 분석을 하고 문제가 없는지 살펴야 하고, 문제가 있다면 해결 방안을 연구해 정책을 세워야 한다.

우리나라 정부와 기업에서도 가상현실이 대중화되면서 야기되는 문제 등에 대해 연구하고 여러 가지 대안을 마련하고 있다. 예를 들면 TV 시청거리, 3D 영상 안전성에 관한 임상적 권고안을 발표하거나, 하드웨어 제조사와 콘텐츠 제작자, 그리고 시청자가 지켜야 할 내용을 의학적, 심리학적 연구를 통해 제시하고 있다. 이렇게 인간의 안전과 행복을 위해 인간과 상호작용하는 대상과 환경을 연구하는 학문을 인간공학 또는 휴먼팩터라고 한다.

휴먼팩터는 인간의 능력, 기계, 시스템, 과업, 직무, 환경 등을 설계에 응용함으로써 생산적이고 안전하고 효과적으로 이용할 수 있도록 연구하는 학문이다. 이 연구의 목적은 인간이 시스템과 상호작용하면서 쉽게 배울 수 있도록 돕고, 효율적이면서도 즐겁고 안전하게 사용할 수 있도록 하는 것이다.

1 휴먼팩터와 사용자 경험

휴먼팩터는 글자 그대로 사용자가 경험하는 모든 것, 감정과 지각, 인지, 행동 등을 의미한다. 특정 개인이 어떤 제품을 얼마나 효과적이고 효율적이며 만족스럽게 사용하는가를 말하며, 사용자 경험의 3요소인 효과성, 효율성, 감성을 통해 평가할 수 있다.

휴먼팩터는 우리가 흔히 많이 사용하는 사용자 경험(UX)User eXperience과 거의 비슷한 개념으로 사용된다. 휴먼팩터는 하드웨어와 사용자 안전에 초점을 맞춘다는 특징이 있고, 사용자 경험은 의미가 더 포괄적이어서 휴먼팩터가 사용자 경험에 포함된다고 설명하기도 한다.

개발자는 기술 개발을 최우선 목표로 하고 이를 통해 제품이나 서비스를 개발하지만, 기업의 목표는 제품 판매이기 때문에 사용자가 최적의 경험을 해서 만족감을 느끼도록 해야 한다. 즉, 고객 입장의 사용자 경험에 기반을 두어 전략을 수립해야 궁극적으로 기업의 이익을 달성할 수 있다.

가상현실 분야에서는 어느 정도의 기술 수준을 달성한다는 전제에서 일정 수준의 효과와 효율성을 갖춘 제품이나 서비스를 개발해야 한다. 이때 콘텐츠를 구매하고 사용하는 데 결정적 역할을 하는 것은 감성이므로 휴먼팩터가 매우 중요한 요소다.

가상현실 성공의 핵심 요인인 사용자 경험에 대해 설명하기 위해 만들어진 용어가 VR UX Virtual Reality User eXperience, 즉 가상현실 사용자 경험이다.

2 휴먼팩터의 중요성

가상현실 기술은 계속 발전하고 있지만 사용자 기반 최적의 경험에 대한 명확한 기준은 아직 마련되지 않았다. VR 기기가 대중화되고 콘텐츠가 활성화되고 있으므로 이러한 문제가 해결되지 않으면 한때 인기를 끌었던 3D 영상 산업과 같은 실패의 전철을 밟게 될 것이다. 창의적인 아이디어를 스토리로 풀어내는 것이 콘텐츠의 역할이라면, 그 콘텐츠를 어떻게 경험하게 할 것인지는 사용자와 기술, 그리고 환경에 달려 있다.

스마트폰 기반으로도 몰입형 HMD를 이용해 가상현실을 경험할 수 있지만 충분히 체험했다고 하기는 부족하다. 상하좌우로 움직이면서 360도 화면을 볼 수 있는 것은 신기한 경험이지만 계속 하기에는 많이 불편하다. 스마트폰이 가상현실을 경험하기에 적절한 화질을 제공하지 못하고, HMD를 머리에 쓰는 것이 무겁고 불편하기 때문이다. HMD와 콘텐츠, 그리고 시청하는 환경에서 불편함과 위험을 최소화하고 최상의 효과를 거두려면 역시 휴먼팩터가 중요하다.

디스플레이 화면의 폭이 얼마나 넓은지, 대상물이 스크린 앞 어디에 위치하는지, 카메라의 이동 속도는 얼마나 빠른지, 밝기는 어느 정도인지 등 여러 가지 조건에 따라 가상현실의 효과가 달라지므로 콘텐츠를 제작할 때 적용할 지침이 필요하다. 제작자가 경험적으로 알게 된 것을 근거를 삼으면 안 되고, 의사, 심리학자, 공학자 등 다양한 분야의 전문가 그룹에서 심리적·생리학적 데이터에 근거해 최적의 값을 찾아야 한다.

사용자 친화적인 콘텐츠를 개발하려면 휴먼팩터의 연구가 매우 중요하다. 휴먼팩터가 가상현실 산업의 발전을 위한 가장 중요한 변수로 인식되는 만큼 앞으로 많은 관심과 지원이 필요하다.

3 휴먼팩터의 중요 요소

가상환경에서 가장 고려해야 할 휴먼팩터는 시각이다. 시각은 사용자에게 최적의 경험을 부여할 수 있는 최소한의 필요조건이다. 앞서 2장에서 가상현실에서 중요한 시각의 요인은 시지각, 입체시, 시야각이라는 것을 설명한 바 있다.

VR UX를 위해서는 먼저 눈으로 입력되는 정보를 뇌에서 해석하는 능력인 시지각과 관련된 문제를 극복할 방안을 준비해야 한다. 양안시차로 생기는 깊이감을 의미하는 입체시는 시각적 현실감을 높이는 요인으로, 실감 나는 3D 영상을 위해서는 깊이감을 최적화해야 한다. 또한, HMD의 시야를 인간의 눈이 볼 수 있는 각도, 즉 시야각에 미칠 만큼 넓게 확보해야 한다.

이 외에도 시각적 현실감을 높일 수 있는 여러 가지 요소가 있다. 우선 대상물의 크기를 실제보다 작거나 크게 만들면 혼동을 일으켜 사이버 멀미를 유발할 수 있으므로 가급적 현실에 가까운 크기로 만들어야 한다. 360도 동영상을 통해 대상물 전체를 볼 수 있기 때문에 폴리곤을 정교하게 하는 것도 중요하다. 시각적 사실도를 올리기 위해 선명도나 해상도를 높이기 위한 노력도 해야 한다.

TIP **폴리곤** 다각형이라는 뜻으로, 3D CG에서 물체를 표현할 때 사용하는 기본 단위다.

기업이 최종 목적으로 삼아야 하는 것은 제품 사용자가 최적의 경험을 하면서 만족감을 느끼도록 하는 것이므로 기술 개발 자체를 목적으로 하면 안 된다. 가상현실을 즐기기 위해 어느 정도의 기술 수준을 달성해야 하는 것은 당연하지만 기술이 모든 것을 해결할 수는 없다. 일정 수준의 효과성과 효율성을 갖춘 제품이나 콘텐츠, 서비스를 사용하는 데 가장 중요한 역할을 하는 것은 결국 감성임을 잊지 말아야 한다.

그림 8-1 VR UX를 적용한 자동차 제작 모습 [01][02]

SECTION 02

가상현실 UI/UX 디자인

1 UI/UX의 이해

앞에서 가상현실 콘텐츠를 개발함에 있어 사용자 경험이 중요하다는 것을 강조했는데, UI와 UX가 어떻게 다른지 정확한 의미를 살펴보자.

사용자 경험, 즉 UX는 감성적이며 추상적인 개념으로, 사용자가 서비스에 대해 만족감이나 긍정적인 느낌을 가질 수 있는 전체적인 경험을 말한다. 반면 UI User Interface는 기술적인 영역에서 사용자와 서비스가 만나는 접점을 말한다. 단순히 보기 좋고 아름답게 표현하는 것이 아니라, 레이아웃, 색상, 타이포그래피, 이미지 등을 통해 사용자에게 서비스의 가치를 명확하게 전달할 수 있는 형태로 표현하는 것을 의미한다.

단순하게 말하면 눈에 보이는 것은 UI이고 보이지 않는 것은 UX 영역이라고 생각하면 된다. [그림 8-2]의 김수현 사진을 예로 들면, 훤칠한 이목구비, 센스 있는 스타일과 같은 외적인 부분이 UI이고, 전체적인 분위기에서 전해지는 따뜻함이나 눈빛에서 느껴지는 고독함, 대상에게 갖게 되는 호감과 같이 사용자의 감정을 일으키는 특정 경험은 UX에 해당한다.

[그림 8-2]의 밥상을 보면 주식인 밥과 국이 식사할 사람의 바로 앞에 있고, 찌개는 모두가 공유할 수 있는 가운데에 있으며, 정보의 순위가 떨어지는 밑반찬은 외곽에 위치하고 있는데, 이런 요소가 UI이다. UX는 윤기가 흐르고 모락모락 김이 나는 밥, 보글보글 끓는 찌개, 구수한 냄새가 나는 된장국 등 먹고 싶다는 마음이 들게 하는 영역이다.

그림 8-2 사진을 통해 보는 UI/UX [03][04]

정리하자면 UI는 사용자와 서비스가 실제로 마주치는 부분이며, UX는 사용자의 욕구 중심으로 서비스를 만들어내는 과정이다.

2 VR UI/UX 디자인 가이드

UI/UX 디자이너가 애플리케이션 디자인을 하려면 가상현실 분야에 대한 경험과 전문 지식을 갖춰야 한다. 즉, 해당 서비스를 사용해 보고 경험하고 필요에 따라서는 리서치를 통해 구성 요소를 파악하는 등의 노력을 해야 한다. 또한 사용자가 흥미를 갖는 가상현실의 특성을 알아야 한다. 이를 위해 가상현실의 장점과 특성을 알아보고 VR UI/UX 디자인 가이드를 정리해 보자.

여기서는 VR 디자인을 개발하고 연구하는 위디엑스에서 진행한 Design Talks에서 〈VR UI/UX 디자인〉을 주제로 익스피어리언스 디자인 팀에서 발표한 내용을 중심으로 살펴본다. [05]

TIP **위디엑스** 2010년에 설립해 현재까지 기업, 기관의 프로젝트를 수행하고 있으며, UI/UX 디자인 프로젝트, 디자인 컨설팅, 사용성 테스트, 모바일 앱/웹 디자인, 디자인 시스템 기획 설계, 임베디드 인터페이스 디자인, 메타버스 플랫폼 UI/UX 디자인, XR(VR/AR · MR)을 사용자 관점에서 디자인하는 회사다.

가상현실은 간접 경험보다는 직접 경험에 더 가깝기에 사용자의 대상에 대한 동일시와 감정이입이 더 잘 이루어진다. 콘텐츠 속 대상이 친숙하면 몰입이 더 쉽다. 사용자가 통나무가 되어 통나무의 여정을 체험할 수 있는 콘텐츠와 롤러코스터를 타는 경험을 할 수 있는 콘텐츠를 비교한 실험이 있는데, 롤러코스터 콘텐츠에 대한 몰입도가 더 높은 것으로 나타났다. 사용자가 통나무와 자신을 계속해서 같다고 생각할 만한 동기가 부족했기 때문이다. 사용자가 대상과 자신을 동일시할 근거가 보장되도록 콘텐츠를 구성하고 디자인해야 몰입에 도움이 될 것이다.

또한, 사용자의 움직임을 포착할 수 있는 센서를 이용해 흥미를 끌어내고 쉽게 가상현실의 세계로 빠져들게 함으로써 사용자가 상호작용을 하며 능동적으로 콘텐츠에 몰입할 수 있도록 할 수 있다. 사용자가 조작할 수 있는 범위를 제한하지 않고 다양한 동작을 허용하는 콘텐츠일수록 쉽게 관심을 유도하고 몰입도를 높일 수 있다. 이러한 사항들을 참고하면 질 높은 VR UX를 제공할 수 있을 것이다.

이러한 점을 모두 고려해 만들어야 사용자를 배려한 VR UI/UX 디자인이라고 할 수 있다. 그렇게 할 수 있으려면 인간의 신체적·인지적 특성으로 인해 사용자가 가상현실을 경험하는 동안 발생할 수 있는 문제들을 이해하고 있어야 한다.

한국 가상증강현실 산업협회에서 제시한 'VR/AR 이용 및 제작 안전 가이드라인 v3.0'을 토대로 VR 디자인 시 참고하면 좋은 점 세 가지를 알아보자.

사이버 멀미 감소

사이버 멀미란 가상현실에 노출되었을 때 두통을 느끼거나 구토가 일어나는 것을 말한다. 실제 몸은 가만히 있는데 VR HMD를 통해 시야가 계속 변하면 뇌에 전달되는 감각이 불일치하므로 멀미를 느끼게 되는 것이다. 이러한 점을 해결하는 방법 중 하나는 가상현실 콘텐츠 내에 수평선이나 대시 보드와 같이 고정된 영역을 제공하는 것이다. 한국 가상증강현실 산업협회의 VR 가이드라인에 따르면 가상현실 콘텐츠 내에 고정된 프레임이 있으면 멀미 현상을 줄이는 효과가 있다.

그리고 아바타의 움직임이 실제 사용자의 움직임을 적절히 반영하지 못하는 경우에도 멀미를 유발할 수 있다. 콘텐츠 및 게임 내에 가속, 확대/축소, 점프 등이 빈번하게 발생한다면 사용자가 이를 직접 제어할 수 있도록 디자인하는 것이 좋다.

가상현실 환경 적응을 위한 가이드

가상현실에서도 현실세계와 마찬가지로 작거나 큰 공간, 높은 공간 등에서는 불편을 느끼게 된다. 공간이 지나치게 크면 길을 잃을 수 있고 너무 작으면 답답하다. 그러므로 VR 디자인을 할 때는 공간의 규모에 대해 잘 이해하고 있어야 한다. 콘텐츠에 따라 적절한 규모를 설정하고 사용자가 있는 공간에 적합하게 UI/UX 디자인을 해야 한다.

적절한 규모를 설정한 후에는 길을 잃지 않도록 안내하는 역할이 중요하다. 사용자는 VR HMD를 착용함으로써 시각적인 환경에 충분히 노출된 상태인데, 튜토리얼까지 시각적으로 제공하면 어지러움을 느낄 수 있으므로 소리와 빛을 통해 안내하는 것이 좋다.

소리는 실제 상황과 매우 유사한 것으로 넣어야 몰입이 잘 된다. 사용자가 고개를 돌리는 방향에 맞추어 음향 자극이 가해지면 몰입도가 극대화된다. 한국 가상증강현실 산업협회의 VR 가이드라인에 따르면 사용자가 고개를 돌리는 방향에 따라 달라지는 소리가 현실에서 들리는 소리의 방향감과 최대한 유사하면 멀미 및 어지러움을 줄일 수 있다. 그러므로 공간감에 따라 소리의 크기와 형태를 적절히 제공해 불편함이 없도록 디자인하는 것이 좋다.

소리와 빛을 통해 사용자를 안내하는 적절한 예시로 [그림 8-3]의 '더 캐빈: VR 이스케이프 더 룸' VR 게임을 들 수 있다.

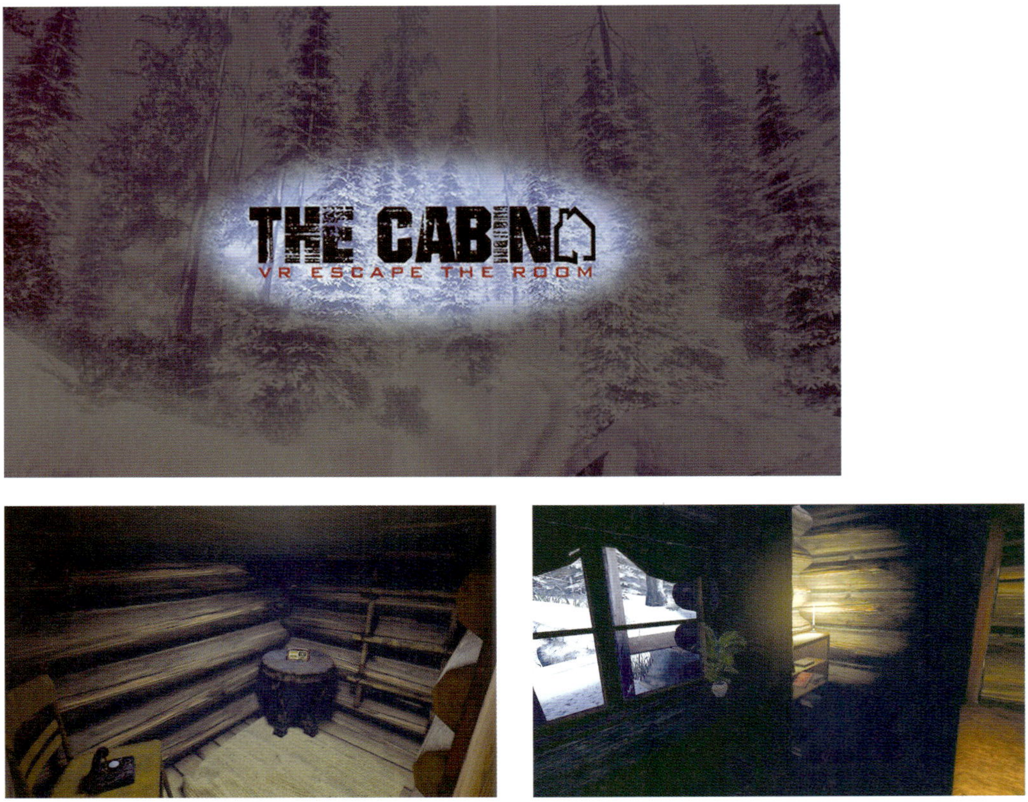

그림 8-3 '더 캐빈: VR 이스케이프 더 룸' 게임 장면 [06]

'더 캐빈: VR 이스케이프 더 룸'은 외딴 오두막에 갇힌 남자의 탈출기를 그린 VR 게임이다. 플레이어는 단서를 하나씩 찾아 오두막을 탈출해야 한다. 모든 퍼즐은 2.1m×1.8m로 이루어진 룸 스케일 공간 안에서 이루어진다. 룸 스케일은 현실의 공간을 측정해 가상으로 옮긴 것을 뜻한다. VR 센서를 통해 현실 속에서 내가 사용할 공간을 잡아 룸 스케일을 세팅한다. 공간이 너무 작으면 답답하지만, 이 게임은 모든 공간을 한 화면에 다 보여 주지 않고 필요한 요소에만 조명을 비추어 플레이어의 시선을 유도했다. 따라서 좁은 공간으로 인식하지 않고 게임을 진행할 수 있다.

이 예시처럼 소리와 빛을 통해서도 충분히 가이드를 제공할 수 있다. 콘텐츠의 완성도만큼 사용자가 콘텐츠에 오래 머물게 하는 것도 중요하다. 그런 점에서 시각적 단서 외의 요소들도 고려해야 한다.

사용자의 편안한 시선 유도

VR 디자이너라면 할리우드 블록버스터 《아이언맨》처럼 멋진 인터페이스를 구현하고 싶겠지만, 인간공학을 함께 고려한다면 얼마나 힘든 일인지 알 수 있다. 여기서는 가상현실에 관련된 인간공학에 대해 알아보고자 한다. 2015년에 구글 XR 디자이너 마이크 알거Mike Alger가 설명한 VR 디자인 방법을 참고했다.

TIP **인간공학** 인간의 신체적, 인지적 특성을 고려하여 인간을 위해 사용되는 물체, 시스템, 환경의 디자인을 과학적인 방법으로 기존보다 사용하기 편하게 만드는 응용학문이다. 제품 디자인뿐만 아니라 인간과 컴퓨터의 상호작용 영역에도 쓰이며 발전하고 있다.

[그림 8-4]에서 볼 수 있듯이 사람이 편안하게 머리를 좌우로 돌릴 수 있는 범위는 30~55도이다. 또한, 편안하게 상하로 움직일 수 있는 범위는 위쪽 20~60도, 아래쪽 12~40도이다.

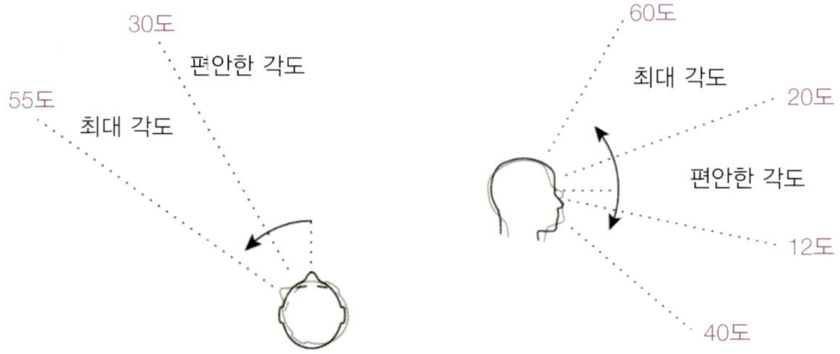

그림 8-4 머리를 편안히 돌릴 수 있는 각도 [07]

[그림 8-5]는 가상현실 콘텐츠 내에서 사람이 주변 영역을 심리적으로 어떻게 받아들이는지 표현한 것이다. 0.5m 미만의 거리에 물체를 두면 사용자는 보기에 불편함을 느끼는데, 마이크 알거는 이를 노노 영역No-no zone이라 명명하고 해당 영역에는 물체를 삽입하지 말 것을 권유했다. 이처럼 인간공학 측면에서 고려하여 편안한 모션 영역에 따라 콘텐츠를 기획하는 것이 중요하다.

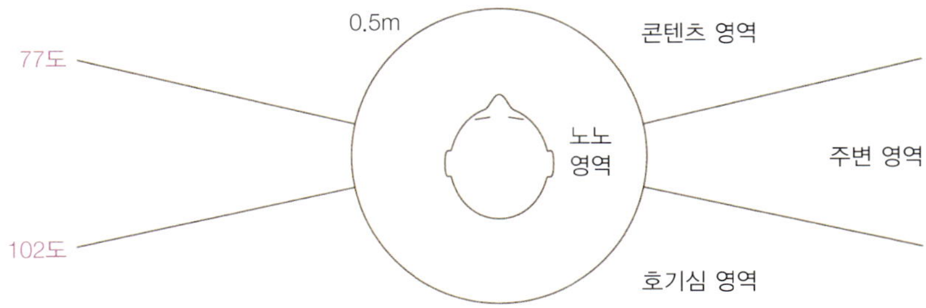

그림 8-5 마이크 알거가 제시한 노노 영역 [08]

3 VR UI/UX 디자인 사례

스마트폰 앱의 정보가 일반적으로 고정된 위치에 배치되어 있는 것과 달리 가상현실에서는 움직임이 없는 정적인 대상은 주목받지 못한다. 가상현실에서는 사용자가 바라보는 상황의 배경, 시야, 움직임 속에서 무엇이 중요한 정보이고 무엇이 덜 중요한 정보인지 직관적으로 파악할 수 있어야 한다. 또한 구체적인 사용 방법 안내, 조작에 대한 피드백 등도 적절하게 배치되어 있어야 한다.

가상현실 콘텐츠를 기획할 때는 인터랙션 디자인 기획을 빼놓아서는 안 된다. 인터랙션 디자인은 정보 전달, 피드백, 상황 인식을 움직임이나 특정 동작을 통해 사용자에게 알리는 것을 통칭한다. 시각적인 움직임뿐 아니라 사운드나 진동(햅틱), 혹은 복합적인 구성의 인터랙션을 활용할 수 있다.

위디엑스에서는 '오큘러스 터치' 컨트롤러를 통해 가상현실 공간 안에서 손의 프레즌스를 [그림 8-6]과 같이 구체화했다. 컨트롤러를 사용하는 주체는 사용자이지만, 실제로는 컨트롤러를 통해 가상현실에서 손의 움직임을 재현하는 것이다. 인터랙션 디자인의 관점에서 정교한 표현을 구체화했는데, 이는 뛰어난 기획과 사용자 중심 디자인의 결과라 할 수 있다.

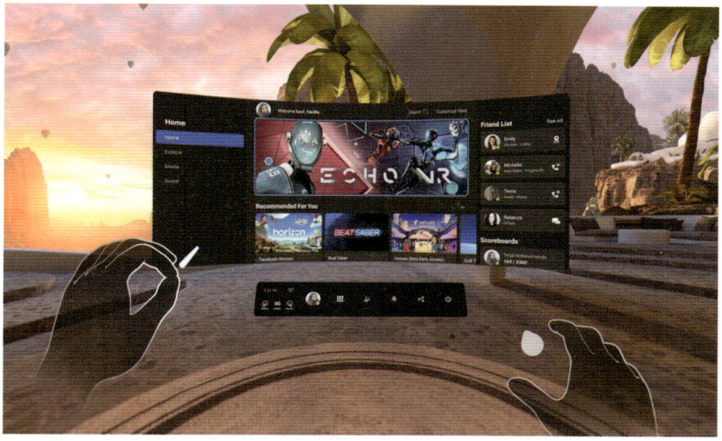

그림 8-6 '오큘러스 터치' 컨트롤러를 통한 손의 프레즌스 [09]

UI/UX를 효과적으로 개발하는 것은 무척 어려운 일이다. 360도 화면 중 사용자가 어디를 볼 것인지 알 수 없고, UI가 시선을 따라다니도록 디자인하면 보기에 굉장히 불편하기 때문이다.

5민랩의 박문형 대표는 〈넥슨 개발자 콘퍼런스 2017〉에서 "VR 게임은 어떻게 만들어야 할까?"라는 주제로 진행한 강연에서 VR 게임 '토이 클래시' 포스트모템을 사례로 들어 효과적인 UI/UX 개발에 대해 설명한 바 있다.

VR 게임의 UI/UX 개발 과정에서 미처 고려하지 못한 사항은 없는지, 불편하게 디자인된 부분은 없는지 등을 세밀하게 검증해야 하는데, 박문형 대표는 외부 유저를 통한 플레이 테스트가 가장 효과적이라고 설명했다. 예를 들어 3D 물체를 잘 보이게 화면 가운데에 배치했는데 유저들이 테스트에서 기대와 다른 반응을 보인다면 이를 수정하는 것이 좋다는 것이다.

그림 8-7 "VR 게임은 어떻게 만들어야 할까?" 강연 모습 [10]

실제로 '토이 클래시' 플레이 테스트 참가자들은 전장보다 아래에 위치한 마법 UI를 선택했을 때의 목 아픔을 토로했다고 한다. 전장 자체가 시야보다 아래에 있고, 앉은 자세에서 고개를 숙이는 일이 힘들었기 때문이다. 이 문제는 마법 UI를 상단으로 옮기고, 전장 위에 가상의 판을 두어 떨어뜨려 해결했다.

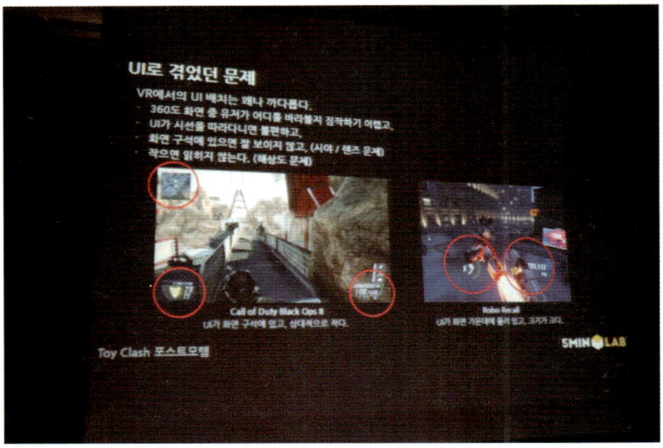

그림 8-8 VR 게임의 UI 문제 해결 사례 [11]

2017년만 해도 이처럼 명확한 기준이 없어 플레이어 테스트를 활용해 시행착오를 거쳐야 했다. 그 이후 점차 기준이 마련되면서 보다 효과적인 VR UI/UX 개발이 이루어지고 있다.

SECTION

03 가상현실 사용자 경험 평가 요소

가상현실 성공의 핵심 요인은 가상현실 환경에서 사용자의 경험이다. 그래서 VR UX라는 용어도 만들어졌지만, 사용자 기반의 최적의 경험을 제공하는 명확한 기준은 아직 없어 이에 대한 많은 연구가 진행되고 있다. 최근 발표된 연구보고서의 내용을 살펴보면서 가상현실에서의 사용자 경험 평가 요소에 대해 알아보자.

1 VR UX 측정 모델

과학기술부에서는 다양한 학문 분야에 걸쳐 있는 경험 관점을 통합하고 VR UX 평가 모델을 구성해 [그림 8-9]와 같이 VR 스포츠를 대상으로 한 VR UX 측정 모델을 개발했다. 감각적 프레즌스, 인지적 프레즌스, 입체 피로도, 용이성, 몰입, 즐거움, 행동성, 관계성의 8개 하위 요인으로 구성했으며, 특히 8개의 하위 요인이 2개의 상위 요인인 구성적 요인과 생성적 요인으로 구성됨을 밝혔다.

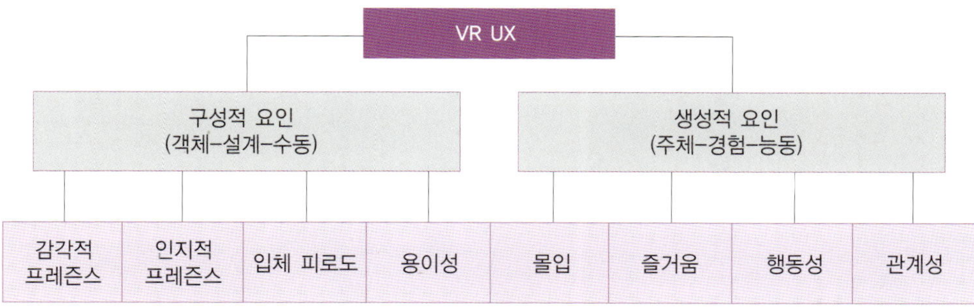

그림 8-9 VR 스포츠를 대상으로 한 VR UX 측정 모델 [12]

사용자 경험이라는 용어는 HCI 분야와 디자인 분야 중심으로 핵심적인 연구 주제로 다루어지고 있지만, 그 관점은 생성적 관점에 있다. 다만 가상현실은 기술과의 상호작용에서 발생되는 결과물이므로 가상현실 경험을 평가하는 데는 생성적 관점 중 사용자 경험 개념이 핵심이 되어야 한다.

또한, 경험은 휴먼팩터의 영향에 의해 달라지기 때문에 인문사회 과학 분야의 경험에 대한 관점을 통합해야 할 필요성도 있다.

여기서는 여러 학문적 이론 및 선행연구들을 통합한 가상현실에 대한 재정의를 바탕으로 가상현실 상황에서 사용자 경험에 대한 측정요소를 구성했다. 또, 제품 또는 상품 중심의 경험과 HCI의 주요 관점인 상호작용 중심 경험, 그리고 사회과학 분야의 주요 관점인 휴먼팩터 또는 감성적 인지적 중심 경험을 통합했다.

2 VR UX 측정 도구

VR UX를 개선하고 사용자가 만족스러워하는 가상현실 콘텐츠를 개발하려면 VR UX 측정 도구가 필요하다. 여기서는 사용자 경험 측정 모델을 기반으로 하는 측정 도구로 상품 중심/현존감(감각적 프레즌스, 인지적 프레즌스, 입체 피로도), 상호작용(용이성: 조작 경험), 휴먼팩터(몰입, 즐거움, 행동성, 관계성)의 주요 개념 요소를 바탕으로 항목을 도출했다.

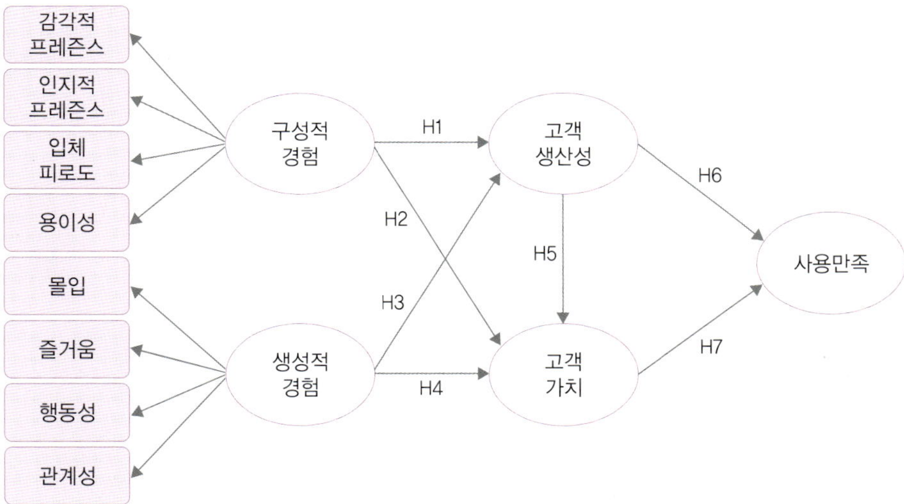

그림 8-10 VR UX 측정 도구 [13]

본 연구 결과는 가상현실 상황에서의 사용자 경험을 구체적인 측면에서 분석할 수 있는 도구를 마련했다는 데 의의가 있다. [그림 8-10]과 같이 여러 요소로 구성되는 사용자 경험을 구성적 경험과 생성적 경험이라는 고차 요인으로 재구성함으로써 개발자가 고려해야 하는 설계적 요소와 사용자와의 상호작용을 통해 만들어지는 경험의 측면을 나누어 제시했다.

또한, VR UX로 나타나는 성과를 고객 생산성과 고객 가치의 측면으로 개념화함으로써 가상현실을 통해 사용자의 생산성이 어떻게 증진되고 가상현실을 통해 생산되는 가치가 어떻게 증진되는지 제시했다. 특히 VR 스포츠의 유형을 크게 둘로 나누어 각각의 성과 요소에 사용자 경험 요소가 어떠한 영향을 미치는지 종합적으로 분석함으로써 유형에 따라 성과 증진을 위한 주요 요소가 다를 수 있음을 설명했다.

VR 스포츠를 스크린형 VR 스포츠와 HMD형 VR 스포츠로 구분해 각각의 사용자를 대상으로 VR UX 성과 모형을 실증했다. 분석 결과 VR UX는 두 유형에서 모두 사용자 성과인 사용자 생산성, 가치, 만족에 긍정적인 영향을 미치는 것으로 나타났으나 그에 미치는 영향력은 각각 다른 것으로 나타났다.

아직 가상현실 경험의 측정 도구가 부족하고 구체적이지 못한 상황이지만, 본 측정 도구를 이용해 사용자 성과 향상을 위한 방안을 마련할 수 있을 것이다.

3 VR UX 유형

일반적으로 기업이 제품을 만들어 출시할 때 사용자 경험을 중요시하는 것처럼 가상현실 환경에서도 사용자 경험이 매우 중요하다는 것과 이를 위해 VR UX라는 용어가 만들어졌다는 것을 앞에서 언급했다. VR UX에 대해서는 현재 다양한 연구가 이루어지고 있다. 여기서는 최근 발표된 논문에 근거해 VR UX의 유형을 살펴본다.

익히 알고 있다시피 가상현실은 매체와 사용자의 매개 방법에 따라 가상현실, 증강현실, 혼합현실로 구분할 수 있다. 여기서 혼합현실은 홀로렌즈와 같은 투명한 HMD를 사용하는 것으로, 증강현실의 발전된 형태를 말한다.

가상현실은 보조 기구를 통해 사용자의 시각을 제한하고 디지털로 제작된 새로운 공간을 제시하며, 가상의 공간과 소통할 수 있는 감각을 자극해 실재감을 준다. 증강현실은 현실의 공간에 디지털 이미지와 정보를 중첩해 물리적 공간의 현상을 바꾸는 것으로, 사용자는 익숙한 현실 공간에 존재하는 디지털 오브젝트의 존재를 마주하게 된다. 혼합현실은 현실 공간에 가상 3D 영상 정보를 융합하고, 더욱 강화된 현실과의 상호작용을 통해 사용자가 현실과 가상의 경계를 모호하게 느끼도록 한다.

이와 같이 매체가 사용자와 어떤 방식으로 소통하느냐에 따라 물리적 공간에서의 실재성을 받아들이는 사용자 경험 방식이 달라진다. 따라서 가상현실 매체에 대한 사용자의 공간 인식과 반응을 살펴보고 콘텐츠 소비 형태의 주관성을 분석할 필요가 있다.

연구 결과에 따르면 가상현실 콘텐츠의 사용자 경험 유형은 감각적 몰입 추구형, 호기심 추구형, 지식·정보 추구형의 세 유형으로 분류할 수 있다. [14]

■ 제1유형: 감각적 몰입 추구형

감각적 몰입 추구형은 시각적 촉각성Visual Tactility을 넘어선 실재적인 감각, 즉 자기주도적인 조작에 대한 반응에 호응하는 유형으로, 가상현실 공간의 실재성과 현존성에 긍정적인 태도를 보인다. 시각적 촉각성은 눈으로 보는 이미지의 환영이 중첩, 반복, 분절되는 몽타주의 연출을 통해 수용자가 촉각적으로 경험하게 되는 것으로, 가상현실 이전 매체의 수용자 경험 방식이었으나 가상현실 매체의 사용자는 이보다 더 능동적인 참여와 실재적인 경험을 요구한다.

그렇기 때문에 이 유형은 감각적 몰입을 위해서라면 보조기구의 불편함을 감수하고 적극적으로 가상현실 콘텐츠를 즐기는 충성도 높은 집단이라 할 수 있다. 콘텐츠에 대한 충성도는 높지만, 이 유형이 즐기는 콘텐츠는 그리 다양하지 않으며 실재적인 경험과 감각의 자극을 위한 콘텐츠에 국한되어 있다. 선호하는 장르는 게임 시뮬레이션 등이고, 시각을 차단하고 보조기구를 통한 감각의 전이로 콘텐츠에 몰입한다. 이 유형을 인터뷰한 결과 감각적 몰입을 위해 VR 게임방을 사용하는 빈도가 가장 높은 것으로 나타났다.

■ 제2유형: 호기심 추구형

호기심 추구형은 새로운 트렌드 혹은 가상현실 콘텐츠에 대한 관심이 많고 새로운 경험에 대해 긍정적인 유형이다. 다양한 장르를 즐기고 콘텐츠 자체에 대해 호의적이다.

감각적 몰입 추구형과 지식·정보 추구형의 중간적 입장으로, 흥미 위주의 콘텐츠를 즐기긴 하지만 감각적 몰입을 추구하는 사용자와는 달리 특정 콘텐츠뿐 아니라 다양한 콘텐츠에 관심을 보인다. 또한, 가상현실 콘텐츠 자체에 대한 기대감이 높고 사용자 간의 정보 교류가 다른 유형보다 높아 새로운 콘텐츠에 대한 적극적인 마케팅 대상으로 적합하다.

■ **제3유형: 지식 · 정보 추구형**

지식 · 정보 추구형은 가상현실 콘텐츠의 실용적 측면, 즉 새로운 정보 추구에 의미를 부여하는 유형으로, 가상현실 콘텐츠에 담긴 정보에 대해 긍정적인 태도를 보인다. 감각적 자극이나 몰입에는 상대적으로 부정적인 태도를 보이는 반면, 가상의 공간에서 세부적인 정보를 얻는 과정에 콘텐츠의 가치를 둔다.

또한, 가상현실 콘텐츠의 정보에 대한 신뢰가 높으며, 실생활에 활용할 수 있는 다양한 장르의 콘텐츠에 대한 욕구가 있다. 게임이나 시뮬레이션과 같은 장르보다는 여행이나 전시 등 사실적인 정보가 담긴 공간이 반영된 콘텐츠를 즐기는 것으로 나타났고, 콘텐츠 사용 시간은 전체 유형 중 가장 낮으나 실생활에 유용한 콘텐츠 개발에 대한 요구가 높게 나타났다.

가상현실의 매체가 보여 주는 공간의 사실적인 현장감과 콘텐츠의 발전 가능성에 대해서는 모든 유형의 사용자가 긍정적인 반응을 보였다. 반면, 가상현실 콘텐츠의 커뮤니케이션에 관련해서는 부정적인 견해가 공통적으로 많았다. 여기에는 여러 가지 이유가 있겠지만, 부정적인 답변에 대한 인터뷰 결과 두 가지 정도로 요약된다. 첫 번째는 가상현실 콘텐츠 사용자가 커뮤니케이션보다는 감각적 몰입과 현장감을 선호하기 때문이다. 두 번째는 사용자 간의 적극적인 커뮤니케이션이 가능한 콘텐츠가 아직 개발되지 않았기 때문이다.

가상현실 콘텐츠 사용자 경험에 관한 세 유형의 특징을 각각 살펴보았다. 이를 바탕으로 다양한 장르에 맞게 사용자 경험에 대한 사용 동기를 적극적으로 활용하고, 부정적인 반응에 대한 보완을 시행한다면 사용자 요구에 맞는 매체와 콘텐츠를 더 효율적으로 개발할 수 있을 것이다. 또한, 이와 같은 유형 구분을 통해 가상공간의 경험에 대한 사용자 분석을 함으로써 빠르게 진화하고 있는 매체 개발 방향을 설정하고 다양한 산업 분야로 확대되고 있는 가상현실 콘텐츠 개발에 반영할 수 있을 것이다.

SECTION 04

불쾌한 골짜기

가상현실은 하드웨어, 소프트웨어, 콘텐츠, 사용자 인터페이스의 총체적 결과물이다. 수준 높은 소프트웨어와 하드웨어를 기반으로 만든 콘텐츠는 몰입감이 높을 것이다. 그러나 앞에서도 언급했듯이 기술 수준이 높을수록 사용자의 만족감이 높다고 단정할 수는 없다. 휴먼팩터가 프레즌스 경험을 증가시키는 매우 중요한 요인이라는 것을 명심하고, 인간의 경험에 비추어 최적의 환경을 찾고 이를 하드웨어와 소프트웨어, 콘텐츠 제작에 적용해야 한다.

1 불쾌한 골짜기의 정의

2004년에 개봉한 모험 애니메이션 영화 《폴라 익스프레스》는 모션 캡처 기법을 사용해 배우의 표정과 행동을 현실적으로 구현한 작품이다. 그런데 개봉 당시 극장에서 영화를 보던 아이들이 너무 무섭다며 울음을 터트리는 일이 종종 발생했다고 한다. 무서운 장면이 아닌데도 아이들이 두려움을 느낀 이유는 뭘까? 이러한 현상의 이유를 '불쾌한 골짜기uncanny valley' 이론으로 설명할 수 있다. 불쾌한 골짜기는 사람들이 인간과 유사한 존재에 거부감과 불쾌함을 느낀다는 이론이다.

그림 8-11 영화 《폴라 익스프레스》의 한 장면 [15]

이 말은 1970년에 로보틱스 분야를 연구하는 모리 마사히로가 처음 언급한 것으로, 3D 애니메이션은 물론 CG, 상업광고에 이르기까지 다양한 사례에 대한 대중의 반응을 설명하는 데 사용된다.

모리 마사히로에 따르면 사람은 로봇의 모습이 인간과 흡사해질수록 더 호감을 느끼다가 어느 시점에 이르면 갑자기 강한 거부감을 느낀다고 한다. 거의 인간에 가까운 로봇이 실제로는 인간과 다른 행동을 보여 상호작용에 필요한 감정을 이끌어내는 데 실패하기에 거부감이 생기는 것이다.

그리고 로봇의 외모와 행동이 인간과 거의 구별할 수 없을 정도가 되면 호감도가 다시 증가해서 인간에게 느끼는 감정까지 접근한다고 한다. 즉, 인간과 흡사한 로봇과 인간과 거의 똑같은 로봇 사이의 어떤 지점에서 거부감이 느껴지는 영역이 있는데, 그 지점을 불쾌한 골짜기라고 한다. 불쾌한 골짜기에 존재하는 로봇은 인간과 흡사하게 행동하는 로봇으로 여겨지지 않고 사람을 닮은 이상한 존재가 어색한 행동을 하는 것으로 여겨진다.

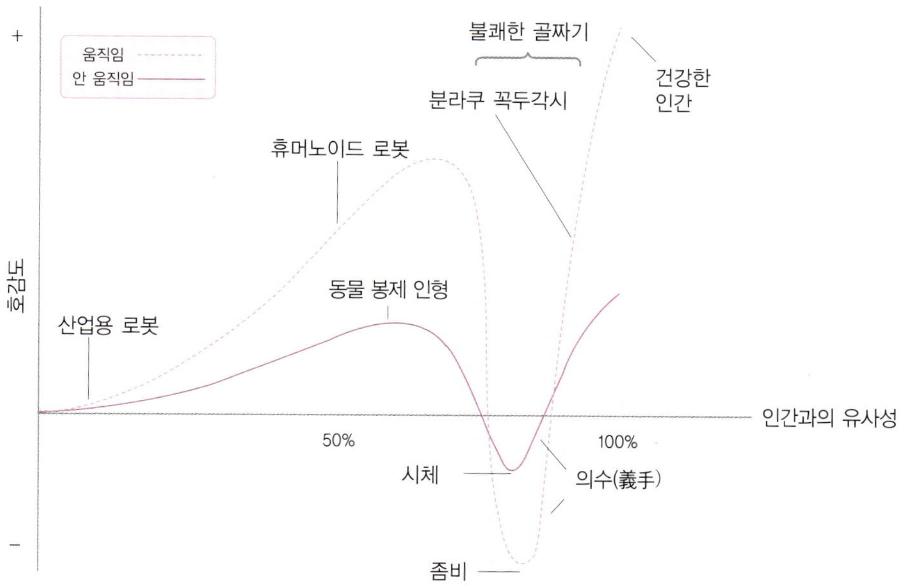

그림 8-12 불쾌한 골짜기 그래프 [16]

[그림 8-12]는 모리 마사히로의 이론에 따른 인간과의 유사성human likeness과 인간이 느끼는 호감도familiarity의 관계를 나타낸 그래프이다. 그래프에서 시체와 좀비가 자리 잡고 있는, 호감도가 급감하는 영역이 불쾌한 골짜기다. [그림 8-13]처럼 인간과 어정쩡하게 비슷하거나, 너무 닮았는데 어딘가 불편함이 느껴지는 사례가 불쾌한 골짜기 영역에 있는 예시이다.

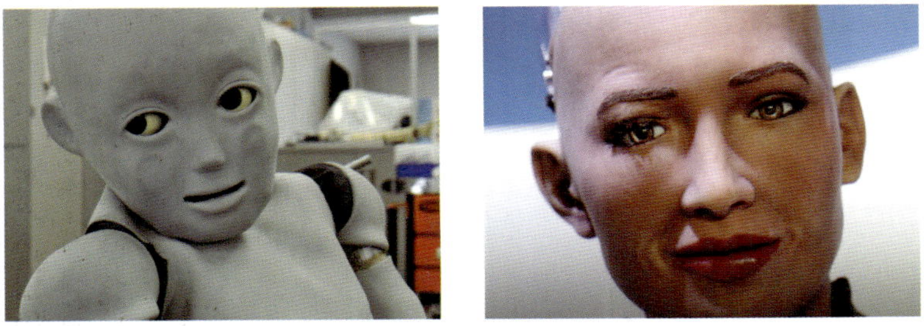

그림 8-13 불쾌한 골짜기가 느껴지는 사례 [17][18]

2 불쾌한 골짜기 연구

2015년 미국 UC샌프란시스코 연구진은 [그림 8-14]와 같이 로봇 얼굴 사진 80개를 사람들에게 보여주고 호감도로 점수를 매기도록 한 뒤 만약 그 로봇들 가운데 투자한다면 어느 것을 택할지 고르도록 했다.

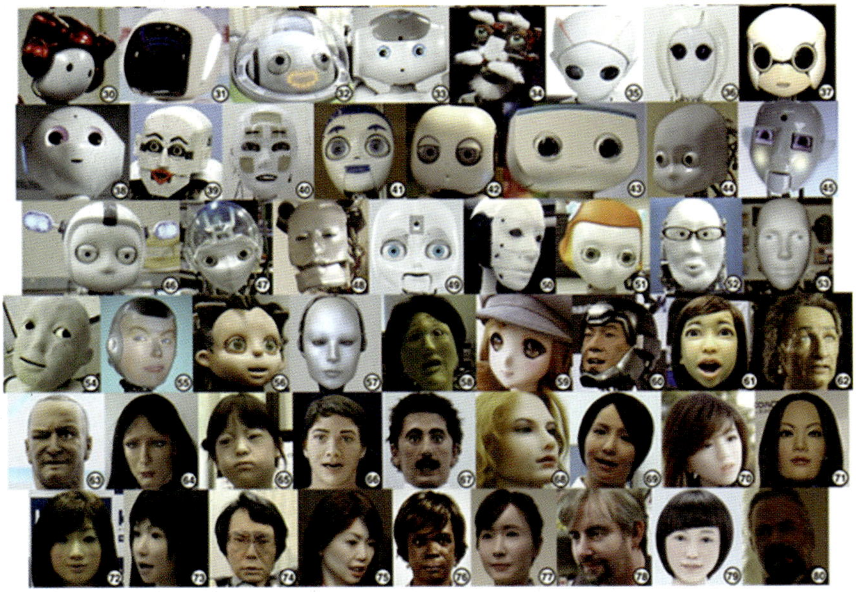

그림 8-14 실험 당시 제공된 사진들. [사진 UC샌프란시스코] [19]

이 선택을 분석한 결과 불쾌한 골짜기와 유사한 곡선이 드러났다. 연구를 주도한 마야 마서는 "이 연구는 불쾌한 골짜기 효과가 사람들이 로봇을 인식할 때 실제로 영향을 미친다는 것을 보여준다."고 밝혔다.

인간이 아닌 대상뿐 아니라 인간에게도 같은 심리를 느낄 수 있다. 인간에게서 차이를 느낄 때는 불쾌한 골짜기가 더 깊어진다고 한다. 소방관이었던 한 남성은 화재 진압을 하다 심한 화상을 입어 얼굴이 일그러지고 말았다. 그의 소원은 손자를 안아 보는 것이었는데, 어린 손자가 할아버지의 얼굴을 보면 울음을 터트렸기 때문이다. 아이가 할아버지를 두려워한 이유는 화상을 입은 얼굴이 일반적인 사람의 외양과 매우 유사하지만 일그러져서 불쾌한 골짜기 영역에 해당했기 때문이라고 해석할 수 있다. 다행히 이 남성은 안면 이식수술을 받고 손자를 안을 수 있게 되었다.

불쾌한 골짜기 이론에 대한 비판의 목소리도 있다. 몇몇 로봇공학자들은 인간과 비슷한 로봇이 기술적으로 실현 가능한 것은 최근의 일이므로 불쾌한 골짜기 그래프 중 가장 오른쪽 부분은 근거가 없다며 비판한다. 자신의 여자 친구를 닮은 로봇 머리를 개발한 데이비드 핸슨은 "완전히 사이비 과학이지만, 사람들은 그것을 과학이라고 생각한다."고 했으며, 카네기 멜론 대학의 연구원 사라 키슬러Sara Kiesler는 불쾌한 골짜기의 과학적 위치에 대해 의문을 던지면서 "우리는 불쾌한 골짜기가 참이라는 증거가 있지만, 동시에 참이 아니라는 증거도 있다."고 했다.

불쾌한 골짜기 이론은 과학보다는 심리적인 현상에 가깝다는 비판도 있다. 불쾌한 골짜기 이론을 설명할 때 대표적으로 인용되는 캐릭터인 《몬스터 하우스》의 '미스터 네버크래커', 《반지의 제왕》의 '골룸' 등은 대체로 작품에서 부정적인 역할을 맡고 있다. 사람들이 이들에게 느끼는 불쾌한 감정이 불쾌한 골짜기 때문인지, 이들이 악역이기 때문인지 정확하게 분별할 수 없다는 것이다. 《스타워즈》의 '요다'나 《해리포터》의 '도비'에 대해 평소 가지고 있던 인상을 다시 생각해 보게 되는 주장이다. [20]

불쾌한 골짜기 이론은 가상현실에도 적용된다. 테크놀로지가 제공하는 가상현실이 어느 수준에 도달하면 갑자기 거부감이 들기도 하는데, 이 지점이 불쾌한 골짜기다. 처음에는 호기심으로 가상현실을 긍정적으로 평가하지만 기술이 발달할수록 일정 시점에서 부정적 평가가 나타나고 이를 극복해야 호감도가 다시 증가하고 대중의 사랑을 받을 수 있다는 것이다.

불쾌한 골짜기에서 벗어나려면 불쾌한 느낌이 들지 않도록 노력해야 한다. 그리고 그 방법 중 하나가 이 장에서 설명한 VR UX, 즉 가상현실 사용자 경험의 만족도를 높이는 것이다. 가상현실은 CG로 만든 환경이기 때문에 사용자가 가장 만족할 수 있는 환경이 무엇인지 찾는 것이 중요하며, 미디어 풍요성과 상호작용성 등을 통해 높은 프레즌스를 경험하도록 함과 동시에 불쾌한 골짜기에 빠지지 않도록 주의하면서 최적의 환경을 찾아야 한다.

연습문제

01 다음 ( )에 알맞은 용어를 쓰시오.

> 휴먼팩터는 사용자가 경험하는 모든 것, 감정과 지각, 인지, 행동 등을 의미한다. 특정 개인이 어떤 제품을 얼마나 효과적이고 효율적이며 만족스럽게 사용하는가를 말하며, 사용자 경험의 3요소인 (　　　　), (　　　　), (　　　　)을 통해 평가할 수 있다.

02 UI와 UX의 차이점을 서술하시오.

03 사이버 멀미를 줄이기 위해 UI/UX 디자인에 적용해야 하는 가이드라인에 대해 아는 대로 서술하시오.

04 VR 스포츠를 대상으로 한 VR UX 측정 모델을 개발한 사례에서 하위 8가지 구성 요소는 무엇인지 설명하시오.

05 VR UX의 세 가지 유형을 제시하고 각 유형에 대해 간단히 설명하시오.

06 불쾌한 골짜기에 대해 아는 대로 서술하시오.

07 가상현실에서 불쾌한 골짜기에 빠지지 않게 하려면 어떻게 해야 하는지 설명하시오.

CHAPTER 09

가상현실 부작용

SECTION 01

사이버 멀미

1 사이버 멀미의 원인

가상현실을 처음 경험하면 5분 정도 지나서 어지럽거나 멀미가 난다며 HMD를 벗는 사람이 많다. 주로 가상현실이나 증강현실을 체험할 때 나타나는 이러한 증상을 사이버 멀미라고 한다.

그림 9-1 사이버 멀미 [01]

감각갈등과 자세불안정성

사이버 멀미가 발생하는 이유는 [그림 9-2], [그림 9-3]과 같이 감각갈등이론과 자세불안정성이론으로 설명할 수 있다.

감각갈등이론은 눈으로 보는 정보, 즉 시지각으로 입력되는 정보와 전정기관을 통해 전달되는 정보가 시간적으로 일치하지 않아서 멀미를 느낀다는 이론이다.

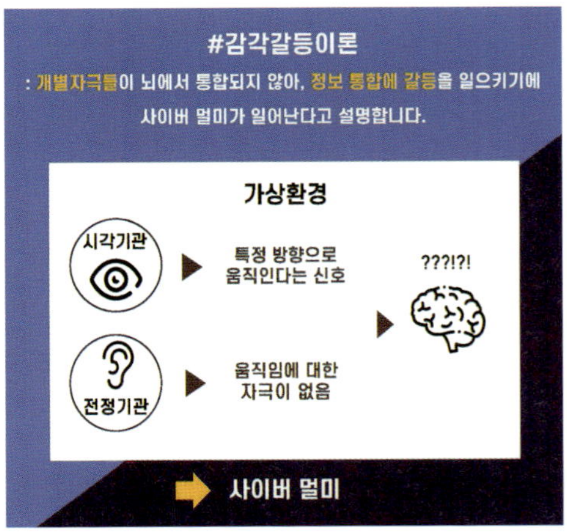

그림 9-2 감각갈등이론 [02]

자세불안정성이론은 자세의 안정성을 유지하려는 우리 몸과 반대로 불안한 자세가 지속될 때 사이버 멀미가 일어난다는 이론이다.

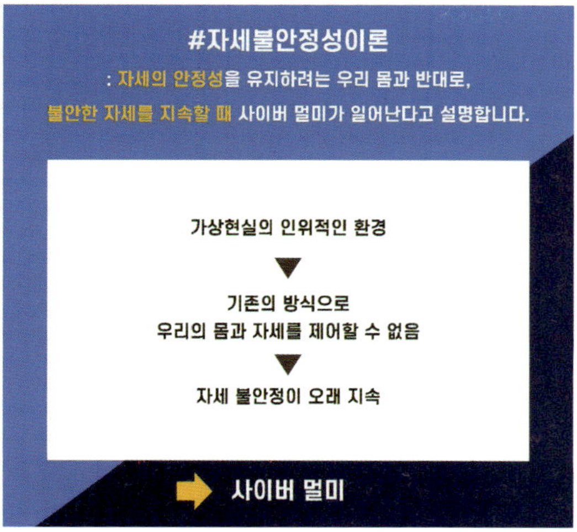

그림 9-3 자세불안정성이론 [03]

HMD를 쓰고 가상현실 콘텐츠를 체험할 때 사이버 멀미가 일어나는 원인은 보통 자동차나 배를 탈 때 멀미를 하는 원인과 비슷하다. 인간의 뇌는 다양한 지각을 통해 정보를 수집하고 이를 종합적으로 판단하는데, 시지각 정보와 몸이 흔들릴 때 느끼는 평형감각이 일치하지 않을 때 멀미가 발생한다.

그림 9-4 사이버 멀미를 일으키는 HMD [04]

운전하는 사람은 차가 어느 쪽으로 갈지 예측할 수 있어 시지각과 몸의 평형감각이 일치하므로 멀미를 하지 않는다. 반면 운전을 하지 않고 뒷좌석에 탄 사람은 차가 어느 쪽으로 갈지 예측하지 못하므로 멀미가 나는 것이다.

그림 9-5 자동차 멀미 [05]

가상현실 콘텐츠를 체험할 때도 화면으로 인지하는 감각과 몸이 느끼는 감각이 서로 다르기 때문에 멀미가 일어난다. 예를 들어 의자에 앉아 HMD를 쓰고 가상의 롤러코스터를 타는 경우, 눈으로는 올라가다가 갑자기 떨어지기도 하고 회전하거나 급정거하는 움직임을 보지만 실제 몸은 멈춘 채로 계속 의자에 앉아 있다. 이 상태에서는 가상의 인위적인 환경으로 인한 불안정한 자세, 그리고 시각 정보와 전정감각 정보의 불일치가 지속될 수밖에 없다.

즉, 뇌는 다양한 지각을 통해 정보를 수집해 이를 종합적으로 판단하는데, 뇌는 가상에 있고 몸은 현실에 있으니 불일치가 일어나 감각들이 서로 충돌해 사이버 멀미가 일어나는 것이다.

정보 과부하

정보 과부하란 인간의 정보 처리 능력을 넘어설 정도로 양이 많은 정보 과잉 상태를 말한다. 정보 과부하가 일어나면 잘못된 결정을 내리기 쉽고, 심한 경우에는 정보 자체를 무시하거나 정보 처리를 포기하게 될 수 있으며, 눈의 피로를 비롯해서 어지러움이나 멀미 등과 같은 심리적 · 육체적 부작용이 일어나기도 한다.

그림 9-6 정보 과부하

인간이 어떤 대상물을 '본다'는 것은 뇌와 연결된 다소 복잡한 과정이다. 다시 말해 어떤 것에 집중하여 '주의'를 하는 것인데, 그때의 행위는 선택 주의, 초점 주의, 분산 주의로 나눌 수 있다.

선택 주의는 특정 대상을 탐색하고 이에 주의를 기울이는 것이며, 초점 주의는 시야의 한 영역이나 대상에 집중적으로 주의를 기울이는 것을 의미한다. 분산 주의는 선택 주의나 초점 주의와는 다르게 여러 가지 일을 동시에 하도록 둘 이상의 대상에 주의를 기울이는 것을 말한다.

여기서 주목할 점은 인간의 주의 능력에는 한계가 있다는 것이다. 분산 주의 상태에서는 주의력이 떨어져 사고를 일으킬 위험성이 높아진다. 자동차는 운전할 때 운전자가 DMB 방송을 보지 못하도록 설정되어 있는데, 그 이유는 DMB 방송을 볼 때는 전방 주시율이 약 50%로 떨어지기 때문이다. 이 수치는 면허 취소 요건인 혈중알코올 농도 0.1%의 만취 상태에서 측정한 전방 주시율 72%보다 훨씬 낮다.

그림 9-7 운전 중 위험한 DMB 시청 [06]

최근 운전 중 스마트폰을 이용하는 사례가 많아지면서 교통사고가 증가하고 있다. 운전 중에 스마트폰을 이용하면 교통사고 발생 가능성이 20배 이상 증가한다. 시속 60km로 달리고 있는 경우, 문자 메시지를 확인하기 위해 잠깐 스마트폰을 보는 2초 사이에 30m를 이동하기 때문이다.

기사들의 운전습관을 파악해주는 플랫폼인 젠드라이브Zendrive에서 미국 운전자 310만 명의 데이터를 조사한 결과, 무려 88%가 운전 중에 스마트폰을 이용하는 것으로 나타났다.

한국도로교통공단에 따르면 운전 중에 스마트폰을 사용하면 집중도와 주의력이 감소해 평소보다 제동거리가 길어지며 급정지로 인한 교통사고 위험은 약 4배 정도 높아진다. 스마트폰에 시선을 두고 있으면 운전자의 운전 조작이 비정상적으로 움직이게 되며, 이로 인해 중앙선 침범, 속도위반, 안전거리 미확보 등이 발생해 대형 교통사고를 초래할 수 있기 때문이다.

중요한 통화가 있다면 블루투스 기능이나 핸즈프리를 이용하고, 필요한 스마트폰 정보는 운전하기 전에 미리 확인하는 것이 좋으며, 운전 중 스마트폰을 사용해야 할 일이 생기면 먼저 차량을 안전한 곳으로 이동하는 것이 바람직하다. [07]

그림 9-8 교통사고를 일으킬 위험이 있는 운전 중 스마트폰 사용 [08]

AR 게임 '포켓몬 고'가 출시된 후 수많은 사람이 포켓몬을 잡기 위해 [그림 9-8]과 같이 운전 중 스마트폰을 이용했다. 위치 기반의 게임인 만큼 다양한 장소에 포켓몬이 나타나기 때문에 운전 중에도 포켓몬을 잡으려고 하는 것이다. 이러한 행동은 교통사고로 이어질 확률이 대단히 높다. 법적으로도 운전 중 스마트폰 사용을 금하고 있으므로 절대로 해서는 안 되는 행동이다.

실제로 대전에서 '포켓몬 고'를 보며 운전하던 30대 남성의 차량이 보행자와 충돌하는 사고가 발생했다. 당시 운전자는 게임 화면을 들여다보며 시속 20~30km로 서행하다 보행자를 보지 못하고 사고를 냈다. 보행자는 전치 2주의 부상을 당했다. '포켓몬 고'가 정식 출시된 뒤 3주 동안 운전 중에 '포켓몬 고'를 하다 적발된 운전자만 149명이나 됐다.

분산 주의로 인한 이러한 문제는 HMD를 사용할 때도 발생한다. 특히, 투시형 HMD를 사용할 경우 현실에 존재하는 것과 가상의 대상물을 함께 보기 때문에 정보가 중첩되고 복잡해져서 시야 확보에 문제가 생길 수 있다.

안경 형태의 구글 글래스를 사용할 때도 정보를 보기 위해 오른쪽 상단에 있는 디스플레이에 수시로 주의를 기울여야 한다. 그때마다 눈동자를 움직여야 하므로 분산 주의가 높아지는데, 뇌에서는 이렇게 멀티태스킹으로 받아들여진 정보를 처리하기 힘들다. 이러한 과정에서 정보 과부하가 발생한다.

투시형 HMD의 경우 현실에 부가적으로 가상의 정보를 더하는 장점이 있어 이동성이 강조되지만, 이동할 때 분산 주의가 높아지기 때문에 정보 과부하 현상이 더 심해진다. 이로 인해 시각의 피로도와 어지러움이나 멀미 등과 같은 부작용이 생길 수 있다.

가상현실 또는 혼합현실 산업의 활성화를 추구하는 것과 동시에 이런 부정적인 측면에 대한 대안도 마련해야 할 것이다.

2 사이버 멀미 해결 방법

사이버 멀미를 줄이려면 인간의 시각과 몸이 이러한 환경에 익숙해져야 한다. 가상현실 경험이 반복되면 뇌는 자연스러운 현상으로 받아들이게 되지만, 멀미를 해결하는 방안은 마련되어야 한다. 실제로 멀미를 감소시킬 수 있는 여러 방법이 연구되고 있다.

우선 콘텐츠를 어떻게 제작하느냐에 따라 멀미를 감소시킬 수 있다. 또한, 카메라에 흔들림이 있거나 비행기처럼 빠르게 움직이는 경우에 사이버 멀미나 어지러움이 발생할 수 있으므로 HMD를 최대한 흔들림 없이 천천히 움직여야 한다.

HMD 기기 자체의 성능도 중요한데, 머리의 움직임에 따라 두 개의 모니터 화면에 정확히 반응하는 동영상이 재생되어야 멀미감을 줄일 수 있다. 앞에서도 설명했지만 머리의 움직임과 동영상의 반응의 차이는 1,000분의 20초 이내여야 한다. 즉, 반응 속도가 0.02초를 초과하면 뇌가 이미 정보의 불일치를 알아차리고 멀미를 일으킨다. 따라서 고화질과 이를 지원하는 CPU와 GPU가 필요하며, 사용자는 머리를 너무 빨리 움직이지 말고 카메라의 움직임을 따라야 한다.

이동하는 카메라와 같은 방향으로 자동차나 자전거 등으로 이동해도 멀미를 줄일 수 있다. 또한, 가상현실이 1인칭 시점이라 해도 3인칭 시점으로 사용자가 조금 뒤에서 보는 환경을 만들어 진행 방향을 예측하게 하면 멀미를 줄일 수 있다. 그리고 게임을 하다가 사이버 멀미가 예측되는 상황에 다다르면 시야각을 줄이고 사이버 멀미가 일어나지 않을 상황에서 다시 시야각을 원래대로 하면 사용자는 시야각의 변화를 알아채지 못한 채 사이버 멀미를 줄이면서 몰입도를 유지할 수 있다.

HMD는 인간의 시야각과 스크린이 매우 가까워서 시각에 의한 탐색의 부담을 줄여 주지만 가까이 있는 정보를 인식하기 어렵다는 한계가 있다. 또한, HMD에 보이는 화면에서 수집하는 정보의 양이 너무 많으면 시야 확보에 문제가 발생할 수 있다. 결국 눈이 피로할 수밖에 없는데, 눈뿐만 아니라 심리적 피로와 신체적 피로로도 이어질 수 있으므로 이 또한 해결해야 할 문제다.

사이버 멀미는 사람마다 느끼는 정도가 다르므로 그 원인을 파악하기 위해 여러 기관에서 정량적 지표를 만들고자 했으나 확실한 기준을 마련할 수 없었는데, 최근 KRISS 의료 측정팀에서 사이버 멀미 정량측정법을 개발하는 데 성공했다. 눈을 자극하는 가상현실 세계를 체험하는 동안 뇌의 특정 영역에서 특정 뇌파가 변하고 있음을 분석 · 규명해 하드웨어적으로 정량적 지표를 마련한 것이다. 이로써 가상현실을 체험하기 위한 콘텐츠의 복잡도를 결정할 수 있는 토대가 마련됐다. 그동안 정량적 평가법이 없어 설문을 통해 주로 수행하던 연구를 객관적으로 진행할 수 있는 초석이 마련된 것이다.

이러한 연구 결과를 토대로 상업용으로 사용되는 여러 콘텐츠에 멀미 등급을 부여하는 일이 가능해질 것으로 예상된다. 일반적으로 사이버 멀미감을 느끼는 정도는 나이와 성별에 따라 다르므로 멀미 등급을 부여하면 타깃층에 알맞은 콘텐츠를 제작할 수 있고 아동을 위한 등급도 매길 수 있다. [09]

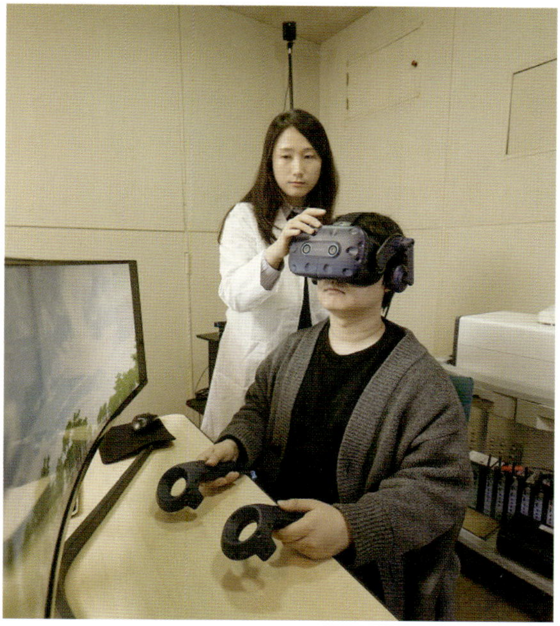

그림 9-9 사이버 멀미 정량측정 기술 테스트 [10]

시간이 지날수록 가상현실 기술이 발전해 다양한 미디어를 함께 사용할 수 있게 되고 상호작용성의 수준도 높아지고 있다. 그러나 혁신적으로 기술이 발달하고 있음에도 불구하고 멀미감과 피로도 문제는 아직 해결해야 하는 과제로 남아 있다. 이러한 점이 가상현실 대중화의 발목을 잡고 있는지도 모른다. 당면한 문제를 해결하기 위해 관련업체와 연구기관 등이 지속적으로 노력하고 있지만 정부의 지원 또한 절실하다.

SECTION 02

보안 위협

1 개인정보 노출

가상현실의 중심이 되고 있는 기기인 HMD는 기본적으로 영상을 시청하는 도구이지만 시청자의 데이터를 수집할 수도 있고 영상을 찍는 기능이 있는 기종도 있다. 따라서 사용자가 알지 못하는 사이에 사진과 영상을 찍어 가상현실에 투영할 수도 있다.

메타가 오큘러스를 23억 달러라는 큰 금액으로 인수한 주된 이유는 가상현실에서 사람들의 상호작용을 촉진시키거나 사용자의 행동패턴을 분석해서 마케팅에 활용하기 위해서이다. 그리고 결국 소셜 VR을 개발해 가상현실에서 사용자 간 상호작용을 가능하게 하는 환경을 제공했다. 사용자는 오큘러스를 통해 원하는 아바타를 직접 만들 수 있고, '파티'와 '룸'이라는 소셜 기능을 통해 실시간으로 가상현실에서 친구들을 만나 글이 아닌 말로 대화할 수 있다.

가상환경 자체가 소셜 공간인 만큼 개인정보 노출의 위험도 따른다. 실제로 메타의 페이스북에서 2021년 4월 5억 3,300만 명의 개인정보가 유출된 적이 있다.

그림 9-10 페이스북 개인정보 유출 사건 [11]

페이스북은 로그인하지 않아도 사람들이 어느 사이트에 접속했는지 추적할 수 있고 쿠키를 활용한 정보를 광고 또는 사용자 맞춤형 광고에 적용할 수 있다. 지금 이 순간에도 여러 경로로 개인정보가 노출되고 있고 법적으로 보호받는 데도 한계가 있어 사용자 스스로 조심하는 수밖에 없다.

HMD의 경우 멀미감을 측정하고 개선하기 위해 사용자의 동의를 얻고 뇌파 측정 도구 등으로 인체 반응을 체크하는 실험을 할 수도 있다. HMD는 머리에 착용하기 때문에 기기에 측정 도구를 삽입하면 편리하게 뇌파를 체크할 수 있다. 개인정보 동의서에 생리학 데이터를 수집한다는 문구를 넣으면 가상현실을 체험하고 있는 사람의 행동 패턴 데이터를 HMD로 수집할 수 있기 때문에 개인정보 노출 가능성이 크다.

예를 들어, HMD와 같은 착용형 기기는 고정으로 설치되어 일정한 장소를 지속적으로 촬영하는 영상 정보 처리 기기에 해당하지 않기 때문에 개인정보보호법의 보호를 받을 수 없다. 따라서 공개된 장소에서 HMD를 이용해도 개인정보보호법을 적용하기 어렵다.

공개된 장소에서 HMD를 사용해 사생활이나 초상권 침해를 당한 경우라면 기기 사용자에게 손해배상을 청구할 수 있다. 그러나 손해배상 청구를 하는 자가 기기 사용자의 고의나 과실에 대한 위법행위를 입증해야만 하는데, 피해자가 그것을 입증하는 것은 거의 불가능하다고 봐야 한다. 또한, HMD 착용자가 사생활이나 초상권을 침해받고 있다는 인식조차 못하는 경우도 많을 것이다.

4차 산업혁명 시대를 맞아 특히 인공지능에서 빅데이터의 수집과 활용 측면이 중요시되면서 개인정보 정책을 무조건 강화할 수는 없게 되었다. 개인정보 강화 정책이 산업의 발전을 저해할 수 있기 때문이다. 그래서 정부에서도 데이터 3법과 같은 정책을 새롭게 수립하는 등 데이터 공유에 대해 고민하고 있다.

가상현실이 산업의 전 분야에 지대한 영향을 미칠 것이라는 데는 이제 누구나 공감하고 있다. 따라서 개인의 기본권을 보호하면서도 산업의 발전을 꾀할 수 있도록 관련 정책과 제도에 대한 지속적인 관심과 변화가 있어야 하겠다.

2 보안 위협

지속적인 가상현실 기술 개발로 인해 새롭고 다양한 보안 위협이 발생하고 있다. 과학기술정보통신부에서는 가상현실을 비롯한 실감콘텐츠를 5G+ 5대 핵심 서비스 분야로 선정해 보안 모델을 구현하고, 보안 리빙랩을 구축하는 등 융합보안 체계 마련을 위해 노력하고 있다.

한국인터넷진흥원KISA에서는 '실감콘텐츠 보안 모델'을 발표해 보안 위협에 파악하고 대처할 수 있도록 했다. KISA에서 발표한 실감콘텐츠 보안 모델을 살펴보고, 실감콘텐츠 환경에서 발생할 수 있는 보안 위협과 대책에 대해 알아보자.

그림 9-11 보안 위협

보안 위협의 범주

지금까지 우리는 가상현실이 교육, 의료, 국방, 제조 등 다양한 산업과 융합해 개인의 삶의 질을 높이거나 산업현장의 능률을 증대하고, 교육 및 훈련 효과를 극대화하는 등 여러 측면으로 활용된다는 것을 살펴보았다. 그러나 만약 가상현실 서비스 구성 요소에서 보안 침해사고가 발생한다면 보안 위협이 서비스 전반의 위협으로 확대될 수 있을 뿐만 아니라 개인정보 유출을 포함한 경제적 손실 등 다양한 피해로 이어질 수 있다.

가상현실은 콘텐츠 제작 시스템에서 개발되어 모바일 엣지 컴퓨팅MEC 플랫폼이나 콘텐츠 플랫폼OTT과 같은 송출 시스템으로 배포되며, 배포된 콘텐츠는 5G와 TCP/IP 등의 네트워크로 연결된 이용 기기에 전달된다. 이렇게 제작·송출·이용 환경이 네트워크로 연결되므로 콘텐츠 서비스의 구성 요소 중 하나라도 보안 위협에 노출되면 서비스 전체에 대한 위협으로 확대될 수 있다.

따라서 가상현실 콘텐츠 서비스에서 발생할 가능성이 있는 보안 위협과 공격 방식을 파악할 수 있어야 한다. 이를 위해 가상현실 콘텐츠 보안 모델에서는 마이크로소프트의 STRIDE 위협 모델링 도구를 활용해 실감콘텐츠 서비스 구성 요소별 보안 위협을 체계적으로 식별했다. STRIDE는 보안의 여섯 가지 속성에 대비되는 여섯 가지 보안 위협 범주(Spoofing Identity, Tampering with data, Repudiation, Information Disclosure, Denial of Service, Elevation of Privilege)의 첫 글자를 조합한 용어이다.

표 9-1 STRIDE 위협 모델링 도구(2017)로 구분한 실감콘텐츠 보안 위협 범주 [12]

위협 분류	설명	보안 속성
신원 도용 (Spoofing Identity)	타인의 계정을 이용하여 시스템 권한 획득	인증
데이터 변조 (Tampering with data)	데이터 또는 코드 변조	무결성
부인 (Repudiation)	작업 수행에 대한 부인	부인 방지
정보 유출 (Information Disclosure)	권한이 없는 사용자에게 정보 제공	기밀성
서비스 거부 (Denial of Service)	서비스 거부 또는 정상적인 서비스 제공 방해	가용성
권한 상승 (Elevation of Privilege)	권한이 없는 자가 권한을 부여받아 서비스 수행	권한 부여

보안 위협 대응 기술

가상현실 콘텐츠 제작 환경의 구성 요소는 크게 '제작 시스템'과 '콘텐츠'이다. 콘텐츠 제작용 서버, 콘텐츠 제작용 PC, 콘텐츠 제작 도구, 콘텐츠 소스코드, 영상 등 콘텐츠는 그 자체가 보호 대상이다.

먼저 콘텐츠 제작 시스템을 보호하기 위해 운영 환경과 별개로 방화벽, UTM 등의 기기로 개발 환경 네트워크를 분리 구성하고, 네트워크 접근통제 솔루션NAC를 이용해 제작 환경에 대한 권한 없는 접근을 제한할 수 있다. 또한 개발자가 사용하는 콘텐츠 제작용 PC에 바이러스 백신 프로그램을 도입해 랜섬웨어와 같은 악성 프로그램으로부터 콘텐츠 소스코드를 보호할 수 있다.

콘텐츠 자체를 보호하기 위해서는 콘텐츠 DRM, 콘텐츠 워터마크 솔루션 등 콘텐츠 무단 사용 및 무단 재배포 방지를 위한 솔루션을 적용할 필요가 있다. 콘텐츠 소스코드에 대한 보안 솔루션으로는 소프트웨어 보안 약점 분석 도구가 있다. 제작 단계에서부터 소스코드에 시큐어코딩을 적용해 보안 취약점을 제거하는 것이 배포 이후에 보안 취약점을 식별하고 제거하는 것보다 시간과 비용이 적게 든다.

실감콘텐츠 송출 환경의 구성 요소는 송출 시스템(MEC 플랫폼, 콘텐츠 시스템)과 콘텐츠 플랫폼으로 나눌 수 있다. 보호 대상은 MEC 플랫폼의 클라우드 자산과 클라우드 관리 콘솔, 콘텐츠 송출 서버, 콘텐츠 애플리케이션 서버, 콘텐츠 API 서버, 콘텐츠 제공 애플리케이션 등이다.

송출 시스템 중 MEC 플랫폼은 이동통신사 자산인 5G 엣지Edge에 클라우드 벤더가 가상화 환경을 제공하는 것으로, 정보보안 책임은 이동통신사와 클라우드 벤더, 실감콘텐츠 서비스 제공사가 공동으로 갖는다.

콘텐츠 플랫폼은 다양한 실감콘텐츠 서비스 제공사로부터 콘텐츠를 받아 사용자에게 제공하는 플랫폼으로, 애플리케이션을 통해 서비스를 제공하므로 콘텐츠 제공 애플리케이션과 콘텐츠 애플리케이션 서버, API 서버 등이 보호대상이 된다. 사용자는 콘텐츠 제공 애플리케이션을 통해 사용자 인증, 유료 콘텐츠 결제 등의 서비스를 제공받는다. 따라서 [그림 9-12], [그림 9-13]과 같은 FIDO 기반 생체 인증 기술, 애플리케이션 위·변조 방지 솔루션, 애플리케이션에 대한 시큐어 코딩 적용으로 콘텐츠 제공 애플리케이션의 고객 인증 정보 또는 결제 정보 유출을 예방할 수 있다.

TIP **FIDO(Fast Identity Online)** 국제온라인인증컨소시엄협의회인 FIDO Alliance에서 온라인 환경의 생체 인식 기술 활용 인증 방식에 대해 정한 기술 표준이다. FIDO 기반의 생체 인증을 통해 비밀번호를 입력하지 않고도 안전하고 간편하게 인증할 수 있게 되었다.

그림 9-12 생체 인증으로 OTP 번호 생성 [13]

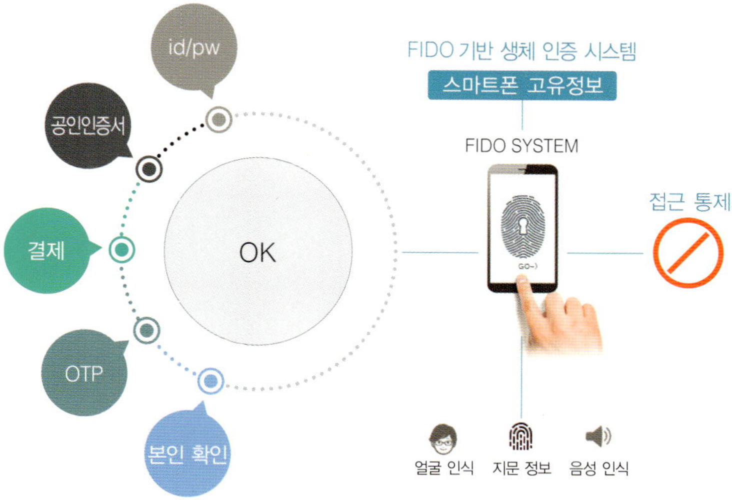

그림 9-13 FIDO 기반 생체 인증 시스템 [14]

그 외에 이용 환경에 대한 보안 위협 대응 측면에서 이용 기기에 대한 보안 대책을 세우는 것도 중요하다. HMD, AR 글라스, 스마트폰, 홀로그램 기기 등 콘텐츠를 플레이할 수 있는 기기가 보호 대상이며, 보안을 적용하는 주체는 이용 기기 제조사이다. 이용 기기 제조사에서는 펌웨어 추출 또는 불법 복제를 방지하기 위해 디바이스 역공학 방지 기술, 디바이스 템퍼링 방지 기술 등을 적용할 수 있다. 또한, 안전한 펌웨어 및 소프트웨어 업데이트를 제공하기 위해 펌웨어 파일을 암호화하고 업데이트 서버에 적절한 보안 설정을 적용할 수 있다. [15]

TIP **펌웨어(firmware)** 컴퓨팅과 공학 분야에서 특정 하드웨어 장치에 포함된 소프트웨어로, 소프트웨어를 읽어 실행하거나 수정하는 것도 가능한 장치를 뜻한다. 하드웨어의 제어(low-level control)와 구동을 담당하는 일종의 운영체제이다.

SECTION
03 가상과 현실의 모호함

지금까지 살펴본 바와 같이 가상현실은 다양한 분야에 적용 가능하고 나름의 효과를 내면서 수요가 늘고 있어 우리 생활에 많은 영향을 주는 미디어로 자리 잡고 있다.

미래에 홀로그램이 상용화되면 인간의 눈으로는 영상과 현실을 구분하기 어려워질지도 모른다. 디스플레이 기술의 혁신으로 인해 가상현실이 현실보다 더 드라마틱한 현실감을 보여줄 수도 있다. 사용하고 있다는 존재감조차 잊을 정도로 발전해 디스플레이가 제공하는 세계와 현실세계의 간극이 점점 좁혀져 우리의 생활 자체가 달라질 수도 있다. 가상현실 미디어의 발전으로 가상과 현실의 경계가 점점 허물어질 것으로 예상된다.

가상현실은 상호작용과 몰입감을 통해 인간의 의식과 태도, 감정, 사상 등 개인적·사회적 측면에서 큰 변화를 가져올 것이다. 예를 들어 친척이나 가족의 실제 죽음보다 가상현실 속 애견의 죽음을 더 슬퍼하고, 가상현실 속의 애인을 실제 인간보다 더 사랑하는 등 현실세계보다 가상현실 세계를 더 중요하게 여기는 시대가 올 수도 있다.

1 현실로부터의 회복

소셜 게임인 '동물의 숲'에서는 친구의 결혼식이나 졸업식, 생일 파티에 다른 플레이어와 함께 참석할 수 있다. 가상공간에서 누군가와 같이 있을 수 있다는 점은 정신건강에 좋은 영향을 미치는 면이 있다고 평가된다.

그림 9-14 동물의 숲 [16]

코로나 19로 전 세계 사람들이 외부 활동을 자제하면서 '코로나 블루'와 같은 우울증을 겪는 사람이 많아졌다. 이에 해당 증상을 완화할 수 있는 방법으로 게임을 제시하는 연구들이 발표되었다. 이들은 고립이 불안과 우울증을 불러일으키는 중요한 요소이며, 게임 생태계 내 커뮤니티에서의 소통과 활동이 이러한 현상을 완화하는 데 도움이 된다는 것을 강조했다.

현실에서 매일 쌓이는 스트레스를 게임을 통해 회복할 수 있다는 연구 결과도 있다. 스트레스를 받는 상황과 스트레스에 노출된 후의 대처 도구로 VR 게임을 활용할 수 있다는 것이다. 이 경험은 '회복 경험'으로 정의할 수 있다. 잠시나마 내가 마주한 현실적인 문제와 압박에서 벗어나 그 이슈들이 없는 공간에서 시간을 보내며 뇌와 마음에 휴식을 제공하는 도구로 사용하는 것이다.

2 가상현실 중독

가상현실의 여러 긍정적인 효과 이면에 있는 부정적인 측면으로 볼 수 있는 대표적인 문제는 '중독'이다. 우리가 육체적으로 존재하는 세계를 현실이라고 지칭하는 이상, 가상세계에서 보내는 시간이 길어지고 몰입도가 깊어질수록 중독과 현실도피라는 문제가 발생할 수밖에 없다.

메타버스가 일상이 되고, 실제 삶보다 더 나은 삶이라 생각하며 현실과 단절하게 될 수 있다. 게임 중독자들이 일상생활이 불가능할 정도로 집착하는 것처럼 말이다. 이미 '포트나이트 중독증'이라는 말이 있을 정도로 게임 속 성취감과 도파민 과다 상태에 취해 빠져나오지 못하는 이들이 많다. 가상세계가 게임에 국한되는 것은 아니지만 그만큼의 몰입도가 불러올 위험도 배제할 수 없다.

그림 9-15 가상세계에 중독된 아이의 모습 [17]

새로운 변화가 우리 삶에 어떤 변화를 불러올지 아무도 모른다. 다만 모든 변화에는 동전의 양면처럼 두 가지의 모습이 있을 수밖에 없다는 것은 분명하다. 메타버스와 가상증강현실이 언제 어떤 모습으로 우리 삶의 일부분이 될지는 아직 모르지만, 경제와 사회뿐 아니라 우리의 정신적 건강에도 어떤 측면으로든 영향을 끼칠 것이다. 가상현실 콘텐츠에 깊이 몰입한 나머지 현실세계로 나오는 데 거부감을 느끼고 가상현실 세계에 중독될 우려도 있다. 특히, 아직 분별력이 없는 어린이와 청소년은 더 쉽게 가상현실 중독에 빠질 위험이 있고 시력을 비롯한 건강상의 부작용도 생길 수 있다.

앞에서도 언급한 바 있지만 "상상이 현실이 된다."는 말을 실감 나게 하는 영화들이 있다. 오래전에 개봉한 《마이너리티 리포트》, 《스타워즈》에 나왔던 홀로그램 장면을 기억할 것이다. 그 당시에는 상상이었지만 지금은 홀로그래피 기술이 발전해 실제로 유사 홀로그램이 구현되고 있다. 《해리포터》에 나오는 움직이는 신문은 태블릿 PC용 신문 앱에서 현실화되고 있다. 최근 휘어지는 디스플레이가 출시되고 점점 기술이 발전해 가상의 현실감이 높아지고 있다.

영화 《인셉션》에는 강력한 진정제를 투여하고 현실로 돌아오지 않는 사람들이 등장한다. 꿈속이 현실보다 화려하고, 그곳에서는 바라던 모든 것이 이루어진다면 어떤 이들은 꿈에서 깨어나기를 거부할 것이다. 가상의 현실감이 높아져 몰입감이 더욱 강해지면 가상현실에서 나오지 않으려는 사람이 많아질 수 있다.

특히, 여러 가지로 어려운 현실에 부딪힌 사람들은 현실의 관계를 포기하고 가상현실에서 삶의 만족을 추구하고자 할 것이다. 컴퓨터 게임에 빠져 자신만의 세계에서 나오지 않는 '히키코모리'와 같은 현상이 가상현실로 인해 더욱 심해질 수 있다는 우려를 하지 않을 수 없다.

TIP **히키코모리(일본어: 引き籠もり)** 사회생활을 극도로 멀리하고, 방이나 집 등의 특정 공간에서 나가지 못하거나 나가지 않는 사람과 그러한 현상을 일컫는 일본의 신조어다.

더구나 가상현실은 다른 영상, 게임 콘텐츠에 비해 몰입감이 높은 데다 현실과 구분하기 어려워 중독에 취약할 수밖에 없다. 일례를 들면, 시간과 장소에 상관없이 혼자 몰입할 수 있는 특성상 성인 콘텐츠를 즐기기에 적합하지만, 그로 인해 왜곡된 성 의식을 갖게 될 소지가 다분하다.

이처럼 가상현실 기술의 발전이 가져오는 미래가 반드시 긍정적인 방향으로 진행될 수 없는 측면도 함께 고민해야 한다. 가상현실이라는 기술의 가치를 어떻게 활용하는가에 따라 긍정적인 결과도, 부정적인 결과도 가져올 수 있음을 잊지 말아야 한다.

3 뇌를 속이는 가상현실

가상현실은 인간의 감각을 현실처럼 인식시키기 위해 오감을 자극한다. 오감은 뇌에서 내린 명령을 수행하는 기관이므로 결국 가상현실 콘텐츠를 현실처럼 느끼게 하는 일은 '얼마나 인간의 뇌를 속일 수 있는가'에 달린 셈이다. 여기서 우리는 기술이 인간의 뇌를 속일 때 정신 상태에는 아무 문제가 없는지 생각해 봐야 한다. [18]

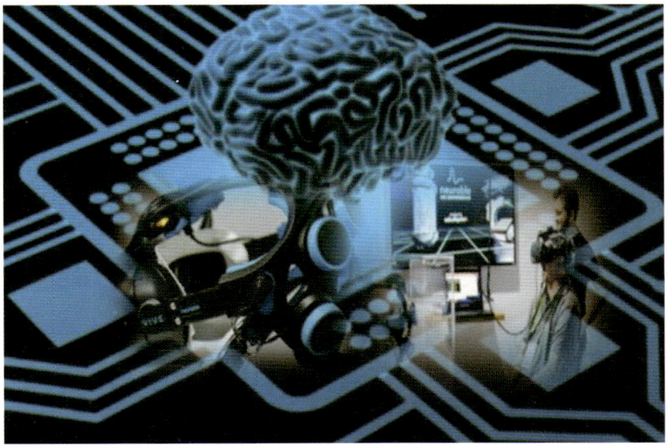

그림 9-16 뇌를 속이는 가상현실 [19]

정신건강 문제

인간은 직접 보는 것만 믿는 경향이 있다. 따라서 '눈'을 속이면 존재하지도 않는 사물이 실재한다고 믿기도 한다. 기술이 발달했음에도 그동안 가상현실 기술은 인간의 눈을 잘 속이지 못했다. 눈을 속이려면 가상환경에서 제공하는 넓은 범위를 한 번에 볼 수 있어야 하며 실제 보이는 공간 정보의 해상도가 높아야 한다. 또한 체험자가 고개를 움직일 때마다 사물도 실제처럼 빠르게 변화해야 한다. 정보가 늦어져 지연 속도가 발생하면 뇌는 '가짜'라고 판단하고 거부 반응을 일으켜 사이버 멀미로 이어진다.

하지만 가상증강현실 기술이 점점 고도로 발전하면서 고해상도의 디스플레이와 3D 영상 기법, 음향 기기, 촉각과 후각을 느낄 수 있는 다양한 기기가 개발되었다. 발전된 3D 실감음향 기술은 청각을 사로잡아 현실감과 몰입감을 극대화시켜 뇌가 가상을 현실로 받아들이게 만들었다. 이처럼 빠르게 실생활에 유입되는 가상현실 콘텐츠로 인해 인간의 정신이 어떤 영향을 받는지, 어느 정도 제한이 필요한지 검증할 때가 되었다.

악몽을 꾸고 난 후에 그 내용과 장면이 뇌에 각인되면 괴롭다. 정신적인 충격을 주는 영화를 보거나 게임을 한 후에 스트레스를 받거나 트라우마가 생길 수도 있다. 마찬가지로 자극적인 가상현실 콘텐츠는 정신건강에 심각한 영향을 줄 수 있다. 특히, 청소년기에는 아직 감각 기관이 완전히 성장하지 않아 성인에 비해 자극에 민감하기 때문에 각별한 주의가 필요하다. 이 시기에는 뇌에서 감정과 충동을 조정하는 전전두엽이 성숙하지 않아 강한 자극에 지속적으로 노출될 경우 정서 발달, 감정 통제, 분노 조절 등에 어려움을 겪을 수 있다.

정신건강 문제 해결 방안

코엑스에서 열린 〈2018 VR 엑스포〉에서 심리케어센터 김동철 원장은 "다양한 임상 연구와 함께 가상현실이 정신에 미치는 영향을 연구한 결과를 개발지침에 포함할 필요가 있다."고 말했다.

가상현실은 다른 영상물보다 몰입감이 높기 때문에 시각을 통해 쉽게 뇌를 자극하고 각종 이미지를 에너지로 전파한다. 따라서 반복적으로 가상현실 체험을 지속하면 빛의 깜박임으로 인한 습관성 시신경 경련이나 현기증이 일어날 수 있다. 특히 어린이와 청소년 시기에는 뇌의 자극을 더 쉽게 받기 때문에 선별적인 콘텐츠 제작 및 보급·유통이 중요하다.

2016년 한국과학기술기획평가원에서 발표한 〈가상·증강현실 기술에 관한 기술영향평가 보고서〉에서는 가상현실 교육의 부작용으로 '피로감과 현실 부적응 등 교육 효과 저하' 및 '가상현실 교육 과정 구성이 미흡할 경우 책의 효용성 및 가치 외면, 사고력 및 상상력 감퇴 가능성'을 제기했다.

재난대응 VR 시뮬레이션에 대해서는 "위험 상황에서 피해를 증폭시킬 우려가 있고, 정보의 오류 및 시스템의 오작동으로 혼란 및 피해를 초래할 수 있으며, AR 정보로 인한 시야 방해로 안전사고 발생 가능성이 존재할 수 있다."고 우려했다.

의학 분야 치료 콘텐츠로서의 부작용도 제기됐다. 시력 저하, 어지러움, 사용 불편감은 점차 해소될 수 있는 문제이지만 "환자의 건강 상태, 연령, 균형 감각, 뇌인지 문제 등으로 인한 반응이 개인별로 다를 수 있고, 가상과 현실을 구분하기 어려워 중독에 취약할 수 있다."고 지적했다.

이러한 부작용을 방지하려면 구조화된 좁은 공간이 아니라 좀 더 넓고 오픈된 공간에서 가상현실을 체험하도록 해야 하고, 개발자들이 부작용에 대해 인지하고 미연에 방지하도록 프로그래밍을 하려고 노력해야 한다.

영화 《트랜센던스》에는 천재 과학자 윌(조니 뎁)이 뇌의 전기 신호를 컴퓨터로 전송하는 장면이 있다. 실제로 최근 세계적으로 뇌·컴퓨터 인터페이스 분야가 활발히 연구되고 있어 인간과 기계의 경계, 현실과 가상공간의 경계가 점점 허물어지고 있다.

그림 9-17 영화 《트랜센던스》의 한 장면 [20]

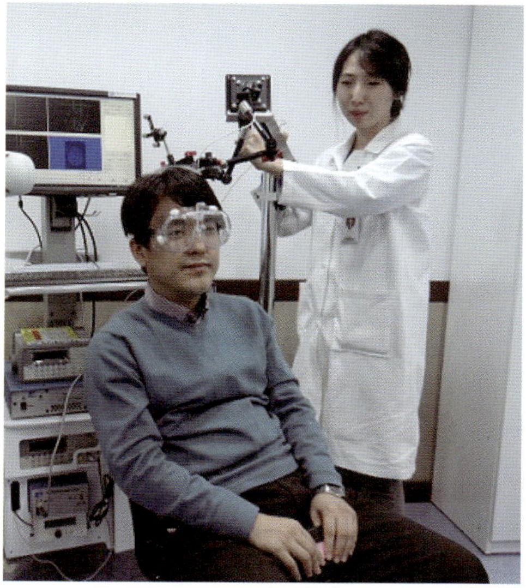

그림 9-18 가상현실이 뇌에 끼치는 영향 실험 장면 [21]

따라서 가상현실로 야기되는 여러 부작용을 방지하기 위한 다양한 임상실험이 필요하며, 맞춤형 가상현실 콘텐츠에 대한 지침을 마련해야 한다. 이를 위해 가상현실 개발자뿐 아니라 의학자나 심리학자의 도움이 필요하며, 무엇보다 연구개발과 정부의 적극적인 정책적 지원이 필요하다.

연습문제

01 HMD를 쓰고 가상현실을 체험할 때 사이버 멀미를 느끼는 이유를 감각갈등이론과 자세불안정이론으로 설명할 수 있다. 각각의 이론에 대해 설명하시오.

02 정보 과부하란 어떤 상태를 말하는지 설명하시오.

03 인간이 대상물을 볼 때 어떤 것에 집중하는 주의 행위 세 가지를 쓰고 각각에 대해 설명하시오.

04 가상현실을 체험할 때 발생하는 사이버 멀미를 해결하는 데 있어 HMD의 성능이 중요한 이유를 설명하시오.

05 마이크로소프트에서 개발한 실감콘텐츠 보안 위협의 여섯 가지 범주를 나열하시오.

06 콘텐츠 제공 애플리케이션의 고객 인증 정보 또는 결제 정보 유출을 예방할 수 있는 방법에 대해 아는 대로 쓰시오.

07 가상현실을 체험하면서 중독에 빠지기 쉬운 이유를 설명하시오.

08 가상현실이 특히 청소년의 정신건강에 해를 끼칠 수도 있는 이유에 대해 설명하시오.

09 가상현실 부작용에 대처할 수 있는 방법에 대해 아는 대로 설명하시오.

CHAPTER 10

메타버스

SECTION 01

메타버스 개요

1 메타버스의 개념

코로나19로 촉발된 비대면 시대에 전 세계 경제가 위협을 받고 있는 가운데 가상세계인 메타버스가 핵심 미래 산업으로 떠오르고 있다. 메타버스는 단순한 기술 혁신과 신산업 혁명을 넘어 미래 인류 생활양식의 변화를 불러올 화두로 떠오른 용어다. '초월(가상)'을 뜻하는 '메타Meta'와 '세계(우주)'를 의미하는 '유니버스Universe'를 합친 용어인 메타버스는 정치와 사회, 문화 등 모든 영역에서 현실세계를 가상과 융합해 옮겨 놓은 디지털 가상세계, 즉 일종의 초월적 세계를 의미한다.

메타버스는 가상현실과 증강현실을 아우르는 더 포괄적 개념이라고 할 수 있다. 메타버스에서는 가상 혹은 디지털 세계의 '나'가 현실 속 '나'를 대체한다. 이를 아바타Avatar라고 한다. 가상세계에서 아바타의 모습으로 구현된 개인은 인간처럼 소통하고 경제활동을 하며 현실세계와 연계한 새로운 세계를 만들어 나간다.

가상현실이 단방향 콘텐츠라면 메타버스는 양방향 콘텐츠다. 가상현실에서는 다양한 상황을 1인칭 시점에서 체험한다. 하지만 메타버스는 같은 가상현실이라도 다른 사람과 소통하며 참여할 수 있다. 다시 말해 내가 가상현실 속 아바타가 되어 다른 대상과 대화하거나 게임을 하는 등의 활동이 가능하다.

2 메타버스의 역사

메타버스와 아바타라는 단어는 1992년 미국 작가 닐 스티븐슨의 SF 소설『스노 크래시Snow Crash』에 처음 등장했다. 소설이 발표됐을 당시만 해도 생소한 개념과 텍스트가 보여줄 수 있는 상상력의 한계로 대부분의 독자가 SF 소설이 그리는 또 하나의 배경 정도로 생각했다.

사람들의 뇌리에서 잊혀가던 메타버스와 아바타가 재조명된 것은 2003년이다. 미국의 IT 기업인 린든 랩에서 가상현실 서비스인 '세컨드 라이프Second Life'를 내놓으면서 메타버스와 아바타에 다시 관심이 모이기 시작한 것이다. '세컨드 라이프'에서는 사람들과 소통할 수 있고, 집을 사고파는 경제활동도 이뤄진다.

그림 10-1 메타버스의 개념을 낳은 소설 『스노 크래시』와 가상현실 공간 '세컨드 라이프' [01][02]

'세컨드 라이프'의 메타버스는 소설 『스노 크래시』에 등장하는 메타버스와는 근본적으로 많은 차이점이 있는데, 메타버스가 무엇인지 시각적으로 보여 주면서 가상의 공간이 얼마나 매력적인지 느끼게끔 했다.

아바타로 변신한 사람들은 다른 아바타와 사회적 관계를 맺으며 생활했고 때로는 경제적인 활동을 수행해 돈도 벌었다. 물리적 한계가 없는 가상의 공간이어서 가고 싶은 곳 어디든 갈 수 있었다. '세컨드 라이프'라는 이름처럼 가상의 공간에서 제2의 인생을 사는 체험의 기회를 누릴 수 있게 해 많은 인기를 누렸다.

영원할 것만 같던 '세컨드 라이프'의 인기도 아이폰으로부터 시작된 모바일 혁명으로 2010년에 접어들며 시들해지기 시작했다. 사람들이 주로 이용하는 디지털 단말기가 PC에서 스마트폰으로 옮겨가면서 메타버스에 대한 관심이 멀어졌기 때문이다.

10여 년이 지나 신기술이 발달하고 비대면 시대가 되면서, 메타버스는 차세대 인터넷을 주도하는 플랫폼으로 자리를 잡고 블록체인과 융합할 수 있는 길도 열리면서 새로운 형태의 가상현실 서비스로 거듭나고 있다.

3 차세대 인터넷 패러다임으로서의 메타버스

메타버스는 가상현실 기술을 통해 몰입감을 극대화하는 한편 현실의 시공간 제약을 해소해 새로운 경험과 경제적 가치를 창출할 수 있다. 특히, 태어날 때부터 디지털 환경에 노출되어 디지털 네이티브 세대라고 불리는 Z 세대의 전폭적인 지지를 받고 있다.

TIP Z 세대(Generation Z, Gen Z, zoomers) 밀레니얼 세대의 다음 세대를 의미한다. 정확한 세대를 가르는 기준은 없으나, 인구통계학자들은 일반적으로 1990년부터 2000년까지 탄생한 세대를 Z 세대로 분류한다. 영미권 인구통계학자들은 주로 1995년생부터 Z 세대로 분류하고, 미국에서는 911테러를 기준으로 1997년생부터 Z 세대로 분류한다. 또한 Z 세대의 마지막은 2009년생까지로 보기도 하고 2010년생까지로 보기도 한다.

Z 세대는 온라인 환경이 구축된 후에 태어난 첫 세대로 디지털 환경에 익숙하다. 이들이 현재 취업 시장에 본격적으로 합류하면서 주력 소비층으로 부상하고 있다. 메타버스 붐을 이끌고 있는 주축인 것이다. 이렇게 메타버스는 인터넷과 스마트폰을 잇는 차세대 플랫폼으로 자리를 잡고 있다.

가상증강현실 기술의 발달로 메타버스가 차세대 인터넷 시대를 주도할 새로운 패러다임으로 떠오르면서 사회·경제적 활동이 게임, 엔터테인먼트, 음악, 콘텐츠 산업 등을 중심으로 확장되고 있다. 특히, 코로나19 발생 이후 비대면 전환이 가속화하면서 생활양식과 산업현장이 언택트화하고 나아가 빠르게 메타버스화하고 있다. 특히 교육 분야가 주목받고 있는데, 이는 아바타를 이용한 실시간 음성 대화, 3D 오브젝트, 360도 동영상 등을 활용하는 실감형 수업이 몰입도를 높여 비대면·원격 교육의 한계를 극복할 수 있기 때문이다.

이제 상상의 세계를 구현했던 영화 《매트릭스》, 《아바타》, 《레디 플레이어 원》에서처럼 가상세계에서 또 다른 자아를 갖고 활동하는 것이 가능해졌다. 몇 시간씩 줄 설 필요 없이 메타버스에서 좋아하는 가수의 팬 사인회나 콘서트에 입장해 즐거운 시간을 보내거나, 명품 자동차를 타고 유명 디자이너의 옷을 가상세계의 주인공인 '나'에게 입혀 주는 등 현실에서 하기 어려웠던 일들을 경험할 수 있게 되었다.

여기서 잠깐 가상현실을 그린 영화 《레디 플레이어 원》

《레디 플레이어 원》은 2018년 스필버그가 만든 SF 영화로, 가상현실이 지배하는 2045년을 배경으로 '시궁창'인 현실과 '낙원'인 오아시스를 오가는 이야기로 진행된다. 영화에 등장하는 사람들은 대부분 오아시스에 살고 있으며 현실세계는 밥을 먹고 잠을 자는 공간에 불과하다. 그렇다고 오아시스가 모두에게 만족한 삶을 제공하는 것도 아니다. 사람들은 더 좋은 아이템을 얻기 위해 현실세계에서 빚을 내는 것도 마다하지 않는다. 현실과 게임이 뒤섞인 세계를 그린 영화는 현재를 되짚어 보자고 말하는 듯하다. 아이템 구매를 위해 범죄를 저지르거나 무분별한 대출로 빚더미에 허덕이는 사람들, 게임에 매몰돼 갓난아이를 죽음에 이르게 한 부모 등 현재도 스크린 속과 크게 다르지 않다는 것을 상기해 주는 영화다.

그림 10-2 영화 《레디 플레이어 원》의 한 장면 [03]

SECTION 02

메타버스 산업

1 메타버스 산업의 기반 기술

메타버스 산업은 메타버스 솔루션과 기기를 개발하거나 서비스를 통해 비즈니스 모델을 창출하는 일련의 산업을 말한다.

메타버스는 반도체, 사물인터넷, 5G, 클라우드, 콘텐츠, 모빌리티 등 4차 산업혁명 요소기술과 융합해 새로운 경제 생태계를 만들었다. 메타버스가 현실화되면서 빅 테크Big Tech 기업을 비롯한 국내외 기술 기업들은 주도권을 확보하기 위해 메타버스 시장에 진출하고 있다.

메타버스 산업의 기반 기술은 [표 10-1]에 제시한 바와 같이 미국의 기술연구단체Acceleration Studies Foundation가 구분한 메타버스의 네 가지 유형인 증강현실, 라이프 로깅, 거울세계, 그리고 가상세계를 구현하는 기술로 나누어 볼 수 있다.

표 10-1 메타버스 산업 기반 기술의 유형 [04]

구분	증강현실 (Augmented Reality)	라이프 로깅 (Life Logging)	거울세계 (Mirror World)	가상세계 (Virtual World)
정의	현실 공간에 가상의 물체(2D, 3D)를 겹쳐 상호작용하는 환경	사물과 사람에 대한 경험·정보를 저장, 가공, 공유, 생산, 거래하는 기술	현실세계를 그대로 반영하되, 정보적으로 확장된 가상세계	디지털 데이터로 구축한 가상세계
특징	위치 기반 기술과 네트워크를 활용해 스마트 환경 구축	센서·카메라·소프트웨어 기술을 활용해 사물과 사람의 정보 기록·가공·재생산·공유	3D 가상지도, 위치식별, 모델링, 라이프 로깅 기술 활용	이용자의 자아가 투영된 아바타 간의 상호작용
활용 분야	AR 글래스, 차량용 HUD, AR 원격협업	웨어러블 기기, 지능형 CCTV	지도 기반 서비스	온라인 멀티플레이어 게임, 소셜 가상세계
사례	포켓몬 고	애플워치	구글어스, 에어비엔비	리니지, 제페토, 포블룩스

네 유형의 기반 기술 중 가상세계를 구현하는 가상현실과 증강현실에 대해서는 앞에서 충분히 다루었으므로 더 설명하지 않고, 거울세계와 라이프 로깅에 대해서 간략히 알아보기로 한다.

거울세계는 현실세계를 가능한 사실적으로, 있는 그대로 반영하되 '정보적으로 확장된' 가상세계를 의미한다. 대표적인 예로 들 수 있는 '구글 어스Google Earth'는 세계 전역의 위성사진을 모조리 수집해 일정 주기로 업데이트하면서 시시각각 변화하는 현실세계의 모습을 그대로 반영한다.

그림 10-3 '구글 어스'로 제공된 3D 미국 뉴욕 맨해튼 남부의 모습 [05]

라이프 로깅Life Logging은 사물과 사람에 대한 일상적인 경험과 정보를 캡처하고 저장하고 묘사하는 기술을 말한다. 사용자는 일상생활에서 일어나는 모든 순간을 텍스트, 영상, 사운드 등으로 캡처하고 그 내용을 서버에 저장하여 이를 정리하고 다른 사용자와 공유할 수 있다.

그림 10-4 라이프 로깅 [06]

2 메타버스 산업의 이슈

메타버스는 여러 기반 기술을 활용해 디지털 휴먼의 성장, 다양한 IP, 그리고 NFT와 결합하는 메타버스 이슈를 통해 메타버스의 산업군을 도출하고 있다.

디지털 휴먼의 성장

메타버스 공간에서 '사람'에 해당하는 것을 디지털 휴먼이라고 한다. 디지털 휴먼은 실제 인간을 대변하는 아바타와 실존하지 않는 가상인간 두 종류로 나눠서 볼 수 있다.

실제 인간을 대변하는 아바타의 예시로는 애플의 미모지, 제페토의 캐릭터 등이 있다.

(a) 애플의 미모지

(b) 제페토 캐릭터

그림 10-5 실제 인간을 대변하는 아바타 [07][08]

이제 실존하지 않는 가상 인간인 디지털 휴먼에 대해 살펴보자.

다양한 메타버스 서비스가 확산되면서 디지털 휴먼Digital Human 활용이 증가하고 있다. 과거에는 디지털 휴먼 제작에 많은 비용·시간, 전문 기술이 필요했지만 최근 인공지능, 클라우드, CG 등의 기술 발전으로 이용이 증가하고 있어, 그 활용 분야가 엔터테인먼트, 유통, 교육, 금융, 방송 등 전 산업으로 확대되고 있다.

특히, 디지털 휴먼 기술로 제작한 버추얼 인플루언서Virtual Influencer가 증가하고 있다. 버추얼 인플루언서는 인스타그램 등 SNS 플랫폼을 활용해 실제 사람과 같이 활동을 하고 기업 홍보 모델 또는 가상의 가수나 배우 등으로 활동하며 수익을 창출하고 있다.

TIP **인플루언서** '영향력'이라는 뜻의 단어인 'influence'에 사람을 뜻하는 접미사인 '–er'를 붙인 것으로, '영향력 있는 사람'을 의미한다.

대표적인 버추얼 인플루언서로는 미국 Brud에서 개발한 릴 미켈라Lil Miquela, 일본 Aww에서 개발한 이마Imma, LG에서 개발해 2021년 CES에서 공개한 김래아가 있다. CGI 모델Computer Generated Imagery Model이라고도 한다.

■ Brud의 릴 미켈라

세계에서 가장 유명한 가상 인플루언서는 릴 미켈라이다. 미국 로스앤젤레스에 거주하는 브라질계 미국인으로 설정된 릴 미켈라는 300만 명이 넘는 인스타그램 팔로워를 보유하고 있는데, 광고용 포스팅 단가가 8,500달러(약 976만 원)로 한 해 수익만 130억 원에 이른다. 샤넬, 캘빈 클라인 등의 명품 브랜드 모델로 활동하며 최근에는 브래드 피트, 비욘세, 레이디 가가 등이 소속된 CAACreative Artists Agency와 계약했다.

그림 10–6 버추얼 인플루언서: 릴 미켈라 [09]

■ Aww의 이마

일본 이케아 하라주쿠점 광고 모델로 유명해진 이마도 일본 스타트업 Aww가 만든 버추얼 인플루언서다. 광고 속 이마는 하라주쿠 매장에서 사흘간 먹고 자며 요가와 청소를 하는 등의 일상을 보낸다. 인간 모델은 실제로 실행하기 어려운 장면이다. 이마는 34만 명의 인스타그램 팔로워를 보유하고 있으며, 이케아IKEA, 포르쉐Porche, SK–II와 같은 탑 브랜드의 광고를 선보였다.

그림 10–7 버추얼 인플루언서: 이마 [10]

■ **LG의 김래아**

국내에서도 가상 인플루언서가 점점 많아지고 있다. LG전자는 올해 초 가상 인간 김래아를 만들어 세계 최대 가전박람회인 CES 온라인 콘퍼런스 무대에 세웠다. 미래에서 온 아이라는 뜻의 김래아는 올해 23살로 싱어송라이터 겸 DJ로 설정되어 있다.

그림 10-8 버추얼 인플루언서: 김래아 [11]

1998년에 데뷔했던 사이버 가수 아담과 류시아는 콘셉트만 가상 인간이었고 3D 캐릭터에 가까워 어색한 느낌이 강했다. 하지만 최근 디지털 휴먼 기술로 제작된 버추얼 인플루언서들은 실제 사람과 흡사한 모습과 생활양식을 보인다. 코로나19 장기화로 가상 인물 노출도가 높아져 이질감이 줄었고, 특히 MZ 세대를 중심으로 큰 인기를 얻고 있다.

그림 10-9 사이버 가수 아담과 류시아 [12]

2021년 3월 언리얼 엔진Unreal Engine에서는 릴 미켈라와 같은 디지털 휴먼을 굉장히 쉽고 빠르게 만들 수 있는 툴 서비스인 '메타 휴먼Meta Human'을 공개했다. '메타 휴먼'은 사실감에 기반한 최고 품질의 디지털 휴먼 제작이 가능한 툴로, 몇 주 또는 몇 개월이 소요되는 리얼타임 디지털 휴먼 제작 시간을 한 시간 이내로 단축시켰다.

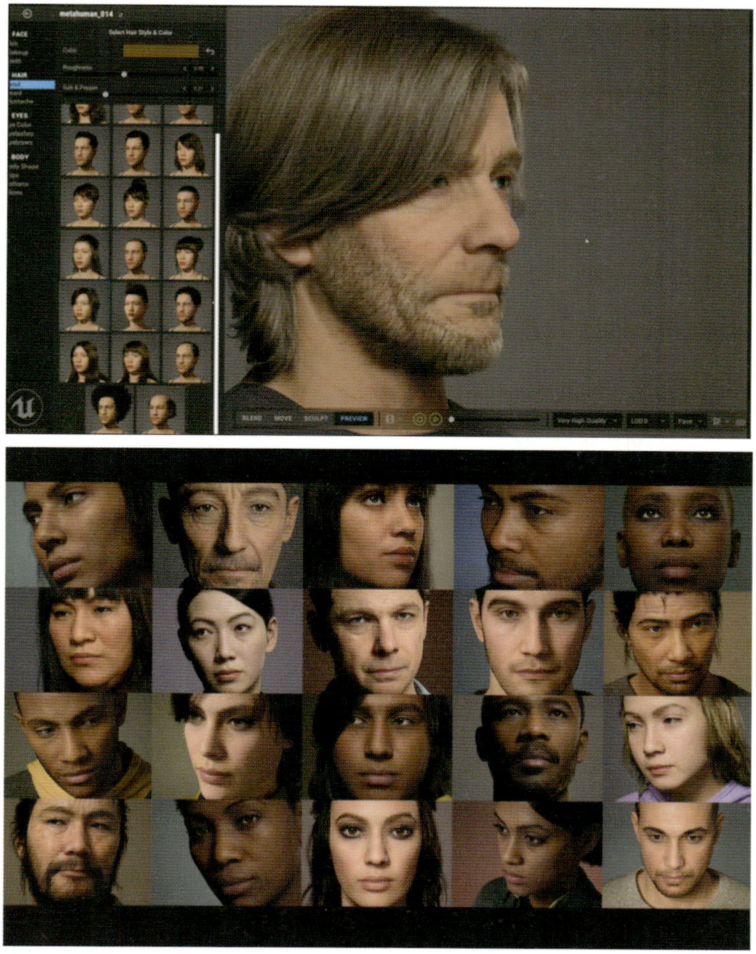

그림 10-10 **언리얼 엔진의 '메타휴먼'** [13]

이렇게 버추얼 인플루언서의 활발한 활동과 함께 디지털 휴먼의 대량 생산이 가능해지는 등 디지털 휴먼의 성장은 메타버스 산업군으로 확실히 자리를 잡고 있다.

다양한 IP와의 협력

IP^Intellectual Property^란 콘텐츠를 기반으로 각종 부가 사업과 확장을 가능하게 하는 지식재산의 묶음을 말한다. 한국 콘텐츠 산업에서 영화, 드라마, 웹툰, 웹 소설, 매니지먼트, 게임 등 분야를 막론하고 현재 가장 핫한 주제다.

유명세를 타고 있는 아이돌도, 불멸의 히트송으로 남을 〈상어가족〉을 만든 유아 콘텐츠 브랜드 핑크퐁도 강력한 IP를 바탕으로 하고 있다. K-콘텐츠의 위력도 결국 IP를 기반으로 한다. 이러한 IP가 메타버스 시대에 엄청난 확장성을 보이고 있다.

그림 10-11 핑크퐁의 '상어가족' [14]

실제 하나의 IP가 메타버스와 만나 폭발적 시너지 효과를 낳은 사례가 적지 않다. 싱글 앨범 《The Scotts》의 발매를 앞둔 래퍼 트래비스 스콧은 자신의 신곡을 발표할 쇼케이스 무대로 포트나이트 내 3차원 소셜 공간인 '파티 로열'을 택하고 이곳에서 아바타로 변신해 가상 콘서트를 진행했다. 공연을 관람하기 위해 전 세계 총 1,230만 유저가 동시 접속했고, 포트나이트는 약 221억 원에 달하는 게임 내 상품 판매 수익을 올렸다. SNS 상에서는 아바타가 신고 있던 나이키 신발의 모델명이 뭔지 한동안 화제가 되기도 했다.

그림 10-12 포트나이트에서 신곡을 발표하고 있는 트래비스 스콧 [15]

메타버스와 IP의 만남이 가장 빠르고 전략적으로 구현되는 분야는 패션과 엔터테인먼트다. 특히 루이비통, 구찌, 발렌시아가 등 콧대 높은 글로벌 패션 하우스들이 런웨이 대신 메타버스 플랫폼에서 적극적으로 마케팅을 펼치는 흐름에 주목해야 한다.

패션 브랜드에 있어 메타버스는 '의류 제조'라는 물리적 환경 중심의 기존 사업 모델을 디지털로 재편·확장하는 탁월한 수단이다. 나아가 브랜드 로고나 심벌, 디자인 등 다양한 시각 IP를 기반으로 메타버스에 유통할 디지털 패션 상품을 기획하고 판매하는 일은 고스란히 남는 장사나 다름없다.

글로벌 경영 컨설팅회사 베인앤컴퍼니Bain&Company는 세계 명품 소비에서 MZ 세대가 차지하는 비중이 2025년에 58%까지 증가할 것이라고 예측한 바 있다. MZ 세대가 주요 고객층을 차지하는 메타버스 플랫폼에서 아바타 코스튬 등의 상품을 출시하는 것은 곧 미래 잠재 고객을 만나는 일이다. 플랫폼 상에서 브랜드 옷을 입고 활동하는 아바타를 통해 홍보할 수 있다.

구찌는 네이버 Z의 메타버스 플랫폼 제페토에서 버추얼 컬렉션을 판매하고 있으며, 발렌시아가에서는 2021 F/W 컬렉션을 메타버스 게임 형태로 발표했다. 이것은 이 시대에 통용되는 가장 효율적이고 획기적인 마케팅 전략이다. 오프라인 판매에 매진하던 패션 브랜드들은 이제 메타버스 상의 아바타가 입고 싶어 하는 옷을 만든다. 그리고 그 재료는 옷감이 아니라 IP이다.

그림 10-13 구찌에서 IP를 활용해 제페토에서 판매하는 다양한 패션 아이템 [16]

많은 메타버스 플랫폼 기업이 여러 IP 사업자와 제휴·협력 관계를 맺으면서 사업 분야를 급속히 확장하고 있다. 특히 메타버스 주요 이용자층인 10~20대를 주요 소비자, 홍보·소통 대상으로 보고 패션, 엔터테인먼트, 제조, 방송, 교육, 공공 분야의 IP 사업자가 참여해 홍보, 아이템 구매 및 착용을 통한 수익 창출을 하고 있다.

또한, IP 사업자가 자사의 IP를 기반으로 메타버스 플랫폼을 직접 구축하는 사례도 많아지고 있다. 향후 메타버스 플랫폼 기업과 자체 메타버스 플랫폼을 구축하고자 하는 IP 사업자 간의 주도권 확보를 위한 연합이나 경쟁도 예상된다.

표 10-2 메타버스 플랫폼과 IP 사업자 제휴·협력 예시 [17]

기업 및 기관	내용
구찌	SNS 기반 메타버스 플랫폼인 제페토와 제휴해 구찌 IP를 활용한 아바타 패션 아이템 출시, 브랜드 홍보 전용 공간 구축
루이비통	게임 기반 메타버스 플랫폼인 LOL과 제휴해 루이비통 IP를 활용한 LOL 캐릭터 의류, 신발, 가방, 액세서리 등 총 47종 아이템 제작·출시
나이키	제페토, 포트나이트와 협력해 아바타 신발 등 패션 아이템 출시
YG, JYP 외	제페토에 소속 연예인(블랙핑크, 트와이스)에 특화된 전용 가상공간을 만들고 사인회, 공연 등 이벤트 개최
디즈니	제페토에서 겨울왕국 캐릭터를 활용한 아바타 출시, 포트나이트에서 마블 캐릭터를 활용한 아바타 의상 등 아이템 출시
LG전자	게임 기반 메타버스 커뮤니케이션 플랫폼인 동물의 숲 게임 공간에 LG 올레드 TV를 소개하고 게임 이벤트 등을 개최하는 올레드 섬(OLED ISLAND) 마련
다이아TV	다이아TV 유튜버의 제페토 진출
순천향대	SKT의 메타버스 플랫폼인 점프 VR 내에 순천향대학교 본교 대운동장을 구현하고 입학식 진행
한국관광공사	제페토에 익선동, 한강공원 등 서울의 관광지를 모사한 가상공간을 만들고, 제페토 해외 이용자를 대상으로 한국여행 홍보 이벤트 진행

NFT와의 결합

대체 불가능한 토큰이라는 의미의 NFT^{Non-Fungible Token}는 블록체인 기술을 활용해 음악, 영상, 그림 등 특정 디지털 창작물에 별도의 고유한 인식 값을 부여함으로써 복제하기 어려운 희소성을 생성하고 특정인의 소유권 정보를 기록할 수 있다.

NFT는 생성일시, 크기, 창작자 서명, 소유권, 판매 이력 등의 디지털 창작물 정보를 블록체인 데이터로 저장하고, 해당 창작물은 원본이 있는 사이트나 원본 보호를 위한 분산 저장 시스템(Interplanetary File System)에 보관한다. 비트코인 등 상호 교환이 가능한 기존의 디지털 토큰과 달리 NFT는 토큰마다 고유한 값이 부여되므로 다른 NFT로 대체할 수 없는 희소성이 있다. 또한, 위조하기 어렵고 추적하기 쉬우며 부분 소유가 가능하고 순환이 증가하는 장점이 있다.

표 10-3 NFT의 장점 [18]

구분	내용
위조하기 어려움	복제가 어려워 희소성을 더 잘 보장할 수 있고, 위조품으로 인해 가치가 무너지지 않도록 보장할 수 있음
추적하기 쉬움	블록체인의 데이터는 공개적이고 투명하므로 누구나 NFT의 출처, 발행 시간, 발행 횟수, 소유자 내역 및 기타 정보를 볼 수 있음
부분에 대한 소유권	부분에 대한 소유권을 인정하므로 1/n과 같은 형태로 나눠서 구매(거래)할 수 있음
순환 증가	게임을 예로 들면, 아이템이 NFT로 만들어지면 플레이어는 아이템의 진정한 소유권을 획득하게 되고, NFT 경매 시장에서 자유롭게 거래할 수 있음

그동안 디지털 창작물은 무한히 복제될 수 있는 특성 때문에 희소성이라는 가치를 온전히 획득하지 못했다. 이제 [표 10-3]과 같은 NFT의 장점으로 인해 한정된 수량의 창작물에 선택적으로 소유권을 부여하고 양도하는 일이 가능해져 창작물의 희소성·상징성, 제작자 명성 등에 기반한 가치 산정을 할 수 있게 되었다. 거래의 활성화를 마련하는 계기가 된 것이다. 메타버스 안에서 경제활동이 가능한 이유다.

메타버스 사용자는 NFT를 활용해 디지털 창작물을 상품화하고, 이를 암호화폐와 같은 대가를 받고 판매해 수익을 창출하고 다른 창작 활동에 재투자할 수 있다. 또한, 메타버스 창작물의 상품화 거래를 통해 창작자가 얻은 소득을 현실세계의 화폐로 환전할 수 있게 되면서 메타버스 기반의 현실·가상융합 경제활동이 활발해지고 있다.

더샌드박스The Sandbox, 디센트럴랜드Decentraland, 업랜드Upland 등 블록체인 기반 메타버스 플랫폼에서는 사용자가 직접 NFT 아이템을 만들고 거래를 통해 수익을 창출할 수 있게 함으로써 콘텐츠를 다양화하고 지속적인 사용자 유입을 꾀하고 있다. 이 중 대표 주자는 디센트럴랜드다. 웹 VR 방식의 3차원 가상세계인 디센트럴랜드는 도시국가인 싱가포르의 여섯 배 정도 크기로 설계되었다.

부동산과 블록체인을 기반으로 하는 가상현실 서비스인 만큼, 디센트럴랜드의 부동산 거래는 현실세계와 유사하다. 도심지의 부동산 값은 비싸고, 외곽은 저렴하다. 실제로 1km^2 정도의 땅이 우리 돈으로 약 6,500만 원에 거래된 사례도 있다.

이와 관련해 디센트럴랜드의 관계자는 "가상의 공간에 있는 부동산은 암호화폐인 마나Mana를 통해 거래된다."고 소개하며, "토지소유권도 블록체인에 의해 기록되므로 위·변조를 걱정할 필요가 없어 권리가 확실히 보장된다."고 말했다.

부동산 거래 외에도 가상의 공간에서 이뤄지는 모든 콘텐츠 제작 행위가 비즈니스로 이어질 수 있다. 예를 들어 고대 유적을 전시해 놓은 박물관이나 어린이들이 즐겨 찾는 놀이시설 등의 콘텐츠를 가상의 공간에 구현하고 입장료를 암호화폐로 받을 수 있다.

그림 10-14 디센트럴랜드가 목표로 하는 미래의 가상 부동산 이미지 [19]

향후, NFT 기반의 메타버스 생태계가 확장되고 다른 메타버스 간의 NFT 창작물을 활용할 수 있는 NFT 상호 호환성이 가능해지면 메타버스의 활용가치는 더 높아질 것이다.

NFT의 장점과 메타버스에서의 활용, 그리고 투자 가치에 대한 관심이 높아지고 있으나, NFT 활용이 활성화되면서 위험 요인도 드러나고 있다. 창작자가 아닌 다른 사람이 먼저 창작물을 NFT로 등록해 소유권을 주장하거나 패러디물 등 2차 창작물의 NFT 소유권이 원 저작물 저작권을 침해할 우려 등이 있으며, 이는 법적 문제로 이어질 소지가 있다. 따라서 새롭게 부상하고 있는 메타버스 IP에 대해 정부와 관련 기관에서 법적 문제에 대한 정책적 논의를 거쳐 새로운 대안을 마련해야 하는 시점이다.

SECTION
03 메타버스 플랫폼

1 메타버스 플랫폼의 종류와 특징

국내외에서 상용화된 메타버스 플랫폼은 아직 많지 않지만 조만간 대기업뿐만 아니라 중소기업에서도 메타버스 관련 플랫폼들을 곧 출시할 것으로 예상된다. 현재 대표적인 메타버스 플랫폼으로는 마인크래프트, 로블록스, 제페토, 포트나이트 등의 게임 플랫폼과 앤비디아의 옴니버스 엔터프라이즈, 메타의 호라이즌 등의 비즈니스 플랫폼, 그리고 구글의 스타라인 등의 3D 영상 채팅 플랫폼이 출시되어 있다. 이 외에도 이프랜드, 디센트럴랜드, 어스2, 게더타운 등이 있다.

마인크래프트

마인크래프트는 샌드박스 장르의 비디오 게임이다. 2011년에 출시했으며 이름에서 알 수 있듯이 채광과 제작을 하는 게임으로, 정해진 목적과 스토리가 없으며 플레이어가 직접 스토리와 룰을 만들어 나가는 특징이 있다. 2020년 기준으로 모든 플랫폼에서 누적 판매량 2억 장 이상이라는 기록을 세우면서 게임 역사상 가장 많이 팔린 비디오 게임이 되었다. 게임 참여자들이 직접 함께 만들어 나가는 자발적인 공동체 역할을 하므로 메타버스라고 부르기에 손색이 없다.

그림 10-15 마인크래프트 [20]

로블록스

2006년에 출시된 로블록스Roblox는 3차원 가상공간에서 사용자의 상호작용을 구현한 대표적인 온라인 게임 메타버스 플랫폼이다. 1억 6,000만 명 이상의 활성 사용자를 보유하고 있으며, 특히 미국 MZ 세대에서 선풍적인 인기를 누리고 있다.

로블록스에서는 사용자가 직접 프로그래밍한 게임을 다른 사용자도 즐길 수 있다. 이 조건은 게임 내에서 모든 시나리오가 가능하다는 뜻으로 해석할 수 있다. 로블록스의 성장은 코로나 시기에 더 두드러졌는데, 비대면 수요가 증가함에 따라 로블록스 내에서 가상 회의 및 모임 등의 게임이 만들어지고 온라인에서의 만남이 활성화되었기 때문이다.

(a) 로블록스 캐릭터 모습

(b) 현대자동차 모빌리티 체험

그림 10-16 **로블록스** [21][22]

제페토

국내 메타버스의 대표적 플랫폼은 네이버 Z의 제페토이다. 2018년 8월에 출시되어 10~20대 중심으로 인기를 끌고 있으며, 2억 명 이상의 이용자를 보유하고 있다. 2020년 9월 제페토에서 열린 블랙핑크 가상 팬 사인회에는 4,600만 명 이상이 참가했다.

제페토에서는 사용자가 자신만의 3D 아바타를 생성하고 다양한 가상 활동을 할 수 있다. 기본적으로 아바타를 꾸밀 수 있는 아이템과 3차원 공간을 구성하는 오브젝트가 사전에 구현되어 있어 사용자는 해당 프리셋Preset을 사용할 수 있다. 그리고 '크리에이터'라는 아이덴티티를 추가로 받을 수 있는데, 3D 오브젝트 메쉬를 형성할 수 있다면 누구든 제페토의 크리에이터가 되어 제페토 월드를 구현할 수 있다.

TIP **메쉬(Mesh)** 3D CG에서 객체의 외관을 구성하기 위한 점, 선, 면의 집합을 말한다.

그림 10-17 제페토에서 열린 블랙핑크 가상 팬 사인회 [23]

포트나이트

전 세계적인 인기를 누리고 있는 포트나이트의 이용자는 2020년 기준으로 3억 5천만 명이 넘는다. 미국의 여러 유명 스포츠 선수와 연예인이 포트나이트의 열광적인 팬으로 알려져 있다.

2020년 9월에는 포트나이트 메인 스테이지에서 방탄소년단의 〈Dynamite〉 안무 버전 뮤직비디오가 전 세계 최초로 공개되기도 했다.

그림 10-18 **포트나이트에서 공개된 방탄소년단의 〈Dynamite〉 안무 버전 뮤직비디오** [24]

포트나이트는 특히 미국의 10대에서 또래들과의 소통을 위한 플랫폼으로 폭발적인 인기를 얻고 있다. 넷플릭스의 최대 라이벌이 포트나이트라는 말이 있을 정도다. 인스타그램, 페이스북과 같은 SNS에서 한 단계 더 성장한 소통 플랫폼이라고 볼 수 있다.

SNS가 단순히 사람들 간의 소통을 주요 콘텐츠로 삼았다면, 포트나이트는 한 단계 더 나아가 게임까지 함께 즐길 수 있는 플랫폼이다. 초반에는 전투를 위한 맵만 있었으나 이후에 공격적인 행위가 금지되는 '파티 로열'이라는 비무장 평화 지대를 추가하면서 소통 플랫폼의 역할을 하게 되어 본격적인 메타버스 플랫폼으로 자리를 잡았다.

그림 10-19 메타버스를 선점한 Z 세대 소셜 플랫폼 포트나이트 [25]

옴니버스 엔터프라이즈

GTX 2021 행사에서 엔비디아가 공개한 옴니버스 엔터프라이즈Omniverse Enterprise는 기업을 위한 메타버스 플랫폼이다. 전 세계의 3D 디자인 팀이 가상공간에서 실시간으로 협업할 수 있도록 구현한 플랫폼으로, 사용자끼리 공유했던 작업이나 이력 데이터를 관리할 수 있고, 어떤 사람이 어떤 업무를 했는지 작업 경로를 100% 파악할 수 있다.

게임보다는 비즈니스 플랫폼에 가까운 엔터프라이즈는 일반 개인보다는 기업을 대상으로 개발하고 있는 느낌이 강하다. 업계 전문가들은 실제 공장과 가상의 경계를 허물 가능성이 높다고 판단하고 있으며, 디지털 트윈이 필요한 산업군에서도 적극적으로 활용될 것으로 예상하고 있다.

TIP **디지털 트윈** 현실세계에 실체가 있는 물리적 시스템과 해당 시스템의 기능과 동작을 그대로 가상현실 기술 등을 이용해 소프트웨어로 만들어 연결함으로써 거울을 앞에 두고 서로 쌍둥이처럼 동작하도록 하는 기술을 말한다. 현실세계의 상황을 가상현실에서 시뮬레이션할 수 있어 미리 예측하고 대비할 수 있다.

그림 10-20 엔비디아의 옴니버스 엔터프라이즈 [26]

호라이즌

호라이즌은 메타에서 선보인 메타버스 플랫폼이다. 이용자는 이 공간에서 아바타로 친구와 게임을 하거나 업무 또는 미팅을 진행할 수 있으며, 공연이나 쇼핑 등의 문화생활도 누릴 수 있다.

(a) 호라이즌 월드

(b) 호라이즌 워크룸

그림 10-21 **호라이즌** [27][28]

스타라인

구글은 개발자 행사에서 3D 영상 채팅 플랫폼인 스타라인을 선보였다. 창문처럼 보이는 곳에 앉아 실물 크기의 3D 영상을 통해 다른 사람과 대화하는 영상을 공개했는데, 손으로 만질 수 있을 것처럼 생생하고 눈까지 마주칠 수 있어 마치 실제로 마주앉아 대화하는 듯한 느낌을 주었다.

이 채팅 영상은 고해상도 카메라와 깊이 센서로 촬영한 이미지를 합친 후 100배로 실시간 압축 전송하는 기술로 구현한 것이다. 비즈니스에 활용할 수 있음은 물론 SNS의 업그레이드 버전으로 볼 수도 있어 메타버스 플랫폼으로 인정받고 있다.

그림 10-22 **구글의 스타라인** [29]

게더타운

대부분의 메타버스 플랫폼이 3차원 세계를 구현하고 이용자가 직접 만들 수 있는 기능을 포함하는 데 주력하고 있는 반면 오프라인 활동을 가상공간 온라인 서비스로 대체하는 플랫폼도 있다.

대표적인 예시로 들 수 있는 게더타운Gather.town은 가상의 공간에서 대화를 나누고 업무를 공유할 수 있는 온라인 플랫폼으로, 2D로 구성되어 있다. 아바타를 만들어 소통할 수 있는 것은 물론 카메라와 마이크를 이용해 실제 모습으로 다른 사용자와 소통할 수도 있다.

단순히 가상의 차원에서 그래픽으로 구현된 메타버스와 달리 현실의 모습도 가상공간에 투영함으로써 메타버스가 수용할 수 있는 영역을 현실까지 넓힌 사례다.

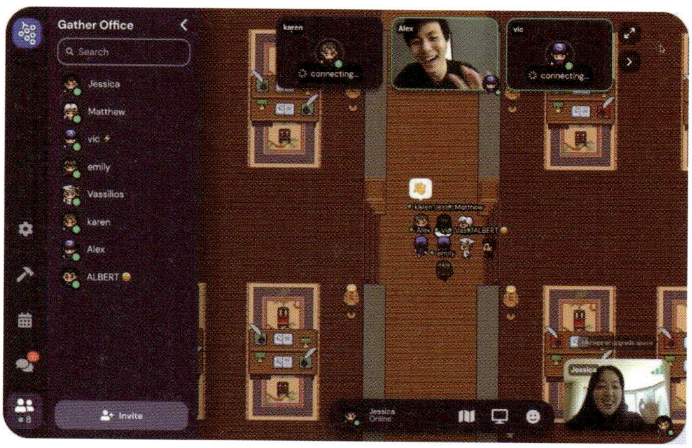

그림 10-23 **게더타운 실행 화면** [30]

지금까지 설명한 메타버스 플랫폼의 특징을 요약하면 [표 10-4]와 같다.

표 10-4 대표적인 메타버스 플랫폼 및 특징 [31]

플랫폼	특징	소개 영상
마인크래프트	• 2011년 출시 • 채광과 제작을 하는 샌드박스 장르의 비디오 게임 • 정해진 목적과 스토리 없이 플레이어가 직접 스토리와 룰을 만들어 나가는 것이 특징 • 게임 참여자들이 직접 함께 만들어 나가는 자발적 공동체	
로블록스	• 2006년 출시 • 사용자의 상호작용을 구현한 온라인 게임 메타버스 플랫폼 • 사용자가 직접 프로그래밍한 게임을 다른 사용자도 즐길 수 있음	
제페토	• 2008년 출시 • 네이버 Z에서 운영하는 커뮤니케이션 플랫폼 • 3D 아바타를 생성해 다양한 가상 활동을 즐길 수 있음 • 사용자가 크리에이터가 되어 제페토 월드를 구현할 수 있음	
포트나이트	• 에픽게임즈에서 제작한 3인칭 슈팅 게임 • SNS에서 한 단계 더 성장한 소통 플랫폼 • 트래비스 스콧과 방탄소년단이 신곡 쇼케이스 무대를 진행	
옴니버스 엔터프라이즈	• 전 세계의 3D 디자인 팀이 가상공간에서 실시간으로 협업할 수 있도록 구현한 플랫폼 • 개인보다는 기업을 대상으로 함	
호라이즌	• 메타의 메타버스 플랫폼 • 아바타로 친구와 게임을 하거나 업무 또는 미팅을 진행할 수 있고, 공연이나 쇼핑 등의 문화생활을 누릴 수 있음	
스타라인	• 구글에서 론칭한 3D 영상 채팅 플랫폼 • 비즈니스에 활용할 수 있으며, SNS의 업그레이드 버전으로도 볼 수 있음	
게더타운	• 가상의 공간에서 만나 대화와 업무를 할 수 있는 2D 온라인 플랫폼 • 현실의 모습을 가상공간에 투영해 실제 모습으로 다른 사용자와 소통할 수 있음	

2 메타버스 플랫폼의 콘텐츠 비즈니스 모델

메타버스 플랫폼의 대표적 콘텐츠 비즈니스 모델은 크게 '아이템 판매를 통한 수익 창출'과 '광고와 마케팅 채널'로 볼 수 있다. 먼저 아이템 판매를 통한 수익 창출 모델을 살펴보자.

아이템 판매를 통한 수익 창출

메타버스 플랫폼에는 가상 통화를 활용해 아이템을 구매하고 판매하는 등 사용자가 상거래를 할 수 있는 자본 생태계가 구축되어 있다. 가상공간에서 수익화한 자체 재화는 가상 통화의 역할만 하는 것이 아니라 추후 실제 통화로도 환금이 가능하다.

제페토에는 가상화폐인 '젬Zem'이 있다. 사용자들은 젬을 통해 아바타를 꾸미고, 아바타를 꾸밀 수 있는 옷을 만들어 젬을 벌기도 한다. 아이템을 판매한 수익금이 5,000젬 이상이 되면 5,000젬당 약 $106(2021년 6월 기준)의 환율로 환금이 가능하다.

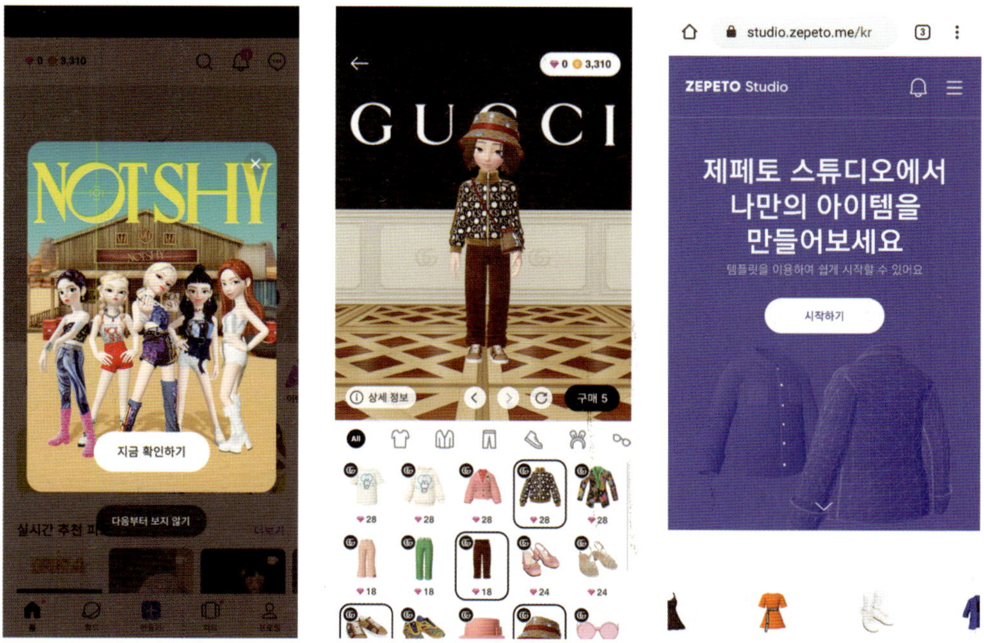

그림 10-24 제페토 젬을 통한 아이템 판매 수익 창출 [32]

로블록스 또한 '로벅스Robux'라는 단위의 가상화폐를 활용해 게임 상에서 아이템을 구매할 수 있으며, 프리미엄 아이템으로 사용자끼리 거래할 수도 있다.

로블록스는 아이템뿐 아니라 사용자가 직접 개발한 게임 거래와 게임 내 친구 그룹(이하 길드) 형성에서도 로벅스를 활용해 경제활동이 이뤄질 수 있도록 했다. 사용자는 다른 사용자가 개발한 게임에 로벅스를 지불하고 참여하기도 하며, 100로벅스를 지불해 길드를 생성하고 추가 로벅스를 지불해 길드 내 등급을 나누기도 한다.

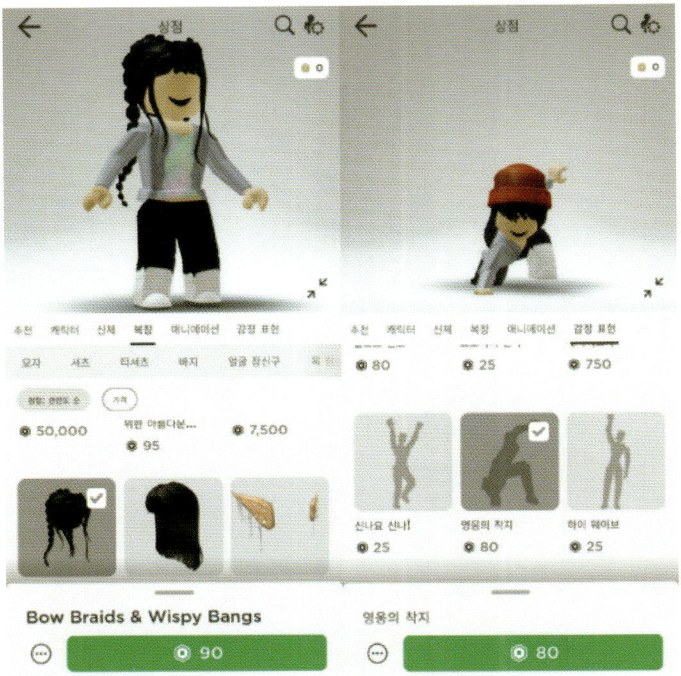

그림 10-25 로블록스 로벅스를 통한 아이템 판매 수익 창출 [33]

광고 마케팅 채널

두 번째는 광고와 마케팅 채널로서의 비즈니스 모델이다. 메타버스 플랫폼과 각종 브랜드의 협업 사례가 늘고 있다. BGF 리테일의 CU 편의점은 제페토 내에 매장을 구축해 실제 매장과 연동되는 서비스를 선보였고, 명품 패션 브랜드 구찌는 제페토 플랫폼 내에 광고와 브랜드를 건 오브젝트를 생성해 수익 창출의 발판을 마련했다.

엔터테인먼트 시장에서도 광고와 마케팅의 채널로 메타버스 플랫폼을 활용하며 소속 아티스트를 가상현실 세계에 투영시키는 서비스를 제공하기 시작했다. 새로운 광고 마케팅 채널이자 아이템 판매를 통한 수익 창출 모델과도 유연하게 연결할 수 있다. MZ 세대가 많이 이용하는 메타버스 특성상, 좋아하는 연예인 아바타의 오브젝트를 장착해 보고 싶은 심리를 활용해 부가 수익을 창출할 수 있기 때문이다.

메타버스 플랫폼뿐만 아니라 엔터테인먼트 영역에서도 메타버스 플랫폼의 광고 효과가 크다. 메타버스 안에서 팬과 연예인, 팬과 팬 등이 소통하면서 코로나19로 단절될 수밖에 없던 연결고리가 지속될 수 있기 때문이다. 블랙핑크, 트와이스, 선미 등 K-POP 아티스트를 필두로 메타버스 플랫폼 상에서 연예인들이 아바타를 만들어 가상 팬미팅을 진행하거나 공연을 하기도 한다.

그림 10-26 제페토에서 선보이는 선미의 컴백쇼 [34]

SECTION 04

메타버스의 미래

1 새로운 비즈니스 영역으로 부상

가상현실 기술이 급속히 발전하고 있기는 했지만 메타버스가 이렇게 획기적으로 일상과 업무 영역에 자리 잡을 것으로 예상하는 사람은 많지 않았다. 메타버스가 이토록 급부상한 원인은 그간 발전해 온 기술들이 5G 시대와 비대면 사회 등 적절한 환경과 콘텐츠를 기반으로 다양한 사용자를 만나면서 빠르게 자리 잡을 수 있었기 때문이다.

시장조사기관 스트래티지 애널리틱스에서는 메타버스 시장 규모가 2025년 317조 원까지 성장할 것으로 전망했다. 메타버스의 핵심에는 C 세대Generation Corona가 있다. 원격회의 및 소통이 능숙한 이들의 취향과 경험을 맞추기 위해 뉴스를 제공하는 미디어 산업이나 엔터테인먼트가 발전할 수밖에 없는 이유이기도 하다.

메타버스 플랫폼에 MZ 세대의 친밀감이 더해지면서 게임, 비즈니스, 3D 영상 채팅과 같은 다양한 메타버스 플랫폼이 고액의 수익을 창출하기 시작했다. 이에 구글, 애플, 삼성 등 글로벌 ICT 산업을 주도하고 있는 메이저 기업들이 메타버스 기술 시장에 적극적으로 투자하고 있다. 기업들이 메타버스를 새로운 기회로 인식하면서 경쟁력을 확보하는 데 주력하고 산업 혁신 방안을 모색하고 있는 것이다.

메타에서는 오큘러스 퀘스트를 착용하고 언제 어디서나 가상의 업무 공간에 접속할 수 있는 '인피니트 오피스'라는 새로운 업무 수행 방식을 제시하고, 원격회의 앱 '워크플레이스Workplace'와 소셜 앱 '호라이즌Horizons'을 발표했다.

그림 10-27 메타의 원격회의 앱 '워크플레이스' [35]

기업이 전통 미디어와 일부 온라인 미디어의 일방적 소통의 한계를 극복하기 위해 메타버스를 통해 고객과 소통하고 고객 경험을 향상시키는 방향으로 노력하는 가운데 메타버스가 점차 진화하면서 다양한 플랫폼과 기기가 출현하자 새롭고 다양한 비즈니스 모델이 만들어진 것이다.

메타버스가 다루는 것이 무엇인지에 대한 설명은 다양한데, 대부분 인간의 사회적 상호작용을 핵심으로 보고 있다.

온라인 게임 '포트나이트'의 제작사인 에픽게임즈는 온라인상 다자간 게임을 구현하면서 지난 수십 년간 상호작용하는 세계를 만들어왔다. 최근 몇 년 동안 포트나이트는 자체 디지털 세계에서 공연이나 브랜드 홍보 이벤트 등을 주최하며 제품을 확장하면서 점점 메타버스 플랫폼으로 자리를 잡고 있다.

가상화폐 활용이 가능해지고 디지털 상품의 소유권을 안정적으로 추적할 수 있는 NFT가 적용되면서 메타버스는 아이템 판매를 통한 수익 창출 공간이자 광고·마케팅 채널로서의 활용도가 높아졌다. 미래에는 기업의 새로운 비즈니스 영역으로 더욱 확장될 것으로 전망된다.

2 메타버스 시대에 대한 대비

메타버스 발전을 위한 보완점

국내외에서 메타버스가 매우 빠르게 확산되고 있는 시점에서 메타버스 플랫폼의 문제점 역시 간과해서는 안 될 것이다. 메타버스는 가상현실이 확장된 개념으로 볼 수 있으므로 기본적인 문제점은 9장에서 살펴본 가상현실의 부작용에서 언급한 것과 같다. 가상현실과 다른 점이 있다면 메타버스에서는 경제활동이 가능하므로 가상화폐를 정당한 노동의 대가로 얻은 부가가치로 인정할 수 있는지에 대한 사회적 합의가 필요하다는 것이다. 예를 들면, 가상세계 가입자가 아바타 의상을 디자인하고 판매해 얻은 가상화폐와 사행성 게임을 통해 발생한 가상화폐를 동일한 가치로 인정할 수 있을지 등에 대해 숙고해 보아야 한다.

메타버스 안에서 현실세계와 똑같이 사회 활동을 하게 되면서 발생할 문제점도 예측할 수 있다. 예컨대 사이버 마약의 사례처럼 현행법에 아직 규정되지 않은 새로운 유해물 혹은 범죄가 메타버스 내에서 발생할 때 이를 통제할 수 없다는 어려움이 있다.

아울러 메타버스에서는 기존의 온라인 게임과 달리 게임을 일상생활로 인식해 중독성이 심화될 가능성이 높으므로 이를 적절히 제어할 수 있는 제도적 기반을 마련할 필요가 있다.

부작용을 최소화하면서 메타버스가 안정적으로 정착되도록 하려면 고도화된 메타버스 서비스 플랫폼 및 네트워킹 기술을 조기에 구현해야 한다. 동시에 사용자가 흥미를 느끼고 쉽게 참여할 수 있는 메타버스 플랫폼이 장착된 기기의 이용이 확산되어야 하며, 메타버스에 특화된 킬러 콘텐츠가 개발되어야 할 것이다. 이를 위해 구축 초기 단계부터 사용자 중심의 원활한 플랫폼 운영 방식, 사용자의 참여도를 반영한 콘텐츠 기획 및 제작, 직관적 인터페이스 구현 방법 등에 대한 많은 연구가 필요하다.

우리나라 메타버스 산업은 정부의 강한 정책적 의지에 따른 예산 투자와 관련 민간 기업의 적극적인 노력에 힘입어 향후 융합 기술 분야의 블루오션으로 기대된다. 이에 메타버스 플랫폼이 안고 있는 문제점에 대한 해결 방안, 메타버스 플랫폼의 보안성 강화 방안, 메타버스의 안정적인 정착을 위한 기술 개발, 사용자 중심의 흥미 유발 및 손쉬운 참여 방안을 마련하기 위한 노력이 필요하다. [36]

미래 메타버스 전환 전략

미래학자인 로저스 제임스 해밀턴Roger James Hamilton은 "2024년에 우리는 현재의 2차원 인터넷 세상보다 3차원 가상세계에서 더 많은 시간을 보낼 것"이라고 예측했다. 또한, 엔비디아NVIDIA CEO 젠슨 황은 "앞으로의 20년은 공상 과학이나 다름 없을 것, 메타버스 시대가 오고 있다."고 말했다. 이는 메타버스 시대의 도래로 인해 발생할 변화의 폭과 깊이가 매우 클 것이며 이에 따른 준비가 필요하다는 것을 암시한다.

메타버스의 영향력이 게임, 생활·소통 등 B2C 분야를 넘어 B2B, B2G 등 경제 전반으로 확대됨에 따라 새로운 기회를 발굴하기 위한 경제 주체별 전략이 필요하다. 미래 메타버스 전환을 위해 개인, 기업, 정부가 각자 준비해야 할 전략을 살펴보자.

■ 개인

메타버스 플랫폼 내에서 게임 개발자, 가상 의상 디자이너, 가상 건축가 등 다양한 직업이 등장하고 있다. 로블록스에는 700만여 명의 크리에이터가 STUDIO를 활용해 전업 혹은 부업으로 게임을 개발하고 있으며, 제페토에도 6만여 명의 크리에이터가 경제활동을 하고 있다. 제페토 스튜디오는 출시 한 달 만에 매출 8억 원을 올렸고 누적 창작자만 6만여 명이다. 직장을 그만두고 전업 제페토 의상 디자이너가 된 사람도 있고, 아바타들이 놀 수 있는 맵을 만들어 유통하는 가상 건축가도 생겼다. 페이스북, 인스타그램, 오큘러스 등을 자회사로 두고 있는 메타에서는 메타버스 세계를 구현해 향후 5년간 관련 일자리 1만 개를 창출할 방침이라고 밝혔다.

2D 웹 시대에 출현한 블로거, 유튜버와 같은 크리에이터가 3D 메타버스 시대의 크리에이터로 진화하고 있다. 유튜브가 활성화되면서 유튜버라는 새로운 직업이 기회의 장이 되었던 것처럼 메타버스 플랫폼에서도 개인이 만들어가는 혁신이 지속될 것이다. 따라서 메타버스 시대에 새롭게 부상하는 직업, 창업과 같은 새로운 기회를 발굴·활용할 수 있도록 준비해야 한다.

■ 기업

메타버스 시대의 기업은 생산성 혁신 방안을 모색하고, 협력 사업 모델을 발굴해야 한다. 현재 많은 글로벌 기업이 메타버스 업무 플랫폼을 활용하고 있거나 활용 방안을 검토하고 있다.

그림 10-28 메타버스 업무 플랫폼 TeamFlow를 활용하는 글로벌 기업 [37]

기업은 전 산업에 걸쳐 메타버스 환경을 활용해 생산성을 혁신할 방안을 모색해야 한다. 국방, 교육, 유통 등 산업별 메타버스 경험 디자인을 통해 생산성을 혁신할 준비가 필요하다.

예를 들어, 세계 최고의 군사기술 회사이자 항공우주기술을 주력사업으로 하는 미국의 록히드 마틴에서는 2024년을 목표로 추진 중인 NASA의 달 착륙 아르테미스Artemis 프로젝트 임무를 수행할 유인 우주선 오리온Orion 조립에 증강현실 글라스인 '홀로렌즈 2'를 사용하고 있다. 그로 인해 작업에 투입되는 시간과 비용을 절감했음은 물론이다. 월마트는 사내 교육에 가상현실을 활용해 교육 시간을 80% 단축하기도 했다.

또한, 디지털 휴먼 활용, 메타버스 플랫폼과의 다양한 IP 협력 등을 통해 메타버스 경험을 혁신하도록 준비해야 한다. 고객응대, 홍보 등 다양한 측면에서 디지털 휴먼 활용 방안을 검토하고 기업 보유 IP를 메타버스 플랫폼과 협력하여 홍보하거나 새로운 디지털 자산으로 재구성하여 판매하는 등 다양한 방안을 강구해야 한다.

■ **정부**

메타버스 시대를 맞아 정부에서는 다각도의 논의를 통해 다음과 같은 정책을 마련하는 데 힘을 기울여야 한다.

첫 번째, 분야별 공공 인프라·서비스의 메타버스 전환 가능성을 검토하고 정책 효과를 제고하는 등 메타버스 정부로의 전환 방안에 대한 준비가 필요하다. 예컨대 메타버스 민원관리, 과학관, 도서관, 미술관, 국립대학, 공공의료 등 메타버스 시대에 국민에게 혁신적인 공공서비스를 제공할 수 있는 방안을 고려해야 한다.

두 번째, 일자리 창출을 위해 1인 메타버스 크리에이터 양성 강화, 메타버스 창업 공간 지원 확대 등 메타버스 시대에 적합한 새로운 일자리 정책지원 방안을 마련해야 한다.

세 번째, 메타버스 시대의 위험 요소를 사전에 파악하고 대비해야 한다. NFT 등 블록체인 기술 사용에 소비되는 에너지 절감 방안, NFT 자산을 대상으로 한 투기·해킹·사기 가능성 대응책, 위작·저작권 이슈에 대응한 보증 시스템, 검수 및 인증 시스템 등의 보완책도 논의해야 한다.

아울러 디지털 휴먼 기술의 부정적 활용을 방지할 수 있는 법·제도 및 사회적 합의를 도출하고 공익적 활용을 확산시킬 수 있는 프로젝트 마련 등 다각적인 정책 지원이 필요하다.

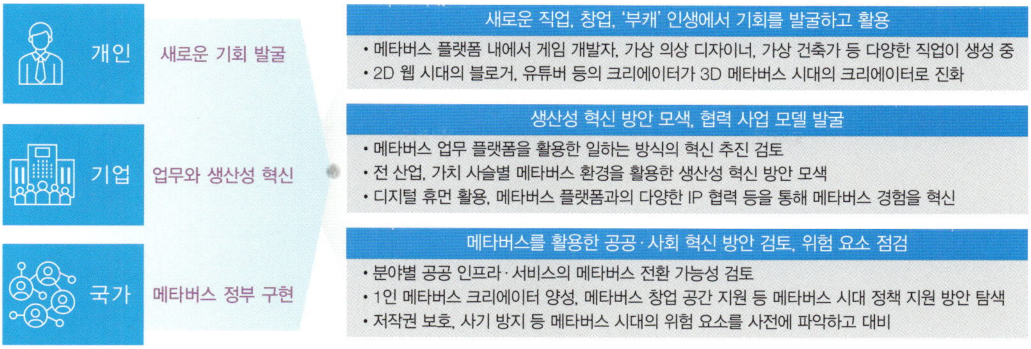

그림 10-29 주체별 메타버스 전환 전략 [38]

3 정부의 디지털 뉴딜 2.0 메타버스 확장 정책

정부에서는 한국판 뉴딜 2.0 정책의 핵심과제로 초연결·초실감 신산업을 육성하기로 하면서 메타버스를 지원 대상에 추가했다. 향후 글로벌 시장을 선도할 미래 신산업을 육성하기 위해 '개방형 메타버스 플랫폼'을 구축하고 메타버스 콘텐츠 제작, 핵심 기술 개발을 종합 지원하겠다는 방침이다.

'내수 진작'에 더해 우리 기업이 확보한 디지털 혁신 기술·서비스가 글로벌로 진출할 수 있도록 지원하고, 디지털 미래를 선도할 메타버스, 클라우드, 블록체인 등 초연결·초실감 신산업 분야를 집중적으로 육성할 계획이다.

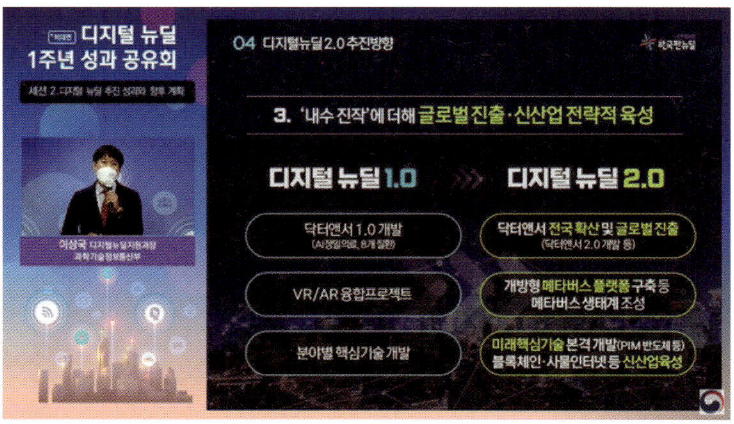

그림 10-30 디지털 뉴딜 2.0 메타버스 [39]

먼저 다양한 기업이 데이터를 축적·활용하고 새로운 콘텐츠와 서비스를 개발하는 '개방형 메타버스 플랫폼'을 구축하고 메타버스 콘텐츠 제작, 핵심 기술 개발 등 정보통신기술 융합 비즈니스를 지원한다. 공공 부문의 민간 클라우드 전환 촉진, 대규모 블록체인 확산 프로젝트 추진 등으로 디지털 시대의 핵심 기반 기술도 육성한다.

또한, 뉴딜사업 추진 시 일부 사업대상은 공모를 통해 선정하고, 우수사례를 발굴·확산하는 등 민간 참여 기회를 확대할 예정이다. 민간건축물 그린리모델링 지원, 기업이 활용할 수 있는 메타버스 플랫폼 구축 등 민간 중심의 디지털·그린 전환을 촉진하고자 한다. 아울러 공급·수요기업, 이동 통신사, 미디어 업계 등 181개 기업과 기관이 함께 참여하는 '메타버스 얼라이언스'를 중심으로 민간이 주도하고 정부가 지원하는 메타버스 생태계를 조성할 계획이다.

그림 10-31 2021년 5월 개최한 메타버스 얼라이언스 [40]

정부는 변화하는 환경에 대응해 메타버스와 관련한 다양한 과제를 기획하고, 디지털 전환, 탄소 중립 등 글로벌 경쟁에 대응하기 위한 신규 과제를 추가하는 한편 기존 과제를 확대·개편하고 있다.

또한 디지털 글로벌 경쟁 심화 등의 환경 변화를 반영해 디지털 뉴딜 정책을 경제·사회 전반으로 확산해 나갈 예정이다. 디지털 융·복합을 다양한 분야로 확산함으로써 메타버스·클라우드 등 초연결 산업을 육성한다는 계획이다.

이처럼 하루가 다르게 변화하는 4차 산업혁명 시대를 맞아 새롭게 부상한 메타버스를 중심으로 디지털 신산업을 선도하려는 정부의 다양한 노력이 이어지고 있다. 미래에는 메타버스 플랫폼에서 비대면 업무를 보고 사회적 관계를 형성하며 가상 쇼핑을 하는 등 더욱 편리하고 다채로운 일상생활을 즐길 수 있을 것이다.

연습문제

01 메타버스란 무엇이며 가상현실과 어떻게 다른지 서술하시오.

02 메타버스라는 용어가 처음 등장한 배경을 서술하시오.

03 현재의 메타버스로 발전하기까지의 과정을 아는 대로 쓰시오.

04 메타버스가 차세대 인터넷을 주도할 새로운 패러다임으로 주목받고 있는 이유는 무엇인지 설명하시오.

05 메타버스 산업 기반 기술의 네 가지 유형을 나열하고 사례를 들어 간단히 설명하시오.

06 최근 메타버스 기반 기술을 활용해서 성장하고 있는 디지털 휴먼에 대해 설명하고, 대중적으로 인기를 얻고 있는 버추얼 인플루언서의 사례를 드시오.

07 메타버스가 IP와 만나 성공한 사례를 아는 대로 서술하시오.

08 많이 사용하고 있는 메타버스 플랫폼을 아는 대로 쓰고 간단히 설명하시오.

09 최근 메타버스로 인해 새롭게 출현한 직업에 대해 설명하고, 메타버스 시대로 전환함에 있어 개인은 어떤 준비를 해야 하는지 서술하시오.

참고문헌

1. 그림 및 정보 출처

1장

[01] http://m.megaeconomy.co.kr/news/newsview.php?ncode=179565877372471

[02] http://nrc.newsnstory.com/pages/story/AA/index?entrId=&last=Y

[03] http://www.retronauta.pl/sensorama-analogowa-rzeczywistosc-wirtualna

[04] https://www.dsource.in/course/virtual-reality-introduction/evolution-vr/telesphere-mask

[05] https://www.vrs.org.uk/virtual-reality/history.html

[06] https://twitter.com/geneticmoo/status/583645691978842112

[07] https://dam.org/museum/artists_ui/artists/krueger-myron/

[08] https://www.nasa.gov/ames/spinoff/new_continent_of_ideas/

2장

[01] https://m.blog.naver.com/newlaserkr/220228107116

[02] https://bioengineer.org/digital-taste-interface/

[03] https://www.evl.uic.edu/research/2016

[04] http://www.aitimes.com/news/articleView.html?idxno=48104

[05] https://news.mt.co.kr/mtview.php?no=2021060413293269442

[06] https://www.bloter.net/newsView/blt202004080005

3장

[01] https://www.ajunews.com/view/20170327151456074

[02] https://slidesplayer.org/slide/14096580/

[03] https://www.seoul.co.kr/news/newsView.php?id=20151007019011

[04] https://www.lge.co.kr/

[05] https://www.thegear.kr/news/articleView.html?idxno=8740

[06] https://content.v.kakao.com/v/6045b6053d50982c6521fc11

[07] https://www.jungle.co.kr/magazine/26605

[08] https://www.oculus.com/quest-2/?locale=ko_KR

[09] https://www.oculus.com/quest-2/?locale=ko_KR

[10] https://biz.insight.co.kr/news/51307

[11] https://theta360.com/ko/about/theta/s.html

[12] https://www.popco.net/zboard/view.php?id=dica_news&no=13069&pcl=mpopco

[13] https://www.motioncapture.co.kr/

[14] https://www.dextarobotics.com/sdk

[15] http://www.virtuix-omni.co.kr/company/content1

[16] https://ko.wikipedia.org/wiki/%EB%B2%84%ED%88%AD%EC%8A%A4_%EC%98%B4%EB%8B%88

[17] http://it.chosun.com/site/data/html_dir/2019/07/09/2019070901138.html

[18] https://newatlas.com/zero-latency-competitive-sol-raiders/58370/

[19] http://zerolatency.co.kr/

4장

[01] 골드만삭스, Virtual & Augmented Reality, 2025

[02] Markets and Markets, Virtual Reality Market, 2020

[03] MarketsandMarkets, Virtual Reality Market, 2020

[04] MarketsandMarkets, Virtual Reality Market, 2020

[05] MarketsandMarkets, Virtual Reality Market, 2020

[06] MarketsandMarkets, Virtual Reality Market, 2020

[07] https://www.idc.com

[08] https://www.idc.com

[09] https://news.kotra.or.kr/user/globalBbs/kotranews/782/globalBbsDataView.do?setIdx=243&dataIdx=185366

[10] https://www.spectraltms.com/en/blog/remote-assist-augmented-reality-industry-4-0

[11] https://techg.kr/30089/

[12] https://www.youtube.com/watch?v=_-AwVODIrqo

[13] https://vroken.com/game_review/1963476

[14] http://www.gameshot.net/common/con_view.php?code=GA54710b39a8b73

[15] https://www.itlab.co.kr/v7/?m=rssM&bid=column&sort=d_regis&orderby=desc&where=subject%7Ctag&keyword=GUI&uid=51697

[16] https://m.hellot.net/mobile/article.html?no=40515

[17] https://apkpure.com/kr/%ED%84%B0%EB%8B%9D%EB%A9%94%EC%B9%B4%EB%93%9C-go/com.ilzumsa.mecardgo

[18] https://www.mk.co.kr/news/it/view/2017/03/217119/

[19] https://www.donga.com/news/It/article/all/20170410/83785014/1

[20] https://namu.wiki/w/%EB%B0%B0%ED%8B%80%EC%B9%B4%EB%93%9C%ED%9E%88%EC%96%B4%EB%A1%9C

[21] https://apkpure.com/cn/%EC%9D%B4%EA%B7%B8%EB%9D%BC%EC%8A%A4%EB%8C%80%EC%A0%84ar-%EC%A0%95%EA%B8%80%EC%97%90%EC%84%9C%EC%82%B4%EC%95%84%EB%82%A8%EA%B8%B0/com.mcocoa.junglear

[22] https://play.google.com/store/apps/details?id=kr.co.xosoft.tyon&hl=en_US&gl=US

[23] https://www.khgames.co.kr/news/articleView.html?idxno=102212

[24] http://www.vrn.co.kr/news/articleView.html?idxno=34

[25] https://www.vrfocus.com/2017/11/ubisofts-rabbids-are-back-in-vr-with-virtual-rabbids-the-big-ride/

[26] https://www.economytalk.kr/news/articleView.html?idxno=141227

[27] https://www.fnnews.com/news/201604061131204610

[28] https://www.fitness-gaming.com/news/fitness-and-sports/ebove-virtual-bike-combines-vr-and-real-motion-with-social-challenge.html

[29] https://www.jungle.co.kr/magazine/26505

[30] http://m.ikoreadaily.co.kr/news/articleView.html?idxno=223289

[31] http://m.joongdo.co.kr/view.php?key=20180525010010409

[32] https://depts.washington.edu/hplab/research/virtual-reality/

[33] https://speakingartsinternational.nl/en/presenting/apps-improve-public-speaking-skills/

[34] https://www.etnews.com/20160307000228?mc=ns_004_00009

[35] https://www.digitaltrends.com/virtual-reality/curiscope-augmented-reality-virtual-future-interview/?epik=dj0yJnU9b3VXTklHalN3WnV3c2pnX0lTT05wdDNVNVpGX0ZCSHomcD0wJm49Mk9TVEJZdEJGVTJrMXA1OC1UTjFWZyZ0PUFBQUFBR0RfbThR

[36] https://cm.asiae.co.kr/article/2015111007340837678

[37] https://samstory.coolschool.co.kr/zone/story/superman/streams/1129

[38] https://www.dailysecu.com/news/articleView.html?idxno=90695

[39] https://news.mt.co.kr/mtview.php?no=2020121409042285764
[40] https://www.etnews.com/20161027000499?m=1
[41] http://www.newscape.co.kr/news/articleView.html?idxno=27921
[42] https://www.fnnews.com/news/201912180825560998
[43] https://monsterdesign.tistory.com/1035
[44] https://www.sedaily.com/NewsVIew/22RET4E1NC
[45] https://vroken.com/news/2274578
[46] https://www.joongang.co.kr/article/22926803#home
[47] https://www.joongang.co.kr/article/22926803#home
[48] https://m.etnews.com/20160713000368
[49] https://tearslake.tistory.com/833
[50] https://brunch.co.kr/@legend/9
[51] http://www.atpia.com/news/articleView.html?idxno=19454
[52] http://www.gearbax.com/62668
[53] http://www.aitimes.com/news/articleView.html?idxno=137051
[54] http://www.lottehomeshopping.com/user/no1/service.lotte#none
[55] http://mbiz.heraldcorp.com/view.php?ud=20210618000367
[56] http://www.the-pr.co.kr/news/articleView.html?idxno=14332
[57] https://www.khan.co.kr/economy/real_estate/article/201709051707018

5장

[01] https://m.blog.naver.com/PostView.naver?isHttpsRedirect=true&blogId=circus_ar&logNo=50170851243
[02] https://www.kuccblog.net/521
[03] https://news.nate.com/view/20210414n04010?mid=n0806
[04] https://cm.asiae.co.kr/article/2016072009220207530
[05] http://www.khgames.co.kr/news/articleView.html?idxno=106217
[06] https://www.mk.co.kr/news/business/view/2017/02/129561/
[07] http://news.imaeil.com/page/view/2017020704472259927
[08] https://moneys.mt.co.kr/news/mwView.php?no=2021022620288090537

[09] https://m.etnews.com/20210210000033

[10] https://news.sktelecom.com/130302

[11] https://m.etnews.com/20210210000033

[12] https://news.sktelecom.com/137715

[13] https://m.ebn.co.kr/news/view/1452275

[14] http://www.thelec.kr/news/articleView.html?idxno=7882

[15] http://www.slist.kr/news/articleView.html?idxno=69878

[16] https://m.moneys.mt.co.kr/article.html?no=2021022218128064712

[17] http://news.heraldcorp.com/view.php?ud=20201022000474

[18] 2020 가상증강현실(VR/AR) 산업 실태조사 소프트웨어 정책 연구소(SPRi) 연구보고서

[19] 2020 가상증강현실(VR/AR) 산업 실태조사 소프트웨어 정책 연구소(SPRi) 연구보고서

[20] 2020 가상증강현실(VR/AR) 산업 실태조사 소프트웨어 정책 연구소(SPRi) 연구보고서

[21] 2020 가상증강현실(VR/AR) 산업 실태조사 소프트웨어 정책 연구소(SPRi) 연구보고서

[22] 미래창조과학부 외 3개 부처, 가상현실 산업 육성 추진현황 및 향후 계획(2016)

6장

[01] https://cinematographer.tistory.com/403

[02] https://m.blog.naver.com/bap1234/221126999980

[03] http://it.chosun.com/site/data/html_dir/2017/05/05/2017050585012.html

[04] https://www.lcnews.co.kr/news/articleView.html?idxno=9806

[05] https://www.youtube.com/watch?v=edcJ_JNeyhg

[06] https://www.youtube.com/watch?v=BNqW6uE-Q_o

[07] https://www.chosun.com/national/2021/03/02/DLXDZ37DENGCNMDUD52YHHSIHE/

[08] https://m.blog.naver.com/PostView.naver?isHttpsRedirect=true&blogId=ggygy&logNo=221309174530

[09] https://ko.aliexpress.com/item/1692295102.html

[10] https://m.blog.naver.com/holo_world/90161771831

[11] https://www.hankookilbo.com/News/Read/201902281728068512

[12] https://nownews.seoul.co.kr/news/newsView.php?id=20151115601017

[13] https://www.billboard.com/music/pop/musical-holograms-history-dead-7717042/

[14] https://www.yna.co.kr/view/AKR20140116066100017

[15] https://www.joongang.co.kr/article/20182454#home

[16] https://www.joongang.co.kr/article/3986376#home

[17] https://www.campaignlive.co.uk/article/carlsberg-probably-risky-rebrand/1064938

[18] https://thefwa.com/cases/hyundai-accent-3d-projection-mapping-event

[19] https://www.jjan.kr/news/articleView.html?idxno=2066242

7장

[01] 이현지, 정동훈 (2012) '스마트폰의 게임 센서에 따른 상호작용성과 플로우, 태도 그리고 이용 의도에 관한 연구', 한국방송학보 26권 1호 pp. 126-166

[02] 정동훈(2016) '스마트폰 레이싱 게임 조작기 UX평가', 디지털산업정보학회 논문지 11권4호, pp 143-154

[03] http://gametoc.hankyung.com/news/articleView.html?idxno=40042

[04] http://gametoc.hankyung.com/news/articleView.html?idxno=40042

[05] http://gametoc.hankyung.com/news/articleView.html?idxno=40042

[06] http://gametoc.hankyung.com/news/articleView.html?idxno=40042

[07] https://www.hankyung.com/entertainment/article/2015100652004

[08] https://m.blog.naver.com/PostView.nhn?isHttpsRedirect=true&blogId=hikgayon&logNo=220507966384

[09] https://m.blog.naver.com/PostView.naver?isHttpsRedirect=true&blogId=realzzin&logNo=220543604327

[10] Minsky. M(1980) Telepresence, Omni, 2, 44-51

[11] Botvinick. M. & Cohen.J.(1998). Rubber hands 'feel' touch that eyes see, Nature, 391(6669)

[12] ISPR(2000) The concept of presence : Explication statement, Retrieved July 28th, 2016 from ispr.info/

[13] https://biumgonggan.tistory.com/88

[14] Botvinick, M.& Cohen, J.(1998), Rubber hands 'feel' touch that eyes see, Nature, 391(6669) 756-

[15] Kilteni, K., Bergstrom,I. & Slater, M.(2013) Drumming in immersive firtual reality: the body shapes the way was play. IEEE transactions on visualization and computer graphics, 19(4), 597-605

[16] https://namu.news/article/1104327#gsc.tab=0

[17] https://namu.news/article/1104327#gsc.tab=0

[18] Murray, C.D., Pettifer, S., Howard, T.,Patchick, E.,L.,Caillette, F.,Kulkarni . J. & Bamford, C. (2009). The treatment of phantom limb pain using immersive virtual reality: three case studies, Disability and Rehabilitation, 29, 1465,1465-1469

[19] https://biz.chosun.com/site/data/html_dir/2016/12/07/2016120703181.html

[20] https://www.yna.co.kr/view/AKR20140227218600009

[21] Ortiz-Cataian, M., Sarider, N., Kristoffersen, M. B., Hakansson , B., & Branemark, R.(2014). Treatment of phatom limb pain (PLP) based on argumented reality and gaiming controlled by myoelectiric pattern recognition, Frontiers in Neuroscience, 8(24) 1-7

[22] http://www.bosa.co.kr/news/articleView.html?idxno=2056743

8장

[01] https://m.blog.naver.com/PostView.naver?isHttpsRedirect=true&blogId=happydriving&logNo=221591931654

[02] https://blog.lgcns.com/1072

[03] https://www.nocutnews.co.kr/news/5266537

[04] https://m.blog.naver.com/PostView.naver?isHttpsRedirect=true&blogId=bnbmoh&logNo=220193294820

[05] https://www.wedesignx.com/

[06] https://m.post.naver.com/viewer/postView.nhn?volumeNo=6821478&memberNo=32673186&vType=VERTICAL

[07] https://www.wedesignx.com/knowledge/vr-ux-ui-human-ergonomics

[08] https://www.wedesignx.com/knowledge/vr-ux-ui-human-ergonomics

[09] https://www.wired.com/review/oculus-quest-2-review/

[10] https://www.khgames.co.kr/news/articleView.html?idxno=107195

[11] https://www.khgames.co.kr/news/articleView.html?idxno=107195

[12] 과기부 개인기초 연구개발과제 '가상현실 사용자경험(VRUX)과 성과 평가 모델 개발: 가상현실스포츠 경험을 중심으로' 최종보고서 (2019.3)

[13] 과기부 개인기초 연구개발과제 '가상현실 사용자경험(VRUX)과 성과 평가 모델 개발: 가상현실스포츠 경험을 중심으로' 최종보고서 (2019.3)

[14] 박진옥,' 가상현실 콘텐츠 사용자 경험에 대한 유형의 주관성연구', Journal of Digital Contents Society - Vol. 20, No. 2, pp.395-403 (2019)

[15] https://movie.naver.com/movie/bi/mi/basic.naver?code=38882

[16] http://mwowhongik.hongik.ac.kr/news/articleView.html?idxno=111

[17] https://jb-teacher.tistory.com/42

[18] https://content.v.kakao.com/v/5e84c330d0b19b77f357526e

[19] https://www.joongang.co.kr/article/21892899#home

[20] http://mwowhongik.hongik.ac.kr/news/articleView.html?idxno=111

9장

[01] http://webzine.kpsy.co.kr/2020SUMMER/sub.php?psyNow=11&UID=372

[02] http://webzine.kpsy.co.kr/2020SUMMER/sub.php?psyNow=11&UID=372

[03] http://webzine.kpsy.co.kr/2020SUMMER/sub.php?psyNow=11&UID=372

[04] https://www.codingworldnews.com/news/articleView.html?idxno=3337

[05] https://zonabanten.pikiran-rakyat.com/gaya-hidup/pr-232784051/mabuk-perjalanan-jangan-khawatir-berikut-cara-mengatasinya

[06] https://m.yeongnam.com/view.php?key=20091104.010010723080001

[07] http://www.kgmaeil.net

[08] https://cm.asiae.co.kr/article/2017041907405928822

[09] https://www.kriss.re.kr/gallery.es?mid=a10106030000&bid=0002&b_list=12&act=view&list_no=3839&nPage=1&vlist_no_npage=2&keyField=&orderby=

[10] https://www.kriss.re.kr/gallery.es?mid=a10106030000&bid=0002&b_list=12&act=view&list_no=3839&nPage=1&vlist_no_npage=2&keyField=&orderby=

[11] https://www.techm.kr/news/articleView.html?idxno=82193

[12] https://www.boannews.com/media/view.asp?idx=94771

[13] http://www.mirae-tech.co.kr/miraetech/product/fido.jsp

[14] http://www.mirae-tech.co.kr/miraetech/product/fido.jsp

[15] www.boannews.com

[16] https://post.naver.com/viewer/postView.nhn?volumeNo=27830781&memberNo=34059480

[17] https://nohji.com/1588

[18] https://www.sciencetimes.co.kr/news/뇌를-속이는-vr-괜찮을까/

[19] http://www.thesearchm.com/news/articleView.html?idxno=176

[20] https://m.dongascience.com/news.php?idx=4462

[21] https://m.dongascience.com/news.php?idx=4462

10장

[01] https://www.yna.co.kr/view/AKR20210614124300005

[02] https://shara-games.ru/second_life/4767-second-life.html

[03] https://m.khan.co.kr/culture/movie/article/201803262134005#c2b

[04] 미국 미래가속화연구재단(ASF)에서 2007년에 발표한 메타버스 로드맵

[05] https://namu.wiki/w/%EA%B5%AC%EA%B8%80%20%EC%96%B4%EC%8A%A4?from=%EA%B5%AC%EA%B8%80%EC%96%B4%EC%8A%A4

[06] https://www.bigdata-lifelog.kr/portal

[07] http://it.chosun.com/site/data/html_dir/2018/07/18/2018071801806.html

[08] https://www.newspim.com/news/view/20181207000387

[09] https://medium.com/curg/%EB%A9%94%ED%83%80%EB%B2%84%EC%8A%A4%EC%99%80-%EB%94%94%EC%A7%80%ED%84%B8%ED%9C%B4%EB%A8%BC-%E2%91%A0-z%EC%84%B8%EB%8C%80-gen-z-%EC%9D%98-%EC%85%80%EB%9F%BD-%EB%A6%B4%EB%AF%B8%EC%BC%88%EB%9D%BC-lil-miquela-f424700bd5bf

[10] https://medium.com/curg/%EB%A9%94%ED%83%80%EB%B2%84%EC%8A%A4%EC%99%80-%EB%94%94%EC%A7%80%ED%84%B8%ED%9C%B4%EB%A8%BC-%E2%91%A0-z%EC%84%B8%EB%8C%80-gen-z-%EC%9D%98-%EC%85%80%EB%9F%BD-%EB%A6%B4%EB%AF%B8%EC%BC%88%EB%9D%BC-lil-miquela-f424700bd5bf

[11] http://www.kidshankook.kr/news/articleView.html?idxno=658

[12] https://www.manzlab.com/news/articleView.html?idxno=961

[13] https://www.unrealengine.com/ko/

[14] http://mbiz.heraldcorp.com/view.php?ud=20210628000101

[15] https://www.youtube.com/watch?v=l5CVNIsVcIQ

[16] https://www.dispatch.co.kr/2128124

[17] 소프트웨어 정책연구소 SPRi 이슈리포트 IS-116 메타버스 비긴즈

[18] 소프트웨어 정책연구소 SPRi 이슈리포트 IS-116 메타버스 비긴즈

[19] https://www.joongang.co.kr/article/23031057#home

[20] https://m.etnews.com/20211108000017?obj=Tzo4OiJzdGRDbGFzcyI6Mjp7czo3OiJyZWZlcmVyIjtOO3M6NzoiZm9yd2FyZCI7czoxMzoid2ViIHRvIG1vYmlsZSI7fQ%3D%3D

[21] https://www.ajunews.com/view/20210729172416385

[22] https://www.lcnews.co.kr/news/articleView.html?idxno=23704

[23] https://www.chosun.com/entertainments/entertain_photo/2020/09/11/H6CZSGQNYS7VR62EVZC7RFXRX4/

[24] https://www.youtube.com/watch?v=fShp9TBcrwc

[25] https://www.epicgames.com

[26] https://www.ilovepc.co.kr/news/articleView.html?idxno=40301

[27] https://bloomingbit.io/news/fDpv4g2T4fQ9O2M0C8e6vi

[28] https://www.etnews.com/20210908000095?m=1

[29] https://www.mk.co.kr/news/it/view/2021/05/499806/

[30] https://biz.chosun.com/industry/company/2021/11/12/AL3CS6N5EBHMPNBKMIX4OMFGVA/

[31] https://www.cctvnews.co.kr/news/articleView.html?idxno=230953

[32] https://brunch.co.kr/@dldudtjr2205/31

[33] https://www.sedaily.com/NewsVIew/22IFF5WXR1

[34] https://news.mt.co.kr/mtview.php?no=2021072913422232026

[35] https://www.zdnet.com/article/facebook-workplace-hits-7m-paid-subscribers-adds-features-for-better-employee-experience/

[36] http://www.cctvnews.co.kr

[37] www.teamflowhq.com

[38] 소프트웨어 정책연구소 SPRi 이슈리포트 IS-116 메타버스 비긴즈

[39] https://www.knewdeal.go.kr/

[40] https://m.dongascience.com/news.php?idx=46643

2. 참고도서

[01] 『가상현실 개념 사전』, 21세기북스, 2017

[02] 『가상현실 증강현실의 미래』, 콘텐츠하다, 2018

[03] 『가상현실』, 미래의 창, 2017

찾아보기

ㅊ

ㅋ

ㅌ

ㅍ

ㅎ

기 타